일하는 방식을
새롭게 디자인하라

일하는 방식을 새롭게 디자인하라

이홍림·전태유 저

JINSAEM 진샘미디어

들어가는 글

주변에서 부러워하는 직장생활을 그만두고 처음 기업강사로서 첫 걸음을 밟으려던 시절의 기억이었다. 리더대상의 매니지먼트 강사양성 기초 입문을 배우는 교육과정에서 「매니지먼트(Management)」를 한 마디로 "사람을 통하여 성과를 낸다"라는 선배 양성강사의 이야기가 아직도 귀에 생생하게 남아있다. 사실 기업에 있을 때에는 팀을 책임지는 리더로서 오직 자신의 능력을 어떻게 발휘하고, 멤버들을 어떻게든 이끌어서 성과를 낼 것인가에 매달렸던 하루 하루였기에 그 의미가 더욱 신선했던 것 같았다. 그 당시에는 멤버들은 성과를 내는 하나의 도구이자 방편으로 생각했지 육성해야 한다거나 자기실현의 의미에 대해서는 거의 생각해본 적이 없었기 때문이었다. 그래서 리더로서의 매니지먼트에 대한 의미를 이해하기까지는 상당한 시간이 걸렸던 것 같다.

그런 이유에서 교육현장에서 더 강하게 강조하고 격하게 수강생들과 토론한 기억도 있다. 좀 더 일찍 "직장에서 이런 지식들을 좀 더 일찍 알았으면 좋았을 걸……"라는 후회가 이 책을 쓰는 이유이기도 하다.

시대의 변화에 대응하는 새로운 일하는 방식이 필요하다.

최근 많은 기업에서 교육주제가 멤버들의 성과관리는 물론이고 육성과 일을 통한 커리어 향상까지로 그 범위가 확장되고 있다. 특히 현장에서 두드러지게 보이는 현상은 리더를 포함한 멤버들의 일을 통한 자기실현에 의미를 두는 경향이 점차 늘어나고 있다. 이 같은 현상은 시대적 상황과 맞물려 개인의 삶과 가치관의 변화라고 보여진다.

이런 변화는 조직 자체는 물론 리더가 조직을 운영하는 일하는 방식에도 큰 영향을 미치고 있다.

그렇다면 리더의 일하는 방식으로서 매니지먼트(Management)의 궁극적인 목적은 무엇일까? 그 본질적인 지향점은 어디일까?

다소 인문학적이긴 하지만 그 답은 시대상황 변화와 리더의 성향에 따라 분명히 다르다. 다만 리더에게 매니지먼트란 "사람을 어떻게 이끌어 성과를 내고 일을 완수해 내는가"이며, 멤버의 능력과 의욕을 어떻게 이끌어 내서 발휘시키도록 할 것인가? 에 그 모든 초점이 있다. 한 마디로 멤버들의 팔로우십(Followership)을 이끌어 내는 능력이라고 할 수 있다.

결국 매니지먼트 성과여부는 리더의 일하는 방식에 달려있다고 해도 과언은 아니다. 그래서 리더에게 요구되는 그 어떤 능력보다도 가장 우선시 되어야 하는 것은 구성멤버들을 보는 시각이다. 리더는「How to Doing」이 아니라,「How to Being」이어야 한다. 즉 멤버를「어떻게 해야 할까」보다는 멤버가「어떻게 될까」를 지향해야 한다. 그 의미는 구성멤버는 물론 리더에게도 스스로 일을 통한 자기성장의 기회와 인간적으로 크게 성장하는 것이다. 결국 자신의 삶의 가치를 높이고 세상에 보람 있는 일을 찾고 도전하는 것이다. 그런 결과를 이루는 과정이 바로 매니지먼트이고, 일하는 방식이다.

롱 러닝(Long running)하려면 롱 러닝(Long learning)해야만 한다.

우리가 처한 비즈니스 환경은 이전과 달리 예측할 수 없는 무지(無知)의 위기(Risk)상황에 직면하고 있다. 조직 내의 환경은 물론 구성원인 멤버들의 가치관 역시 급격히 바뀌고 있다. 분명한 것은 이젠 과거의 지식과 경험만으로는 성과를 내기 어려워 졌다는 사실이다. 그래서 비즈니스세계에서 성공적인 리더는 이 말을 명심해야 한다. 오랫동안 조직에서 현역으로 일하려면 그 시간만큼 동안 공부하고 학습해야만 한다는 것이다.

경영의 대가인 피터 드러커(Peter F, Drucker)가 "비즈니스는 혁신과 마케팅만이 있으면 된다"라고 했다. 그 해석은 사람마다 각기 다르나 결국 "성장을 위한 끊임없는 변화와 고객가치의 이해"라고 해도 될 것이다. 그런 의미에서 변화와 혁신만이 기업의 생존의 법칙이 일상화된 조직 속에서 일하는 방식을 새롭게 디자인해서 실제업무에 적용시켜 실행해 보길 기대한다.

지식적 혁신으로 일하는 방식이 디자인이다

이 책에서 제시하는 디자인의 개념은 비즈니스 경영상의 매니지먼트 방법론이나 조직활성화만이 아닌 근본적인 지식적 쇄신과 혁신을 기반으로 하는 「일하는 방식으로의 디자인(Design)」이다. 그렇다면 왜, 디자인일까?

21세기는 니시털 지식산업의 중요한 키워드의 하나는 디자인이다. 일반적으로 디자인이라고 하면 흔히 우리 주변에 있는 물건이나 형태를 아름답게 만드는 제품디자인이나 시각디자인을 떠올리게 된다. 사실 이런 사고는 디자인의 일면이자 한 분야이나. 디자인의 본질적 의미나 가치는 아이디어가 형태에 이르기까지의 컨셉(Concept)이나 제품과 서비스를 구성하는 여러 제 요소간의 관계성과 형성력(Organization)들에 있다. 결국 형태가 없다 하더라도 디자인은 사람능력을 최대한 활용하면서 가치를 만들어내는 현대의 시대적 상황에 적합한 뛰어난 사고방식이자 창의적 지식이다.

디자인(Design)이란 「디(de) + 사인(sign)」, 즉 "기존의 의미나 사실을 부정하고 변화하는 것"이다. 상식을 거부하고 눈앞에 복잡한 사실을 단순화하여 개선하고 해결하여 혁신으로 가는 접근 방법이다.

또한 20세기 비즈니스에서 중시한 분석적 관리적인 경영이 경시한 「창의성, 감성적 지성」의 회복을 기반으로 하여 혁신으로 연결하는 지식적 구현 방법이다. 그 해답으로서 디자인이라는 언어로 상징적으로 표현되고 있는 것만이 아닌 지식 경영에서의 일하는 방식으로의 「리 디자인(Re-Design)」을 의미한다.

이제 누군가에게 지식을 전달하고 교육하는 교수로서의 입장에 선지도 이제 20년 이상의 시간이 흘렀다. 비록 완벽하지는 않지만 대학과 기업교육현장에서 배우고 학습하여 정리한 지식과 경험을 하나로 묶어보고 싶다는 생각이 들어서 이 책을 쓰게 되었다. 이 책은 리더에게 반드시 전달하고 싶었던 내용과 부족했던 지식을 보완하면서 정리한 결과물이다. 변화하는 시대적 상황에 대응하는 리더의 일하는 방식에 대한 원칙을 「6가지 단계」와 각 단계별에서 실천하고 활용할 수 있도록 「코칭 트레이닝(Coaching training) 과정」으로 정리하여 보았다.

이 책을 통해서 리더로서의 일하는 방식을 다시 한번 돌아보고 새롭게 자신만의 방식으로 디자인하는 기회가 되길 바란다. 그러면 미래는 언제나 현재 가장 가까운 자신 곁에 머무르고 있다는 것을 느끼게 될 것이다.

군자동 광개토관 연구실에서

저자 이홍림·전태유

추천의 글

■ (주)인터파크 대표이사 이 상규

저자가 일관되게 주장하는 리더로서의 자기개발적 입장에서 보면, 조직에서 오래 동안 일하려면 지속적인 자기 자신을 돌아보면서 시대의 변화에 대응하여 학습해야 한다는 내용에 많은 부분 공감한다. 특히 성과를 내기 위한 일하는 방식의 단계와 내용, 인용된 사례가 새롭게 다가왔고 이해하기 쉬웠다. 그런 의미에서 조직에서 올 바른 성과를 내길 원하는 리더에게 읽어보길 권한다.

■ (주)롯데 BP 화학 대표이사 김 영준

현장 리더로서 이제까지 고민하고 있던 매니지먼트에서의 일하는 방식을 구체적으로 잘 파악하여 정리한 것 같다. 리더로서 과거와는 달리 새롭게 변화하는 사회적 환경변화에 대응하고 조직구성인 멤버들을 이끌어 가기 위해서 반드시 필요한 비전을 기반으로 일하는 방식이 새로웠고 정리되어 있어 현장에서 활용할 필요가 있다고 느낀다.

■ (주)카리나해운항공 대표이사 이 운영

일하는 방식을 새롭게 디자인하라는 유니크(Unique)한 책을 보면서, 6개의 파트로 구성된 내용을 나도 모르는 사이에 정독한 것은 오랜만의 일입니다. 특히나 이론과 실제가 결합된 다양한 장면에서의 사실적 구성이 기업을 경영하는 제게 적지 않은 도움이 되었습니다. 아마 많은 독자들께서 이 책을 읽으시면 어렵지 않게 참고할 부분이 많다는 것을 깨닫고 이해하실 것으로 여겨집니다.

■ (주)아인스파트너 대표이사 신 경수

기업의 성장은 현장에 있는 직원들이 어떤 자세와 행동으로 고객을 대하고 우리의 상품을 취급하느냐에 달려있다. 이런 움직임에 가장 큰 영향력을 미치는 사람이 바로 그 조직의 상층부에 있는 리더들이다. 멤버들에게 올 바른 방향을 제시하고 싶은 리더, 강한 조직력과 신속하고도 정확한 현장대응력을 필요로 하는 조직의 리더가 되고 싶은 사람이라면 반드시 읽어야 할 필독서라고 생각한다.

■ (주)대림 코퍼레이션 ITC 부문장 전무 서 정식

현장 리더로서 이제까지 고민하고 있던 조직경영에서 다양한 상황들을 일하는 방식으로 새롭게 체계적으로 정리한 것 같다. 또한 변화하는 환경변화에 대응하고 팀과 구성원 멤버들을 이끌어 가기 위해서는 리더는 디지털 시대의 멤버들에게 비전을 우선시 하는 일하는 방식을 조직운영에 반드시 필요한 지식과 자기개발의 포인트가 될 것이다.

■ (사)한국프랜차이즈산업협회 전 회장 김 용만

풍부한 현장 경험을 토대로 일관성 있게 구성된 저자들의 경험서이다. 리더가 기업을 둘러싼 환경변화에 어떻게 적응하고 변화를 일구어 나갈 것인가에 대해 가감없이 기술되어있다. 이론적인 내용은 물론이지만 현장에서 적용하고 학습해 나갈 수 있는 내용으로 구성되어 있어서 주제별 코칭 트레이닝에 도움이 될 것이다.

■ (사)한국퀼트산업진흥협회 회장 윤 정연

기업은 변화하는 환경에 대응하고 이를 위해 조직이 리더가 팀과 조직을 이끌어 가는 선순환 구조가 필연적인 과업의 하나라 하겠다. 조직 구성원들에게 비전을 제시해주고 달성할 수 있는 목표를 설정해주면서 코칭하는 방법을 배울 수 있는 유익한 책의 출간을 더없이 환영하는 바이다.

■ (주)SMK International 대표이사 김 성민

3,000명을 넘는 직원을 데리고, 20년 넘게 수출을 하는 글로벌 중견기업 경영자인 제게 많은 의미를 주는 지침서가 되었습니다. 급변하는 무역 환경 속에서 어떻게 대처해 나가야 할지에 대한 솔루션과 특히 인사가 만사인 기업 경영자로서 젊은 인재들과 어려움에 봉착할 때마다 제게 그 해법을 줄 수 있는 지침서가 되었습니다. 그 무엇보다 나 자신에 대한 성찰의 기회를 주었기에 많은 리더에게 반드시 읽어보기를 권합니다.

■ (주)IX 그룹 대표이사 이 태권

빠르게 변화하는 현시대에 특히나 리더들에게 반드시 필요한 내용들이 시원하게 정리되어 있다. 급성장하고 있는 우리나라 전자상거래 소비시장에서 하루에도 수 백 수천의 기업이 사라지고 있는 현실에서 우리조직 또한 갖고 있는 큰 고민에 길잡이가 되어줄 나침반이 될 것 같다. 나와 우리 회사 리더들의 나아가야 할 방향에서 교과서로 삼기로 했다.

■ (주)KT 지역 고객본부장 상무 권 민용

리더의 역할에 대한 책과 이론은 무수히 많이 있습니다. 그러나 현장에서 바로 접목할 수 있는 내용을 담은 책을 그리 많지 않습니다. 조직의 리더들이 성과관리를 위한 P-PDCA 또는 개인/조직의 비전관리에 대하여 현장에서 바로 적용하고 응용 할 수 있는 레시피(Recipe)를 담은 책인 것 같아 현업에서 일하고 계시는 리더가 되고자 하는 리더이신 분들에게 추천하고자 합니다.

■ KOTRA 서비스산업실 실장 전 병식

알기 쉽게 구성한 내용과 사례는 리더들이라면 누구나 공감하고 실천 가능한 주제별 예시를 제공하고 있어서 모처럼 정독하면서 읽었다. 리더가 해야 할 책무나 성과를 창출하기 위한 방안 등은 리더에게 참고가 될 만큼 좋은 정보가 아닐까 생각하며 리더와 앞으로 리더가 되어야 하는 조직구성원에게 적극 추천하고픈 책이다.

■ (주)삼성물산 혁신 SCM 팀장 김 혁수

현장 리더로서 가장 큰 고민은 어떻게 하면 조직원의 성과를 지속적으로 창출해 나갈까이다. 이 책에서는 현장에서의 진정한 일하는 방식은 무엇인지? 또한 조직원 개 개인에 맞는 적합한 일하는 방식을 찾아주고 성장할 수 있도록 코칭(Coaching)트레이닝 훈련까지 가이드해주는 현장 경영에서 매니지먼트 지침서가 아닌가라는 생각이 든다. 현장 중견 리더들에 꼭 추천하고픈 책이다.

목 차

PART 1 가슴 설레는 2개의 비전(Vision)을 디자인하라

PART 2 신뢰관계를 디자인하라

PART 3 성과는 일하는 방법(P-PDCA)으로 디자인하라

PART 4 의욕(Desire)을 디자인하라

PART 5 커리어 업(Career up)을 디자인하라

PART 6 오래 가려면(Long running), 계속 학습하는(Long learning) 방법을 디자인하라

디지털 시대에는 새롭게 일하는 방식을 디자인해야 한다.

서든 데스(Sudden death) 시대에 기존의 틀을 깨지 못하면 미래는 없다.

"급격한 변화의 시대에는 기존의 틀을 깨지 못하면 미래가 없다"는 것은 디지털시대의 새로운 기업경영에 대한 방향을 표현하는 단어이다. 변화하는 경영환경 하에서 끊임없이 혁신하지 않는 기업은 천천히 도태되는 것이 아닌 갑작스러운 죽음(Sudden death)을 맞을 수 있다는 것이다. 디지털기반 경제에서 기업 내 조직의 운영방식이나 일하는 방식은 과거와는 달라져야 한다. 더불어 조직 내 리더의 역할과 일하는 방식도 달라져야 한다. 이제까지 단순히 목표를 제시하고 이를 달성할 계획을 세우는 관리지향 리더가 아니라, 멤버들에게 명확한 비전과 일의 효율적 시스템을 제시하고 혁신을 이루는 조직환경을 만드는 창의적 리더가 요구되고 있다. 결국 근본적인 조직과 팀 혁신 없이는 강한 기업으로 성장하기 어렵다는 것이다.

사실 변화와 혁신에는 정답이 없다. 그럼에도 최근 선진 글로벌 기업들은 조직문화는 물론 일하는 방식까지 바꾸고 있다. 그 이유는 목표를 효율적으로 달성할 수 있는 디지털시대에 적합한 운영시스템과 이에 따른 리더의 역할도 새롭게 규정하고 있다.

이제까지 리더는 "팀원에게 지시 명령을 내리고, 성과를 관리 평가하는 업무"에서 "팀원의 잠재력을 끌어내고 영감을 부여하는 존재"로 변화하고 있다. 멤버를 평가하기 보다는 능력 개발을 돕는 멘토(Mentor)의 역량에 초점을 맞추고 있다. 이전과 다른 가치관을 가진 젊은 구성원들의 잠재력을 끌어내기 위해서는 구성원들의 아이디어를 가치 있게 만드는 것을 목표로 하는 것이다. 결과적으로 리더의 새로운 역할변화와 함께 조직문화가 상명하복 문화가 아닌 수평적이고 자유로운 분위기로 바꾸고, 자연스러운 협업이 늘고 참신한 아이디어를 발굴할 수 있게 된다.

그러나 혁신적 리더의 필요성은 특정 기업의 사업이나 일부 국가에 국한되지는 않는다. 모든 기업이 필수적으로 지향하는 방향임에는 틀림없어 보인다. 이런 변화의 상황에서도 아직은 대부분의 기업들에서는 조직을 과잉 관리(Over management)하는 리더는 많은 반면, 조직을 올바른 방향으로 이끄는(Under leading) 리더가 적은 것도 현실이다. 매니지먼트란 「조직운영 방식」이자 「리더의 일하는 방식」이다. 한마디로 "멤버들을 어떻게 이끌어 성과를 내고 육성하여 목표를 완수해 내는가"이다. 결국 이 모든 것은 리더의 일하는 방식에 달려있다고 해도 과언은 아닐 것이다.

그때는 맞고, 지금은 틀리다.

가장 혁신적인 조직 운영 시스템을 구축한 것으로 정평이 난 글로벌 기업인 GE(General Electric)에서 비즈니스 리더의 역할과 일하는 방식은 어떤가?

목표를 효율적으로 달성해야 하는 디지털시대의 비즈니스 리더의 역할을 팀원의 잠재력을 끌어내고 영감을 부여하는 존재로 정의하고 있다. 이런 GE의 시스템혁신은 직원들이 더 이상 GE를 가전제품을 만드는 제조사가 아닌 소프트웨어 중심의 창의적 디지털 회사로 인식한다라는 전제가 있다. 그러나 조직 운영과 일하는 방식의 혁신은 특정 기업의 사업 분야에만 국한되지 않는다. 이젠 모든 기업이 필수적으로 지향하는 방향임에는 틀림없다.

그러나 많은 기업들이 혁신이라는 이름 하에 리더의 역할을 중시하고 있지만, 내용을 살펴보면 글로벌 기업 GE가 폐기한 1980년대의 경영

환경에 맞게 고안한 개념을 아직도 고집하고 하고 있다.
21세기 창의성이 중시되는 디지털 시대에 더 이상 통용되지 않는 시대착오적 방식이다. 항상 새로운 변화와 혁신은 많은 진통을 동반한다. 과거 GE의 시스템 역시 도입 과정에도 다양한 엇갈린 잡음과 진통이 있었다.
과거 80, 90년대의 고도 성장기에는 구성원들은 평생직장 이름 하에서 조직과 리더에 대해 충성하는 것이 미덕이자 바람직한 태도라는 인식이 강했다. 즉 상하 간의 위계질서에 의한 「지시, 명령과 통제(Command and Control)방식」에 기반했던 수직적 조직 시스템에서는 높은 직급으로 멤버들에게 힘과 영향력을 행사하는 것이 가능했다. 그래서 리더에 대한 신뢰여부나 능력은 그다지 중요한 이슈이기보다는 경험치가 우선되던 시기였다. 리더가 관리자의 입장에서 멤버들에게 지시 명령을 내리고, 성과를 관리 평가하는 역할이면 사실 충분했던 시기이다.

2000년대에 들어와서 새로운 조직 운영방식으로 팀제의 자율적 시스템이 확산되고, 권한이양(Empowerment)등에 기반한 개 개인의 일하는 「자립지향적(Self management)방식」이 중요해지는 등 운영시스템이 전반적으로 수평화로 변화되는 시기였다. 즉 멤버들이 리더를 믿고 따르게 하며 자발적으로 성과를 내게 하는 것이 중요해졌다. 이런 멤버들의 자발적 힘은 일방적 지시나 명령이 아닌 명확한 목표를 제시하고 일에 따른 기준에 의거했다. 더불어 리더와 부하와의 관계형성과 상호이해와 의사소통의 커뮤니케이션이 더욱 중시되는 시기였다.
이제 4차 산업혁명의 디지털 지식시대에서는 평생직장의 개념이 사라지고 일은 평생직업(Career)으로 바뀌고 있다. 자신의 능력과 잠재력을 키워주고 시장가치(Market value)를 높여주는 조직과 리더가 필요해지고 있다. 특히 글로벌 경제하의 환경변화 함께 멤버들의 사고방식과 가치관의 변화도 중요한 요인이 되고 있다. 최근 들어 글로벌 기업에서는 리더의 역할을 멤버의 잠재력을 끌어내고 영감을 부여하는 존재로 정의하고 있다. 즉 과거와 다른 가치관을 가진 인재들의 잠재력을 끌어내기 위해서는 멤버들의 아이디어를 가치 있게 만드는 것을 목표로 구성원 개 개인의 자기실현(Self actualization)을 이끌어 내는 방식을 취하고 있다. 이 같은 리더의 새로운 역할변화와 함께 조직문화가 상명하복 문화가 아닌 수평적이고 자유로운 분위기로 바뀌고 자연스러운 협업이 늘어 참신한 아이디어를 발굴해 지속적으로 성장해야만 하기 때문이다. 결국 조직의 목표를 효율적으로 달성할 수 있는 조직운영방식과 리더의 일하는 방식에 지속적인 성장이 달려 있기 때문이다.

일하는 방식의 변화

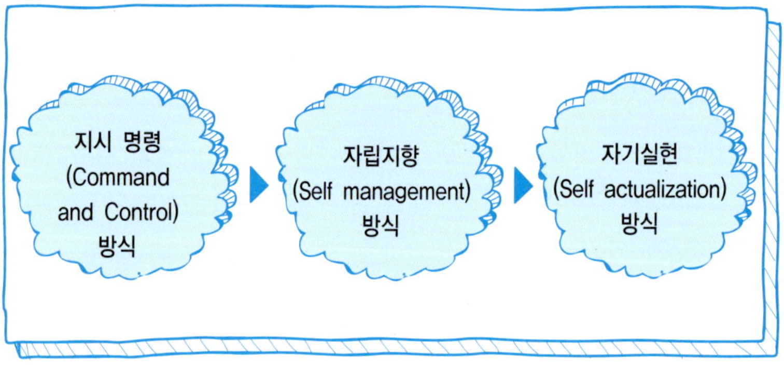

시대변화에 적합한 새로운 일하는 방식을 디자인해야 한다.

그렇다면, 시대는 리더에게 어떤 능력을 요구하는가?
디지털 시대의 경영환경 변화에 따른 조직관리 시스템, 조직 구성원들의 가치관 변화가 리더의 능력을 그 무엇보다도 우선시 하는 경향을 보이고 있다. 리더의 힘이 조직이나 팀의 성장에 대한 멤버들의 신뢰 확신은 물론 성과에 대한 기대감으로 이어진다. 반면 조직운영에 필요한 능력과 역량이 부족하다면 성과는 물론 자기성장의 기회에 대한 기대치가 떨어져 멤버들의 이탈 가능성이 커지게 마련이다.

이제 리더의 힘은 기업 경영에서 차지하는 중요성이 커져가는 근본적 이유는 기업의 저 성장 기조에서의 환경변화와 조직 시스템 그리고 구성원 멤버들의 가치관 변화라는 3가지 요인에서 찾을 수 있다.

그럼 조직과 팀 멤버에게 신뢰받는 리더가 되기 위한 필요한 능력으로 일하는 방식을 제시해 본다.

PART 1

가슴 설레는 2개의 비전(Vision)을 디자인하라

비전은 단순한 목표를 의미하지 않는다. 비전은 미래의 지향점이자 가고자 하는 방향을 나타내는 지침이자 나침반이다. 리더로서 진심으로 이루고 싶은 조직과 자신의 미래 모습이다. 그 모습은 비전이 달성되었을 때의 상태를 생생하게 구체화시켜 그린 것이다. 리더의 비전은 조직의 발전과 그 속에 있는 멤버 개인의 성장이라는 방향에서 2가지의 형태가 반드시 필요하다. 먼저 조직이나 팀이 달성하고픈 바람직한 모습이 「조직(팀) 비전」이다. 팀 비전이란 단순히 주어진 목표나 수치를 나열하는 것만이 아니다. 그리고 구성원들이 의욕을 갖고 달려가고 싶은 「개인 비전」이다.

먼저 목표를 달성하기 앞서서 달성한 상태가 명확히 그려진 모습이어야 한다. 바로 이것이 생생하게 모두가 이미지네이션(Imagination)할 수 있도록 하여야 한다. 비전실행은 한 두 번으로 멤버에게 전달되지는 않는다. 멤버의 마음에 깊게 새겨져 의식적으로 행동하게 하려면 매일 비전을 기반으로 하는 반복 활동을 하여야 한다. 바로 그런 2개의 비전을 리더는 디자인하고 만들어 가야한다.

Part1: 가슴 설레는 2개의 비전(Vision)을 디자인하라

1. 리더의 임무(Mission)는 비전을 만들어 공감시키는 것이다.
2. 비전에는 신비로운 3가지 힘이 있다.
3. 엣지(Edge)있는 비전으로 희망과 열망이 일게 하라.
4. 멤버 개인의 비전도 그려라.
5. 비전은 일의 의미를 찾게 한다.
6. 멤버와 함께 비전을 만들고 각오를 이끌어내라.

▣ 비전 설정 – 코칭 트레이닝 기법

1 리더의 임무(Mission)는 비전을 만들어 공감시키는 것이다.

가슴 뛰고 설레는 2가지 비전을 만들어라.

조직에서 비전은 기업의 장래를 좌우하는 핵심요소이며 미래에 나아갈 방향을 의미한다.

비전은 시력, 시각이라는 의미로도 사용되는데, 그 원래 의미는 보다를 뜻하는 라틴어 Video에서 기원되었다. 즉 보이는 것을 뜻하는 뷰(View)와 시각적을 뜻하는 비주얼(Visual)과 같은 어원이다. 고대 그리스에 점술로 유명한 도시인 델피(Delphi)가 있었다. 왕부터 장군, 사업가 등 사회 지도층들은 걸핏하면 델피로 가서 자기의 앞날을 점쳤다. 이곳의 땅은 바위가 갈라지면서 지하에서 가스가 많이 유출되곤 했다. 그래서 후세 사람들은 이 가스 때문에 사람들이 자주 환각 작용을 일으켰다고 분석한다. 이런 영향 때문인지 이 지역의 점술가들은 갑자기 떠오른 환상을 눈앞에 미래가 보인다라고 믿고서 이런 환각현상을 Vision이라고 했다고 한다.

결국 비전(Vision)의 어원은 Video이다. 그런데 Idea와 같은 발음으로 쓰이는 단어였다. Idea 역시 영감을 받아 눈앞에 떠오르는 이미지라는 의미이다. 고대로부터 서구의 지도계층인 리더는 시각적 사고력이 강한 사람이었음을 알 수 있다. 비전은 "미래의 계획을 구체적으로 실행할 수 있도록 도와주는 영감"이라는 뜻으로 발전했고, 지금까지 비즈니스에서는 "미래 방향을 내다보는 예지력"이라는 의미로 사용되고 있다.

과거 경제성장이 왕성했던 시기에는 조직이나 개인 스스로 달성해야 할 목표나 비전을 의도적으로 쫓을 필요가 적었다. 이는 조직 경영층이 제시하는 것이 목표가 되고 비전으로 적합한 시기였기 때문이다.

또한 목표나 비전을 따르기만 해도 성장할 수 있었던 시기이기도 하였다. 그러나 경제상황이 저 성장으로 고착화되고, 사회구조의 성숙화는 조직만이 아니라 그 속에서 일하는 개인의 욕구 또한 개별화 다양화로 진화하고 가치관 역시도 변하고 있다. 그래서 현대 비즈니스에서는 비전의 중요성이나 비전을 설정하는 이유나 그 목적은 조직에서 구성원 모두가 조직이나 팀의 미래의 기대모습을 명확히 해서 구성원들의 능력과 의욕을 한 방향으로 모아 스스로 움직이게 하기 위함이다.

비전이란 단순히 주어진 목표의 수치를 나열하는 것만은 아니다. 비전의 의미에서도 알 수 있듯이 목표 달성에 앞서서 달성상태가 생생하게 그려지는 모습이어야 한다. 리더는 바로 이것이 그려지도록 디자인하여 제시하여야 한다. 그와 함께 조직, 팀 비전과 연계된 개인의 비전이 연계되도록 하여야만 한다. 그렇게 함으로써 비전은 많은 사람을 행복하게 만들 수 있다. 그렇지 않으면 리더와 구성원인 멤버들 모두가 불행하게 될 수도 있다.

여기서의 2가지 비전이란「팀 조직의 비전과 멤버 자신의 비전」을 말한다.

그럼 그 비전을 만드는 방법을 생각해 보고 찾아보자.

비전은 매력적이고 가슴 뛰어야 한다.

비전을 처음 들었을 때, 어떤 것들이 연상 되는가?
기업들이 제시하는 「매출 100억 달성 마켓 셰어(Share) 25% 확대」와 같은 숫자인가?
아니면 「○○○ 분야에서 세계 1위 기업 지향" – 품질 경쟁력 확보하여 세계적인 ○○제품을 생산, 공급하는 기업」과 같이 애매하고 화려하고 거창한 단어로 나열된 미사어구인가?
흔히 비전을 계량적인 목표와 혼동하는 것을 볼 수 있다. 하지만 진정한 비전은 「시장 점유율 1위 달성」과 같은 목표가 아니라, 가슴 설레는 형태여야 한다.
이와 같은 비전이 주는 효과를 명확히 보여주는 답으로 생텍쥐베리(Saint-Exupéry)가 쓴 어린 왕자에서도 이렇게 이야기하고 있다. "배를 제대로 만들고 싶다면, 일꾼들에게 목재를 이리 옮기고 저리 옮기도록 일일이 지시하거나, 일감을 배분하지 마라. 대신 지 끝없는 바다의 동경심을 품게 하라!"라고 하였다. 분명한 것은 사람은 단순한 숫자나열이나 아름답고 추상적인 단어만으로는 가슴이 뛰지는 않는다라는 것이다. 보다 구체적이고 분명하고 달성 가능한 것들에 행동하게 된다.
일정기간 동안에 이루고 싶거나 다다르고 싶은 바람직한 상태나 성취하고 싶은 모습을 목표(Goal)라고 한다. 물론 목표는 다양한 상태로 존재한다. 업무에선 단기적인 목표인 하루 일정 계획에서의 목표나 주간 목표도 있고, 장기적인 목표인 조직의 경영목표와 같은 것도 있다. 비전이 목표와 다른 것은, 실행을 유도할 수 있는 매력적인 목표의 상태를 의미한다. 팀이 달성하고 싶은 매력적이고 바람직한 모습이 팀 비전이다. 이것은 한 두 번으로 멤버에게 마음속까지 깊이 전달되어 지지 않는다. 멤버의 마음에 깊게 새겨 의식적으로 행동하게 하려면, 매일 비전을 기반으로 하는 업무활동을 하여야만 한다. 팀의 비전만으론 멤버를 주체적으로 움직이기는 힘들 수도 있다. 그래서 멤버, 개인의 비전도 팀의 비전 속에서 함께 찾아갈 수 있게 해야 한다. 비전 속에 녹아있는 자신의 일(Job)과 커리어(Career) 목표를 비전에서 생생하게 볼 수 있어야 한다.

멤버 자신이 세상에 어떤 가치를 주고 우리가 사는 세상에 어떻게 기여할 것인가를 느낄 수 있는 방향이어야만 한다. 또 무엇을 위하여 일하고, 무엇을 달성해야 하고, 무엇을 이루고 싶은가가 분명히 이해되고 납득되어야만 한다.

비전, 목표에 대한 의미

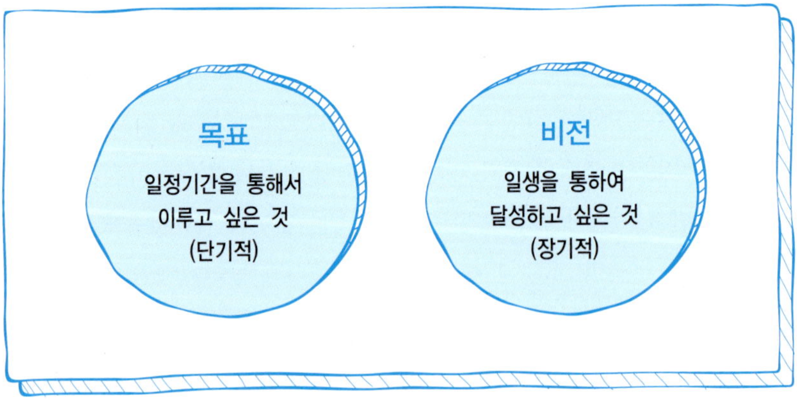

비전은 어떤 작은 일이라고 해도 필요하다.

비전은 기업과 같이 큰 조직에서만 필요한 건 아니다. 그 보다 작은 부서나 팀에도 필요하다. 좀 더 밑으로 내려가면 리더가 멤버들에게 지시하고 의뢰하는 과제나 일에서도 비전은 필요하다.

예를 들어 멤버에게 지시한 단순하고 반복적인 「데이터 입력 작업」이라도, 자신의 성장과 연결된 데이터 입력 작업과는 같은 일을 하더라도 멤버가 일을 대하는 자세나 실행방법에는 큰 차이가 있다. 데이터의 입력 작업을 통해서 고객의 업종이나 규모, 성격 등을 동시에 입력함으로서 그 일의 의미나 필요성이 향후 성과와 성장에 중요한 일임을 알게 하는 것도 일의 비전이다.

어떤 형태로든 멤버의 성장을 위한 비전은 필요하게 된다.

사실 멤버에게 비전이란 번잡하고 먼 곳에 있는 손에 잡히지 않는 신기루 같은 것이 되어선 안 된다. 이런 것일 수도 있다. 그것이 짧은 기간에 달성해야 할 목표일 경우도 있고 긴 시간이 요구되는 비전일 수 있다. 그 예로 비즈니스 업무처리의 기본인 "파워포인트나 엑셀을 잘 다뤄서 유능한 비즈니스 퍼슨(Person)이 되고 싶다"라든지, "항상 고객의 과제를 우선 해결해 주는 지원자가 되고 싶다"라는 비전일지도 모른다. 어느 것이든 아주 작은 일에서도 비전은 분명히 필요하다. 리더는 멤버들과 함께 일 속에서 각 각의 작업에서도 비전을 찾아내는 것이 리더의 중요한 일 중 하나이다.

2 비전에는 신비로운 3가지 힘이 있다.

비전은 일을 재미있게 한다.

비전이 목표와 다른 것은 실행을 유도할 수 있는 매력적인 목표가 생생하게 그려 질 수 있어야 한다. 그래서 비전에는 3가지 불가사의한 힘을 갖고 있고 그것이 비전만이 가지는 강점이기도 하다.

그 첫 번째 힘이 「일이 재미있게 된다」라는 것이다. 우리는 깊이 생각해 보면, 단순히 물질적인 돈벌이 수단만으로 일을 하는 것은 분명히 아니다. 금전으로 계산되는 일은 어느 정도 달성되고 만족되면 진정으로 몰입되지 못해서 재미없어진다. 그러나 좋아하고 하고 싶은 일을 통해서 자신이 성장하거나, 조직이나 주변으로부터 인정받게 되었을 때에는 일이 재미있어지고 성장하는 기쁨을 느끼게 된다.

심리학자인 프레드릭 허즈버그(Frederick Herzberg)는 일에서 의욕을 상실하게 하거나 의욕을 내게 하는 요인이 서로 독립적이고 다르다고 한다. 물질적인 요소와 같은 외적인 요인이나 조건보다는 일에 대해 의욕을 증대시키는 요인은 일 그 자체로서 사람의 심리적 동기부여 요인에서 발생한다고 한다. 결국 일에 대한 의욕을 갖고 동기유발을 촉진하기 위해서는 자신이 하는 일 자체에서 어떤 의미를 갖고서 자신의 능력을 발휘되었을 때 보람을 느낄 수 있다고 한다.

고객으로부터의 '감사하다'라거나, 도움이 되었다'라는 말 속에서 진정한 일의 재미와 흥미를 느끼고 열정적으로 몰두하게 된다. 또 '자신의 일이 세상과 사회에 보탬이 되고 다른 누군가에게 도움이 된다'라는 마음의 확신을 갖게 될 때에 사람은 어렵고 힘든 달성과정에도 불구하고 일에 몰두하여 재미를 느끼게 되는 것이다. 멤버가 리더와 함께 확실한 비전을 공유할 수 있으면 의욕을 갖고 어려운 달성과정이라고 해도 견디며 활기찬 직장생활을 할 수 있게 된다.

「선택적 지각」을 통해서 의욕을 갖게 된다.

비전에는 또 다른 힘이 있다. 그 두 번째 힘은 비전을 가짐으로 꿈을 실현할 수 있는 심리적 불가사의한 힘이다. 그것은 선택적 지각의 힘이다. 우리는 시각, 청각 등 오감을 통해 매일 많은 정보를 받아드린다. 그러나 그 많은 정보를 모두 기억하지는 못하고 다만 무의식적 상태에서 자신이 흥미가 있는 정보들만을 선택적으로 수용하여 기억하게 된다. 이것을 우리는 선택적 지각이라고 한다. 그렇다면 우리는 일속에서 무엇을 기준으로 열중하게 되는 걸까?

그 기준이자 달성목표가 되는 것이 비전이다.

예를 들어 장래에 "바닷가 옆에 작은 카페(Cafe)를 열고 싶다"라는 꿈을 가진 멤버라면 길가의 멋진 카페를 보았을 때 미래의 자신이 만들 카페를 그리며 거기서 일하는 자신의 모습을 대입해 보면서 가슴 두근거리며 관심을 가지고 살펴볼 것이다. 그렇지 않은 사람이라면 아무런 관심 없이 지나치게 될 것이다. 일에서도 마찬가지라서 이런 관심과 욕구가 보이는 작은 차이가 결과적으로 행동과 결과에 많은 영향을 미치게 될 것이다. 비전을 갖는 것만으로도 스스로 주변정보를 수집하고 그 목표를 달성하기 위해 적극적으로 행동을 이끌어 내게 한다. 바로 그런 행동이 비전을 실현시키는 힘이 된다.

비전은 열정을 갖고 집중하게 된다.

그렇다면 이런 꿈이 담긴 비전은 어떻습니까!
누구나 한 번쯤 들어봤을 문장이며 많은 사람들이 감동받고, 그 감흥을 「환희의 형상화(Physicalization of joy)」라고 표현한다.
미국의 흑인 운동가인 '마틴 루터 킹' 목사의 워싱턴 대행진 연설 핵심 구절입니다. "친구들, 오늘 그리고 내일 우린 어려움에 직면할 것입니다. 그럼에도 불구하고 내겐 꿈이 있습니다."로 시작하는 바로 나에겐 꿈이 있습니다(I have a dream)와 같은 마음을 흔드는 꿈을 묘사한 연설이다.
"나에겐 꿈이 있습니다. 언젠가 죠지아(Georgia)의 붉은 언덕 위에 노예의 자손들과 노예를 소유하는 사람의 자손들이 같은 테이블에 앉는 꿈이 있다. 그래서 내 아이들 넷이 피부색을 기준으로 사람을 평가하지 않고 인격을 기준으로 사람을 평가하는 나라에서 살게 되는 꿈입니다"라고.……
당시에는 유색인종은 백인들과 같이 같은 버스에 타는 것은 물론이요, 같은 식당에서 식사할 수 없었던 시절이다. 그런 시절 킹 목사의 연설은 많은 사람들의 혼을 흔들고 희망의 빛을 밝혔다. 그리고 그 명언은 역사를 바꿀 만큼의 힘을 가지고 있었다. 이런 꿈이 가득 찬 비전만이 누군가의 마음을 움직일 수 있다. 단순히 숫자나 공허한 단어로 나열된 단어들을 꿈이요 비전이라고 부를 순 없다.
킹 목사는 자신이 꿈꾸는 미국의 모습, 조지아 주의 붉은 언덕에서 전 노예의 자식들과 전 노예 주인의 자식들이 같은 식탁에 앉아 형제애를 나누는 사회의 모습을 눈에 보이듯 멋지게 그려냈다. 그 후 인권법이 통과됐고 흑인의 투표권 행사를 방해하던 선거법 개정도 이루어졌다.

50번의 또 다른 여름이 지나가고 킹 목사가 섰던 바로 그 연단에서 미국 첫 흑인 대통령 버락 오바마(Barack Obama)가 마틴 루터 킹 목사를 추모하며 당시의 상황을 재현했다. 1963년 8월 28일은 킹 목사가 「I Have a Dream」을 외친 날입니다. 인종차별 철폐를 위한 것으로 세계적인 명연설로 꼽힙니다. 그 이후 미국에선 흑백 차별을 금지한 민권법과 흑인 선거권을 보장한 투표권법이 제정되었습니다.

킹 목사는 "인간의 영혼을 갉아먹는 빈민가, 인간의 영혼을 억압하는 경제적인 조건, 인간의 영혼을 짓누르는 사회적인 조건에는 무관심한 채 인간의 영적인 구원에만 관심을 갖는 종교는 사멸하게 된다"는 말을 남겼다. 하지만 킹 목사 이후 미국 사회가 얼마나 먼 길을 걸어왔는지 보여주기엔 충분했다. 오바마 대통령의 존재 자체가 킹 목사의 꿈이 있는 비전이 얼마큼 성장했는지 보여주는 증거였기 때문이다.

그 만큼 꿈이 있는 비전은 분명히 값진 것이 되기에 충분하다. 바로 비전에는 이루려는 열정에의 힘이 있기 때문이다. 바로 이런 것이다. 비전이란 단순히 주어진 목표의 수치를 나열하는 것만은 아니다. 목표를 달성하기에 앞서 달성상태가 그려지는 생생한 모습이어야 한다. 바로 비전이 달성된 모습이 생생하게 그려져 있어 마음을 움직일 수 있어야 한다.

비전은 일을 재미있게 하고, 의욕을 갖게 하여 꿈을 실현시킬 수 있도록 지속적인 열정을 갖게 한다. 이것이 바로 비전이 갖는 3가지 힘이다. 반드시 사람이나 조직에는 어떤 형태로든 비전이 필요한 것이다. 일반적으로 조직단위의 커다란 비전만을 의미하는 것이 아니다. 팀 단위의 비전의 행동목표에도 반드시 필요하다. 숫자의 나열로 된 일반적인 목표는 비전 설정 그 다음 단계이다.

리더는 숫자를 앞세우고 애매하고 추상적인 단어를 나열하기 앞서서 가슴 뛰는 팀의 구체적인 모습, 그 비전을 생생하게 그려진 달성하고 싶은 목표로서 비전을 멤버와 공유해야 한다. 그래서 가슴 뛰는 열망을 멤버에게 줄 수 있는 비전을 만드는 일이 리더의 가장 중요한 임무이다.

▣ 참조

비전설정 – 코칭 트레이닝(Coaching Training) 기법

- Step 1-1: 경제잡지에 게재된「성공한 팀 미래 모습」그려보기
  >>> P. 36
- Step 1-2: 팀 비전 만들기
  >>> P. 38

3 엣지(Edge)있는 비전으로 희망과 열망이 일게 하라.

앞이 보이지 않는 건 누구나 두렵다. 그래서 어둠의 끝엔 항상 빛이 있다는 걸 보여라.

주변에 불빛이나 가로등도 없는 어두운 밤길을 혼자서는 걷는 다는 건 누구나 무섭고 두렵다. 혹시 그런 길을 걸어본 적이 있는가?
이런 길을 걸어갈 때 우리는 강한 두려움과 공포감을 느끼게 된다. 일에서도 마찬가지일 것이다. "이대로 이런 반복적인 일을 계속해야 하나……", "새롭게 준 일은 처음이라, 잘 모르는데……"
"이 일을 해서 정말 앞으로 나아질까……".
당신의 멤버가 이런 불안감을 갖고 있을지도 모른다. 이런 끝이 보이지 않는 어두운 길을 혼자서 걸어가는 멤버에게 "좀 더 열심히 해", "실적을 좀 너 올려" 라고 한다면 당신은 어떤 사람인가!
그것은 잔인한 리더일 것이다. 그 보다는 이런 멤버에게 한 줄기 밝고 따스한 빛이 되어 줄 필요가 있다. 어두운 길의 끝에는 밝은 빛이 있다는 사실을 확신시켜 줄 필요가 반드시 있다. 이길 끝에는 여명의 아침이 있다는 확신을 보여준다면 멤버는 이 길이 어렵고 고통스럽지 않을 것이다.
당신이 멤버에게 희망의 빛이 보여 줄 수 있다면 그들은 주어진 목표달성을 위해 전력을 다할 것이다. 당신에게 도움의 손을 내밀 필요도 없을 것이다. 대부분의 모든 일을 스스로 할 수 있게 될 것이다. 그래서 비전이란 단순히 주어진 목표 수치만을 나열하는 것이 아니다. 달성에 앞서서 달성상태가 생생하게 그려진 모습이어야 한다. 바로 눈 앞에 생생하게 보이게 그려지게 해야 한다. 이때 팀 비전과 연계된 개인의 비전도 반드시 함께 제시되어야 한다. 그래야만 비전을 실현시키는 힘이 멤버로 하여금 열망이 일게 하고 행복하게 만들 수 있게 된다. 비전은 이루어진다는 확신을 전하고 보여주어야만 한다.

세계 2차 대전 중 독일의 악명 높은 아우슈비츠(Auschwitz)포로수용소에서 1944년 크리스마스 시기와 1945년 정월 사이에 대량의 유대인 사망자가 발생하였던 사실이 있었다. 그 원인은 빈약한 수용소의 환경과 시설이나 또한 길고 험한 노동시간만이 아니었다. 그 결정적 이유는 곧 크리스마스가 오면 그들의 신이 지옥과 같은 수용소에서 자신들을 구해 줄 거라는 희망이 사라져 정신적 쇼크가 대부분의 사망원인이라는 사실이다. 이 사실이 주는 교훈은 사람은 희망이 없다면 살아가기 힘들게 된다는 것이다. 다시 말하면 희망이 있다면 지금 힘들어도 충분히 견딜 수 있다는 것이다.

철학자 니체는 "왜 살아야 하는지를 아는 사람만이 어떤 삶도 견디어 낼 수 있다"라고 말했다. 리더는 희망을 보여주는 비전의 힘으로 멤버에게 메시지를 전하고 멤버들이 그 비전을 실행할 수 있는 의욕을 높여야 한다. 그러기 위해선 먼저 2가지 비전을 명확히 하는 것이다. 그 곳을 향해서 멤버 개 개인을 하나로 묶는 힘이 필요하며, 가슴 뛰는 열망을 멤버에게 줄 수 있는 비전을 만드는 일이 리더의 또 다른 중요한 임무이다.

비전엔 날카로운 엣지(Edge)가 필요하다.

일반적으로 비전이라고 하면 꿈과 같은 의미로 애매하고 추상적인 단어로 표현한다. 그래서 현실적으로 상당한 거리가 있게 된다. 비전은 큰 기업이나 조직 단위에서만이 아닌 작은 단위의 팀이나 프로젝트에도 필요 불가결한 것이다.

「직원 No1, 고객 No2 주의」 이것이 저 수익 적자노선을 고 수익 비행노선으로 바꾼 미국 항공사인 사우스 웨스턴 항공(South Western Airline)의 이념이다. 물론 이 회사가 고객을 최우선하지 않는다는 의미는 아니다. 다른 경쟁 비행사와 비교하더라도 고객만족에 힘을 쏟고 있는 회사이다. 다만 고객만속을 실현시키기 위해서는 상상을 뛰어 넘는 종업원의 만족도가 필요하다라고 생각하기 때문이다. 저가 항공사이기에 원가절감을 위해 기내식이나 잡지는 없다. 심지어 지정석도 없다. 대신 운항시간 및 화물 처리 등이 정확하게 지켜지고, 고객들에게 즐거움을 제공한다.

이 회사의 가장 큰 경영가치이자 비전은 즐거움이다. 승무원들은 신나게 승객들과 수다를 떨기도 하고 승객에게 노래를 시키기도 한다. 승무원들과 함께 어울리다 보면 비행의 불편함을 잊은 채 어느새 목적지에 도착한다. 결국 고객에게 즐거움을 제공하려면 먼저 직원들이 즐겁게 일할 수 있어야 한다는 의미이다. 직원들에게 파격적인 권한을 위임함으로써 직원들의 상상력과 에너지를 최대한 자유롭게 발휘하도록 한다. 직원들의 이러한 창의력으로 추가적인 비용 없이 고객도 기대하지 못한 즐거움이라는 가치를 제공하는 것이다.

그래서 비전은 의미전달만이 아니라 그 내용에 명확한 방향과 구체적인 철학이 담겨야 한다. 추상적이거나 의미전달 용도로 생각해서는 안 된다. 비전을 만들 때에는 모두를 만족시키는 애매한 표현은 쓰지 않는 것이 좋다. 실제로 부서 전체 비전이 아닌 멤버에게 지시한 「주간 업무보고」와 같은 작은 업무 하나 하나에도 필요하다. 리더가 지시해서 만든 어쩔 수 없이 만든 주간 업무보고와 명확한 비전을 이해한 후에 작성된 주간 업무보고는 그 내용이 확실히 다를 것이다.

예를 들어 "프레젠테이션 커뮤니케이션 스킬을 확실히 익혀서 고객대응에 자신감을 갖자"라는 멤버의 목표이자 자기비전이 있고, "작은 일도 놓치지 않는 업무 종결 자"라는 비전을 만들 수도 있다. 어느 쪽이라도 좋다. 일을 수행하는 데 필요한 어떤 작은 것에도 자신만의 업무비전이라면 좋다.

이 같이 리더의 진정 성이 담겨 있어 멤버의 마음을 움직이는 내용이나 단어에 자기만의 날카로운 엣지(Edge)가 있어야 한다. 엣지는 "모서리, 가장자리"라는 의미로 날을 세우다라고 해석할 수 있다. 그러나 단순히 날카로움의 의미보다는 그 의미에 마음을 움직이는 것이어야 한다.

실감할 수 있도록 오감으로 제시하고, 5W 1H로 질문하고 공감하게 하라.

이전 많은 기업에서 볼 수 있었던 출근에 따른 아침풍경이 있었다. "목표나 회사 비전을 복창한다거나"하는 장면이다. 이젠 이런 모습을 보기 힘들어졌지만, 회사 입구나 복도에 비전이나 이념을 여러 군데 붙어 있는 건 아직도 어디선가에는 보인다. 분명한 것은 이런 모습으로는 조직은 실제로 변하지 않는다는 사실이다. 기업의 이념이나 비전을 말한다 해도 결국 누가 조직을 좋게 만들 것인가?가 사실 그 본질인 것이다.

비전을 써 붙이고 목표금액과 세부지침을 적었다고 해서 과연 달성할 수 있을까?

하늘이 알아서 그렇게 만들어 주는 걸까?

아마도 아닐 것이고 결국 조직을 움직이는 것은 구성원인 멤버들이다. 기업과 조직을 바꾸려면 멤버 한 사람 한 사람이 변해서 행동으로 움직여야 가능한 것이다. 조직의 이념이나 비전, 목표를 이루고 달성하려는 의식전환과 함께 행동변화가 일어나지 않으면 안 된다. 단순히 멋진 단어들로 가득한 이념이나 비전 그리고 목표는 공허한 메아리일 뿐이다. 멤버 한사람 한사람의 마음에서 생생하게 이미지네이션(Imagination)이 되지 않는 비전은 실현되기 어렵다. 이런 의미 없는 비전이 아닌, 눈앞에 생생하게 그려져 가슴 뛰는 비전을 만들어 보자! 그렇다면 이런 비전은 어떻습니까!

「멤버 전원이 매출 달성하여 그 중 2명은 승진하자! 그 보상 인센티브로 유급휴가를 가자! 그리고 멤버 전원이 발리로 가족여행 5일!」

자 어떻습니까? 멤버의 밝은 얼굴이 보어지나요!

사진의 파노라마처럼 각 장면의 영상이 떠오를 수 있는 비전이야말로 그 실현의 가능성이 높아지게 된다. 비전을 생생하게 느낄 수 있고 이미지네이션하기 위한 방법으로써 리더는 2가지 질문을 해 보는 것이 효과적이다. 그 하나는 「오감에 호소하는 감성적 질문방법」이고, 다른 하나는 「5W 1H의 이성적 질문방법」이다.

「오감에 호소하는 질문방법」에서의 오감은 시각, 청각, 후각, 미각, 촉각으로 구체적으로는 "비전을 달성 했을 때 무엇이 보이는가? 또 무엇이 들리는가? 무엇이 느껴지는가?" 등의 감각이나 감성을 통해 얻어지는 질문이다.

「5W 1H의 질문방법」은 보다 구체적이고 사실에 근거한 보다 자세한(detail)한 질문방법이다. Why(왜), Who(누가), When(언제), What(무엇을), Where(어디에서), 그리고 How(어떻게) 등의 질문을 사용하게 된다. 멤버와 함께 질문하고, 대답하고 토의하는 과정을 통해서 비전을 가능한 시각화해야 한다. 이 방법을 사용하여 비전을 보다 구체적이고 선명하게 느낄 수 있게 해야 한다. 팀 전체가 마음으로 염원하는, 목표가 공유됐을 때 그 목표가 비전(Vision)된다. 비전이란 자신이 진심으로 이루거나 달성하고 싶은 미래의 바람직한 모습이며 그 달성된 모습이 생생하게 그려져야만 한다.

비전을 만드는 2가지 질문방법

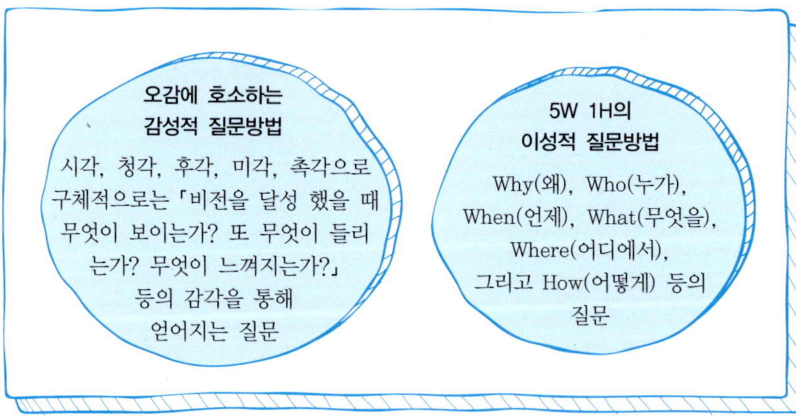

▣ 참조

비전설정 – 코칭 트레이닝(Coaching Training) 기법

- Step 1-3: 개인 소망 리스트(Wish list) 작성하기
  >>> P. 41

4 멤버 개인의 비전도 그려라.

멤버 개인의 비전을 만들어라.

어느 날 갑자기 특별하지는 않지만 자기 업무에 충실한 멤버가 이런 상담을 요구한다. 곧 회사를 그만두고 자기 일을 하고 싶다고 한다라고 하면 어떻게 할 것인가?

예를 들어 "자신의 꿈은 작은 커피숍을 운영하고 싶다"라거나 "다른 회사로 이직하고 싶다고" 갑자기 멤버들의 이런 이야기에 당신이라면 어떻게 하시겠습니까?

"왜 그런 생각을 하는 거지? "그래 어쩔 수 없는 건가?" 아니면 "그런 쓸데없는 생각 말고 일이나 열심히 해"라고 할 겁니까!

그렇다면 이런 대답은 어떻습니까?

커피숍을 성공적으로 운영하기 위해서 필요한 능력이 여러 가지 있을 것이다. 단지 커피만 맛있다고 되는 걸까?

실제로 재무나 경리의 지식, 광고·판촉의 노하우(know how), 또 관련 업체와의 교섭력, 종업원 교육과 접객 서비스 등의 매니지먼트 능력이 필요하지 않을까?

"그렇다면 이제부터 그런 능력을 쌓기 위해서 여기서 좀 더 배워서 해보는 것은 어떨까?"라고 하면 어떻습니까!

그런데 이런 대화는 좀 더 일찍 알고 있었다면 보다 적극적인 대응으로 멤버를 납득시킬 수 있었을 것이다. 물론 갑자기 이런 형태의 사표제출이나 퇴사가 일어나지 않는 것이 바람직하다. 왜냐면 리더의 멤버에 대한 일상적 매니지먼트의 문제가 명확하기 때문이다. 멤버의 일상적인 관리나 근황 파악도 리더의 임무이다.

개인의 비전을 만들고, 팀 비전과 연결시켜라.

미국 영화 10월의 하늘(October sky)은 주인공의 실화를 바탕으로 제작된 영화이다. 그 줄거리는 주인공 소년이 탄광촌에서 태어나 어려운 가정 환경 속에서도 자신의 꿈을 이룬다는 줄거리이다. 바꿀 수 없는 암울한 미래를 괴로워하는 소년은 어느 날 우연히 스푸크니크 위성(소련 우주항공선)이 하늘로 올라가는 다큐멘터리를 보고 로켓(Rocket) 과학자를 꿈꾸게 된다. 바로 그가 미국 항공우주국인 나사(NASA)의 로켓 엔지니어가 된 호머 힉겜(Homer Hickam)이다.

당시 미국의 상황은 소련과 무한 우주 경쟁을 하던 냉전시대였다. 미국 케네디 대통령은 쿠바사태로 곤경에 처하고 우주개발경쟁에서도 소련에 밀리던 시절이었다. 그래서 미국의 새로운 목표로서 뉴 프런티어 정책으로 스푸크니크(Sputnik: 소련이 발사한 세계 최초의 인공위성)의 비전을 표방했다. 그 비전의 진짜 목표는 단순히 달나라에 가는 것이 아니라 국민의 마음을 한데 모으는 것이었다. 그래서 로켓 엔지니어가 된 호머 힉겜과 같은 많은 국민이 공감하는 비전으로 승화된 것이다.

여기서 제시하는 비전은 이 같은 사례에서 얻을 수 있는 2가지 형태이다. 그 하나는 팀 전체가 공감할 수 있는 팀 비전이고, 또 다른 하나는 멤버 한 사람 한 사람의 개인비전이다. 리더가 해야 할 일은 팀의 비전만을 제시하는 것만으로 부족하다. 여러분을 포함한 멤버 개 개인의 성장을 바탕으로 하는 비전을 확인하고 팀의 비전과 어떤 연결고리를 가질 필요가 있다.

앞에서 거론된 커피숍을 운영하는 데 필요한 능력과 결부하여 업무에서 얻을 수 있는 능력과의 연결성을 만들어야 한다. 그럼으로써 멤버는 현재의 업무에 전력을 쏟을 수 있는 동기부여를 만들어 주는 것이다. 리더는 멤버의 개인 비전을 상세히 알고 있어야 한다. 만일 멤버의 개인 비전이 없다거나 확실치 않다면 멤버와 함께 만들어 가는 것도 좋은 방법이다. 팀의 비전과 개인의 비전을 연결하라. 이것이 리더의 중요한 역할 중 하나이다.

현재에 집중해야 미래도 있다.

이제까지 경험에 비추어 보면 강사라는 신분으로 기업의 수 많은 직장인을 접하면서 발견한 사실은 90%의 인원이 구체적인 자기 비전이 없거나 확실치 않다는 것이다. 결국 하루 하루의 일상의 일에 매몰되어 미래의 구체적인 자신의 목표나 미래 비전을 갖지 못하고 있다는 것이다. 자신의 일에서 의미부여니 미래계획을 설계하지 못하고 있다는 사실이다. 리더는 멤버의 일을 직업 경력(Job career)으로 연결하고 스스로 미래를 디자인하게 해야 한다. 그러나 불행하게도 이렇게 생각을 하는 리더는 그리 많지 않다. "왜? 내가 그런 것까지 신경 써야 하지!" 라고 할지도 모른다. 과연 그런가를 리더 스스로 물어보라. 그리고 대부분 멤버들도 이런 상황을 당연시 받아드릴 가능성이 높다. 그러나 이런 상태로 일한다면 당장은 몰라도 미래에 팀은 어떻게 될까를 생각해 봐야 한다. 비즈니스 환경변화나 멤버의 가치관의 변화가 과거와는 확연히 달라지고 있다. 일의 의미부여나 멤버의 성장에 관심을 갖지 않는 리더는 멤버에게 신뢰받고 조직내에서 성공하기가 어려워 질 것이다.

만일 여러분이 리더로서 성공하고 싶다면 멤버와 함께 비전을 만들어가는 것도 좋다. 그런데 그 와중에 때론 자기비전을 만들지 못하는 멤버도 생길 것이다. 이럴 때에는 이렇게 가르쳐 주는 것도 좋다. "자신의 비전은 만드는 것이 아니라 스스로 발견해 가는 것이다"라고 해야 한다.
그러기 위해 현재의 자신의 위치에서 주어진 일에 100%이상 전력을 다하는 과정에서 스스로가 어떤 것이든 발견 할 수 있을 것이다라고 이야기하는 것도 좋다. 이것이 리더가 비전을 만들어 가고 발견해 가는 방법이다.

▣ 참조

비전설정 – 코칭 트레이닝(Coaching Training) 기법

- Step 1-4: 비전달성을 위한 개인목표(Goal) 만들기
  >>> P. 44

5 비전은 일의 의미를 찾게 한다.

사람은 일을 통해서 '삶의 의미'를 추구하는 존재다.

디지털 지식 사회로 빠르게 변화하는 조직과 팀의 성장엔진은 혁신과 창조라는 것을 모르는 사람이 없다. 이런 상황에서 이것 한 가지는 분명하다. 멤버들이 자율적으로 의미 있는 일을 찾아가게 인도하는 조직문화가 아닌 지시에 복종하며 시키는 일 위주로 해야 하는 분위기에서는 창의적 아이디어나 성과가 나올 수 없다는 사실이다. 결국 주체적 참여자로서 일을 하는 의미가 수반되지 않으면 창조와 혁신이 나올 수가 없게 된다. 이제는 하고 있는 일에 얼마나 노력과 관심과 애정을 쏟을 지를 스스로 결정해야 하는 시대로 바뀌었다. 리더가 진정으로 멤버들의 혁신과 창의적 힘을 끌어내고 싶다면 리더의 일하는 방식을 새롭게 바꾸어 가야만 한다.

최근 교육현장에서도 멤버들, 특히 젊은 멤버는 왜 기존멤버보다 일에 의미나 자기실현을 강하게 주장하고 있는 걸까?

또 입사한지 얼마 안 된 멤버들이 "이 일이 자신에게 맞는 걸까?", 혹 "이 일을 계속해도 될까?"라는 말들을 자주 하는 것을 듣게 되는 걸까?

이런 말에 리더로서 어떤 마음이 드는 걸까?

사실 과거에는 주변의 기대나 가족의 생계를 책임져야 한다고 생각했던 부분이 컸다. 그래서 리더의 지시나 명령에 복종하며 조직에 충성했다. 더 높은 자리와 더 많은 금전적 보수를 얻기 위해서 별다른 의미나 가치가 없어 보이는 일도 했던 것이다.

최근 젊은 멤버들은 이런 상황에 거부감이 심해지고 있는 이유는 더 많은 금전적 혜택이나 직장 내 더 높은 자리가 삶의 의미와 행복을 가져주지 못 한다는 것을 다양한 경로를 통하여 알게 된 것이다. 물론 그런 깨달음에는 이미 고착화되어 넘어서기가 불가능해 보이는 사회적 계층 구조나 개인 가치관의 변화라는 원인에서 기인되는 것도 일부분 사실이다.

어떤 심리학자에 따르면 소득이 일정 수준을 넘게 되면 물질적 풍요는 행복을 증가시키지 못한다고 한다. 그래서 일을 단순히 직업(Job)으로써 생계수단만이 아닌 일을 통한 자기만의 비전을 가지고 싶어 한다고 한다. 비전을 통해서 자기 정체성을 생각하고 일을 통하여 개인의 비전을 완성하려는 욕구가 강해진다고 한다.

원래 사람은 의미있는 일을 하고 싶다는 욕구를 타고 난다고 한다. 일을 통해 세상에서 자기 존재를 실현하고자 하는 숨은 욕구가 존재한다. 이런 욕구는 사람이 다른 동물들과 구분되는 핵심 요건이다. 그러나 사람이 일 속에서 어떤 의미나 아무런 가치를 찾지 못하다면 삶의 보람과 기쁨을 느낄 수 없게 된다. 이런 상태를 사회학자들은 「일의 소외」라고 한다.

그런 의미에서 리더는 멤버들에게 의미 있는 일을 할 수 있는 기회를 주며, 자발적으로 능력을 발휘하고 개발하도록 도와야 한다. 이것이 비전이 필요한 이유이자 리더의 새로운 임무이다.

일에서 의미를 못 찾는 이유는 무엇일까?

그럼 왜 멤버들이 일에서 스스로 소외되려하고 일에서 의미를 찾지 못하는 걸까?

일에서 의미를 찾기 위해선 주체적 행동이 가능한 자율성과 자기비전을 이룰 수 있는 통로를 만들어 주어져야 한다. 그렇지 않으면 일이 그저 단지 돈벌이 수단으로 변하게 된다.

일이 돈 벌이의 수단이 되는 근본적 이유 중 하나는 리더의 일하는 방식에 있다. 먼저 많은 기업에서 표면적으로 내세우는 조직의 존재이유로는 표면적으로는 고객중심이다, 구성원들을 위한다, 세상을 아름답고 이롭게 한다라고 하지만 실제로는 결국 수익 추구에 모든 힘을 쏟는 경우가 많다. 물론 기업의 존재이유는 이익이고 그걸 부정하고 싶지는 않다. 그러나 그 이익을 만들어 내는 것은 결국 구성원이다라는 사실을 잊고 있는 것은 아닌가 한다. 그래서 조직에 속한 멤버들은 하는 일이 조직의 존재 이유나 자신의 행복과 연결되어 있지 않다고 느끼는 것은 아닐까.

대부분 기업의 목표나 비전은 그저 멋진 장식품에 불과하다. 목표나 비전을 진정으로 느끼지 못하거나, 설사 알더라도 냉소를 보낸다는 것이 그 증거이다.

또 다른 하나는 직장에서 멤버 개 개인의 주체성과 자율성이 부족하다는 것이다. 조직의 미션이나 비전을 달성하기 위해 내가 무엇을 어떻게 해야할지 선택할 자유가 없다. 대부분 리더의 지시에 따라서 일하는 시간과 방법을 매우 세밀하게 통제를 받고 있는 현실이다. 그렇기에 멤버 스스로가 일하는 방법을 주체적으로 선택할 자유가 없는 상태에서 일을 자신의 소명의식으로 인식 할 수 있는 걸까? 그것은 분명히 아닐 것이다.

그저 지시에 따라 움직이는 하나의 기계부품으로 생각하게 된다. 아직도 조직 분위기는 리더의 지시에 무조건 복종해야 하는 문화가 강하다. 그래서 자율적이고 독립적 존재라기보다는 수동적으로 성과를 내는 기계에 가깝다. 그래서 한낱 기계부품에 불과하다는 자조섞인 말이 나오는 이유다. 이래서는 조직의 존재 이유를 실현해 타인을 이롭게 한다는 일의 가치는 공허한 이야기가 된다. 그래서 일은 소명의식보다는 돈 버는 하나의 일이 되고 마는 것이다.

일의 의미는 3가지 단계를 거친다.

존 고든(Jon Gordon)이 쓴 에너지 버스라는 책에는 이런 일화가 나온다. 미국 대통령인 린든 존슨(L. Johnson)이 미국항공 우주국(NASA)을 방문했을 때, 로비를 지나다 우연히 바닥을 열심히 닦고 있는 청소부를 보았다. 청소부는 세상에서 가장 즐거운 일을 하듯 콧노래를 흥얼거리며 신나게 청소를 하고 있었다. 대통령은 청소부에게 다가가 무엇이 그렇게 흥이 나는지 물어보았다. 그런데 청소부의 대답이 흥미로웠다. “저는 일개 청소부가 아닙니다. 저는 인간을 달에 보내는 일을 돕고 있는 중입니다”라고 하였다고 한다. 그럼 왜 이 나사(NASA)의 청소부는 즐겁게 일을 하면서 인생의 행복감을 느끼는 걸까?

청소부에게 청소는 단순한 허드레 한 의미 없는 일이 아니었다. 나사(NASA)가 존재하는 이유, 즉 우주탐험에 기여한다는 자기 일에 사명감과 비전이 있었기 때문이다. 청소 일은 우주탐험이라는 조직의 원대한 목표이자 비전의 일부였던 것이다. 그래서 그에게 청소 일은 가치 있고 의미있는 일이며 일을 하면서 행복할 수 있었다.

그렇다면 여러분의 멤버는 어떤 모습인가? 다시 한번 질문을 해 본다. 청소부처럼 자신의 일을 조직이나 팀의 존재이유에서 사명감과 비전으로 연결하며 일하고 있는 걸까?
그런 의미에서 일이 주는 의미에는 3가지 단계가 있다고 한다.
안타깝게도 대부분의 조직에 속한 멤버들에게 일은 단순히 그냥 주어져 해야만 할「노동(Labor)」에 그치고 만다. 이게 첫 번째 단계이다.
이 상태에서는 멤버들은 일에서 의미를 부여하지도 않고 경험하지 못하게 된다. 단지 돈을 벌기 위해 일하고 일은 밥벌이의 생계 수단이 된다. 더 많은 돈을 벌 수만 있다면 하고 있던 직업이나 직장을 바꾸게 된다. 그래서 가능한 일찍 은퇴하고 싶어하며 주변사람에게 자신과 다른 일을 가지라고 권하게 된다.
그리고 일을「직업(Career)으로서 일」로 느끼는 두 번째 단계이다.
승진과 더 많은 연봉이 일의 목표이자 비전이다. 그렇기에 적극적으로 일을 찾고 누구보다도 열심히 일하면서 때때로 일에 몰입하며 즐거움을 느낀다. 그러나 이것을 추구한 멤버들 중 많은 이들이 결국에는 인생에서 회의감에 빠진다는 게 된다. 승진과 많은 연봉이 주는 즐거움은 잠깐이다. 계속 더 높은 위치나 고액연봉을 추구하게 된다. 남들 눈에는 크게 성공한 것으로 보여도 가슴속 내면의 세계는 성취나 자기실현과는 거리가 멀게 되며, 결국 공허한 삶을 살았다며 후회하게 된다.
마지막 단계는「일은 세상을 이롭게 한다는 소명(Calling)의식」으로 대하는 단계이다.
일을 하는 이유를 인생에서 가장 중요한 부분이라고 느끼고 일을 하면서 기뻐하며 일 그 자체가 자신의 정체성을 이루는 핵심이다. 자신의 일에서 뜻이나 비전을 이루어 내고 세상을 더 나은 곳으로 만든다고 믿는다. 결국 일이 자신의 소명이 되면 지금 하는 일에서 대단한 만족을 느끼게 된다. 소명의식 만큼 그 무엇도 인생에서 행복과 만족을 주지 못한다.

그렇다면 리더는 멤버들에게 어떤 방식이나 방법으로 소명의식을 느낄 수 있게 할 것인가?

먼저 비전을 통해서 일을 자기 소명으로 바꾸는 노력이 필요하게 된다. 다만 잊지 말아야 할 점은 소명이 되는 일을 발견했다고 해서 우리 삶의 의미가 완성되는 것은 절대 아니라는 것이다. 다만 리더는 멤버 스스로가 비전 속에서 일의 의미를 찾으려는 노력을 계속하게 지원해야만 한다.

일을 대하는 3가지 단계

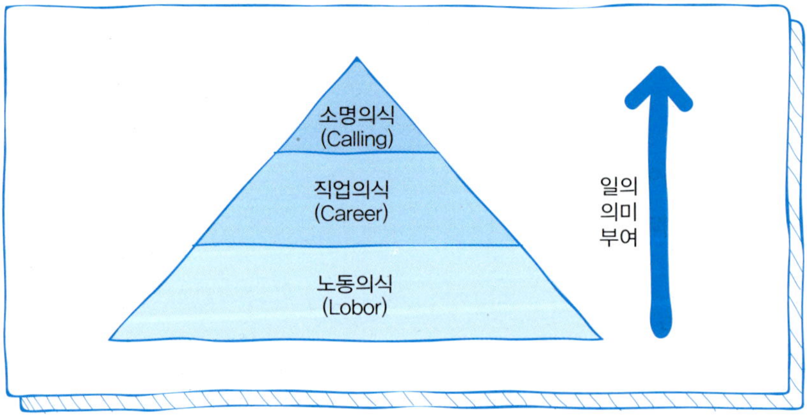

6 멤버와 함께 비전을 만들고 각오를 이끌어내라.

참여하지 않으면, 공헌하지 않는다.

비전은 리더 혼자서 만드는 것이 아니다. 물론 팀의 목표나 방향제시는 리더의 몫이나 팀의 비전을 만드는 가장 좋은 방법은 바로 멤버들을 참여시키는 것이다. 팀의 비전에 대해 멤버 전원의 관심과 적극적 실천을 위해서도 반드시 멤버를 참여시켜야 한다. 멤버의 적극적인 행동을 이끌어 내기 위해서는「참여하지 않으면 공헌하지 않는다」,「의지가 없으면 실행하지 않는다」를 기억할 필요가 있다. 사람은 자신이 자발적으로 참여해서 결정한 일에 대해서는 불만이나 실행의 어려움을 어떻게든 스스로 해결하려는 경향을 갖는다. 그래서 스스로 해야 할 일이라는 강한 달성의지를 갖게 된다고 한다. 바로 그런 이유로 반드시 멤버의 자발적인 참여를 이끌어내는 리더의 접근방법이 필요하다.

예를 들어 보다 날씬하고 매력적인 몸매를 만들기 위해 체중감량으로 다이어트(Diet)의 목표체중을 세웠다라고 하면, 주변에서 "몸매가 좋아져서 날씬해 보이네", 혹은 "매력적인 스타일로 주목을 받고 싶다"는 목표를 달성하기 위한 구체적인 비전이다. 그러나 현실적으로는 저 칼로리의 식사만으로는 견디지 못해서 본래의 식습관으로 되 돌아가는 경우가 태반이다. 이렇듯 현실과 목표와의 차이(Gap)가 있게 마련이다. 이때 심리적 갈등이 생기게 되는데 이 상태를 심리학에서는「인지적 부조화」라고 부른다. 그래서 사람은 이 인지적 부조화를 해소하고자 하는 움직임이 발생하게 된다.

이런 인지적 부조화를 해소하는 방법에는 2가지가 있다.

그 하나는 「자기책임」이라는 것으로써 그 모든 문제의 중심에는 자신이 존재함으로서, 원인이나 해결방법도 자신이 변함으로써 그 해결방법을 모색하게 되는 것이다. 팀 상황에서 보면 이 경우에서는 멤버는 자신이 변화하는 노력을 시작하게 된다.

또 다른 접근방법은 그 반대로 「타인책임」이다. 모든 문제의 원인이 타인에게 있다고 보는 것이다. 해결방법도 타인이 변함으로써 문제를 해결하려는 방법을 모색하는 것이다. 이 경우에는 자신이 스스로 움직이려는 행동은 하지 않게 된다. 팀의 상황에서 보면 이런 경우에서는 비전달성은 어렵게 되여 진다. 주체적 실행의지가 떨어 질 수 밖에 없게 된다.

이 때 리더가 해야 할 일은 멤버가 인지적 부조화 상태가 발생되면 멤버 자신의 자기책임으로 유도시키는 것이 중요하다. 물론 상당한 위험이 있는 것도 사실이기에 실행에는 주의를 기울일 필요가 있다.

「참여하지 않으면 공헌하지 않는다」, 「의지가 없으면 실행하지 않는다」라는 의미의 효과적인 이유는 참여하는 멤버의 의지나 약속을 유도하는 것만이 아니라 타인책임으로 이유를 만드는 것을 방지할 수 있다. 결국 자기책임으로 유도하는 2가지 효과가 있다. 그러나 이런 효과에도 불구하고 또 다른 주의가 필요하다. 바로 참여에 진정 성이 깃든 자발적인 행동이어야만 한다. 마지못해 참여 한다면 역효과를 내게 될 것은 자명한 일이다. 그렇게 하지 않게 하기 위해서는 팀 내의 리더와 멤버간의 신뢰관계구축이 중요하다. 이런 멤버 상호간의 관계형성이 없이는 참여도 형식적이 되고 말 것이다.

비전에 대한 달성각오를 이끌어내고 공유하라.

조직은 일과 사람과의 관계로 연결된 집합체이다. 기업이 변화하려면 그에 속한 구성원인 멤버를 변하게 하는 방법 이외에는 거의 없다. 그래서 리더가 팀 비전을 달성하기 위한 의지나 열망을 멤버에게 전달하는 것만으로는 비전을 달성하기 어렵다.

리더는 멤버에게 팀 비전을 달성하기 위해 다양한 활동을 하여야 한다. 어떤 상황에서도 결정된 비전을 달성한다는 약속이자 맹세라도 좋다. 그러나 대부분의 조직에서는 멤버는 "그런 비전은 달성하기 어려워", "그건 우린 현실에선 무리다", 혹은 "그렇게 해서 될 수 없다"라고 방관하게 되고 비웃게 되는 게 현실이다. 대부분 리더 혼자서 팀의 비전을 달성하려고 애쓰는 경우가 많다. 이런 상황을 방지하기 위해서도 멤버 전원의 동의를 얻이내거나 실행에서의 의지각오를 이끌어 내는 능력이 리더에겐 필요하다. 바로 멤버가 반드시 달성하고자 하는 의지를 하나로 모아서 공동의 각오를 끌어내야 한다.

멤버들이 의지하고 각오하게 하는 3가지 단계의 방법이 있다.

의지의 제1단계는 희망의지이다. "비전이 달성되면 좋다, 설사 달성되지 않더라도 실망하지 않는다"라는 기분을 갖게 하는 수준으로 결코 의지라고 말할 수는 없는 단계이다.

제2단계로는 달성하고자 하는 필승의 의지이다. 반드시 달성하고자 하는 마음 속으로 다짐하고 맹세하는 수준의 단계이다. 아마 리더로서 이 정도 수준이라면 좋을 것이다라고 생각할 지도 모른다. 그러나 이 수준의 의지는 누구라도 할 수 있다. 실제로는 아마도 비전을 달성하기에는 어렵게 될 것이다. 여기에서는 다음 단계의 의지가 필요하다고 분명히 전한다.

제3단계인 힘든 과정을 견디어 내는 열망의지이다. 즉 하나를 얻기 위해 다른 하나를 버린다라고 해도 좋을 정도의 수준이어야만 한다. 비전을 달성하기 위해 새벽에 일어난다든가, 휴일에도 관련 달성을 위한 지식을 습득한다든가 하는 절대적인 의지로써의 필사적인 맹세여야만 한다. 이 정도의 각오가 있어야 의지라고 할 수가 있다.

리더는 비전에 대해서 멤버에게서 제3단계의 반드시 달성하고자하는 열망의 의지를 이끌어 내는 능력이 요구된다. 이런 각오의 효력은 멤버를 비전으로의 흡입력을 높이는 좋은 도구가 될 것이며 그 효과를 반드시 느낄 수 있을 것이다.

비전 달성의 3단계

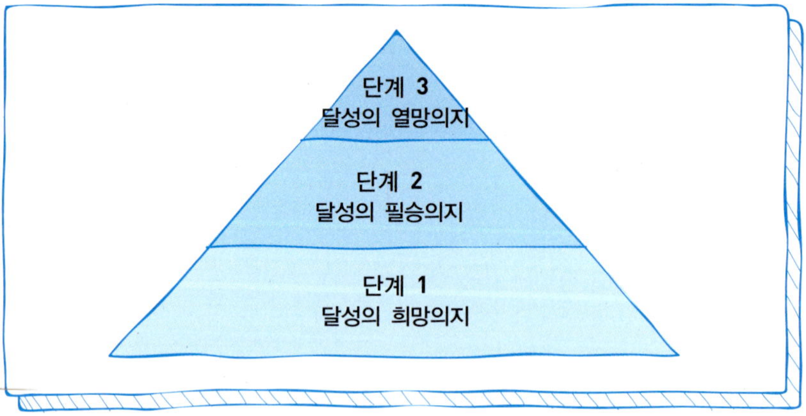

비전은 정기적으로 수정하고 바꾸어 가야 한다.

이렇게 만든 비전도 시간이 지날수록 그 느낌이나 각오가 옅어져 가게 된다. 또한 생각지 못한 의외의 일에서 장애가 발생되면, 대부분 비전달성이 어려워진다고 느끼게 되는 순간이 되면 비전은 이전과 다르게 퇴색된다. 그래서 원래의 계획대로 이루어 지지 않는 비전도 일정 부분 존재한다. 그래서 리더는 정기적으로 비전을 조금씩 수정해 가지 않으면 안 된다. 그 시기는 월 1회 정도가 적당하다고 본다. 멤버와 함께 비전을 다시 한번 확인해 보고 그 때 그때의 상황과 비추어 판단하여 적절히 수정해가야 한다. 이 때 수정이 필요한 사항도 있을 것이고 보다 구체적인 내용으로 추가할 내용도 있게 된다. 변경이 필요하면 멤버와 소통하면서 비전을 다시 돌아보면서 멤버와 함께 재인식(Remind)시키는 기회로 활용할 수 있는 좋은 기회이다. 그래서 리더는 팀의 비전, 개인의 비전을 정기적으로 수정 보완해 나가야 한다.

▣ 참조

비전설정 - 코칭 트레이닝(Coaching Training) 기법

- Step 1-6: 비전 달성 이미지화(Imagination)하기
  >>> P. 50

코칭 트레이닝(Coaching Training) 기법

리더의 일하는 방식을 보다 효율적으로 실행 가능토록 별도의 「코칭 트레이닝(Coaching Training) 기법」을 소개한다. 훌륭한 리더는 멤버들의 사랑과 존경을 받는 것이 목표가 아니라 직원들의 역량을 120% 이상을 끌어내서 최고의 성과를 내는 데 있다.

코칭 트레이닝 기법은 예측할 수 있는 성과를 이끌어 내고 지속적으로 일하는 방법을 개선하기 위한 상호 공감하고 긍정적인 관계를 갖도록 하는 과정이다. 이 과정에서 리더는 멤버의 의욕과 능력을 향상시키기 위해서 사실에 기반한 명확한 피드백으로 부하직원의 창의성과 아이디어를 업무성과에 연결하는 것이다. 멤버들의 마음을 한 방향으로 이끌어 신뢰향상과 의욕을 높여서 조직 성과를 창출하는 것이다

지속적인 코칭 트레이닝 과정을 통해서 리더의 일하는 방식에 대한 원칙(Logic)을 심어주고 멤버의 성장을 통한 지속적 육성과 함께 팀전체의 성과를 창출해야 한다.

리더로서 쉽게 사용할 수 있는 일하는 방식의 각 단계별로 팀 전체나 멤버 개 개인별로 적용하여 활용할 수 있는 워크 시트(Work sheet)를 게재하였다. 팀이나 리더의 상황에 맞는 항목을 취사선택하여 사용하여도 무방할 것이다. 다만 가능한 범위 내에서 충분한 시간을 가지고 멤버와 함께 만들어 가는 것이 중요하다. 그걸 명심하길 바라며 좋은 결과가 있기를 기대한다.

비전설정 - 코칭 트레이닝(Coaching Training) 기법

비전설정의 트레이닝 코칭 단계

Step 1-1	경제잡지에 게재된 「성공한 팀 미래 모습」 그려보기
Step 1-2	팀 비전 만들기
Step 1-3	개인소망 리스트(Wish list) 작성하기
Step 1-4	비전달성을 위한 개인 목표(Goal) 만들기
Step 1-5	멤버 개인비전 만들기
Step 1-6	비전 달성 이미지화(Imagination) 하기
Step 1-7	비전의 각오(Commitments) 이끌어내기

Step 1-1 경제잡지에 게재된 「성공한 팀 미래 모습」 그려보기

전체 멤버들과 함께 설레고 가슴 뛰는 팀의 미래모습을 그려 보게 한다. 작성과정을 통하여 비전을 달성한 미래모습을 그려보고 가능한 생생하게 이미지화(Imagination)하여 팀 전체에서 공유해 본다. 비전이 실현된 상태가 경제잡지에 게재되었다는 가정 하에 멤버간의 달성의욕을 높여가는 기법이다. 다만 달성상태가 구체적이거나 이성적 사실로 접근하기 보다는 가능한 미래의 달성모습을 감성적으로 그려 보고 이미지화 하는 기법을 학습해 보자.

1. 목적

비전의 키워드(key word)를 추출하고 전체적인 틀(Frame)의 밑그림을 그리기 위해 멤버들의 적극적인 참여를 유도하도록 한다. 그 이후 작성된 비전의 키워드와 틀을 멤버와 공유한다. 멤버의 비전달성 의욕과 팀 분위기 조성을 높이기 위한 사전작업이다.

2. 시간 및 운영방법

- 운영방법은 워크샵(Workshop)형태로 진행한다.
- 시간은 2~3시간 정도(가능한 충분한 시간과 토론하는 것이 중요하다)

3. 진행 순서

① 복수(2~3명)의 멤버로 1개의 그룹으로 구성하여, 전체 인원을 각 각의 그룹으로 나눈다.

② "2년이나 3년 후, ○○○○ 경제잡지 – 1면에 게재된 팀의 모습"이라는 주제를 설정하고 제시한다.

③ 게재된 이유나 타이틀(Title), 상세내용, 사진 등을 구성하고, 그룹 내에서 경제잡지에 게재된 내용을 자유롭게 기술하고 디자인하게 한다.

④ 기재 내용을 항목 별로 별도의 큰 종이에 옮겨 적도록 한다.

⑤ 각 그룹 별로 작성한 내용을 발표하게 하고 그 느낌과 감상을 전체에서 상호 공유한다.

⑥ 각 그룹의 내용을 토의하고 정리하여 주요 핵심(Essence)을 모아서 추후 팀 비전의 내용의 토대로 사용한다.

4. 유의사항

- 멤버 전체가 가능한 화기애애한 분위기를 만들면 좋다. 실시 목적에 따라 다르지만, 할 수 있다는 긍정적인 분위기로 만드는 것으로 만족해도 좋다.
- 꿈이나 비전을 기초로 하되 작성내용을 상세하고 구체적으로 작성하도록 지도한다.
- 시간 축을 좀 더 길게(5년 후) 넓힌다면 보다 상상력이 풍부한 내용이 될 수 있다.
- 조직 전체나 팀의 강점, 약점(SWOT분석)이나 시장 내의 위치, 역량 등을 고려하도록 한다.
- 내용기재는 팀(조직)의 고객, 수치, 상품 명 등과 관련된 이미지를 첨부시키는 것이 보다 구체화하는 방법이다.

Step 1-2 팀 비전 만들기

경제잡지에 게재된 팀 미래 모습을 이미지화 해 보았다면 그 실현된 미래 모습을 구체화하기 위한 방안으로써 팀 비전을 실제로 만들어 본다. 리더의 단독으로 작성하는 것이 아닌 멤버의 참여를 통해서 실현가능성을 높이기 위한 기법이다. 결국 실현 가능한 비전을 구체적으로 작성하고 멤버의 팀비전 달성을 위한 자발적 참여를 이끌어 성과로 연결시킬 수 있게 하는 기법이다.

1. 목적

기 작성 공유된 비전의 키워드(keyword)와 프레임(Frame)을 기준으로 팀 목표와 연결하여 비전을 작성하여 멤버와 공유한다. 멤버와 함께 팀비전 달성의 실행의욕을 높일 수 있다.

2. 시간 및 방법

- 운영방법은 멤버 전원이 참여하는 워크샵 형태로 진행한다.
- 시간은 3~4시간(충분한 시간과 토론하는 것이 중요하다)

3. 진행 순서

① 사전에 작성된 비전의 키 워드(keyword)와 프레임을 제시한다. 키워드는 항목 별로 분류하여 큰 종이에 기입하도록 한다.

② 멤버 개인별로 포스트 잇(Post it)을 배포한다.

③ 포스트 잇에 각 키워드 항목에 달성과제와 목표를 각 각 한 개씩 적도록 한다.

④ 적은 내용을 멤버가 전체에서 발표하고 공유하여 큰 종이에 타이틀의 적절한 항목에 분류하여 붙이도록 한다.

⑤ 추후 붙여진 내용들을 종합 검토하고 그룹멤버회의에서 유사한 주제별로 다시 한번 적절한 타이틀(Title)을 작명하여 기입한다.

⑥ 그룹핑(Grouping)된 각 각의 타이틀을 참고로 하여 비전을 문서화한다.

⑦ 작성된 비전을 다시 한번 전체에서 공유하고 수정할 부분은 수정하여 비전을 완료한다.

4. 유의사항

- 타이틀의 선정은 많이 적힌 항목을 우선하되 단순히 다수결보다는 전체에서 공유하여 합의된 상태에서 주요 비전 키워드를 결정하도록 한다.
- 타 멤버의 의견을 참고하여 자신의 의견을 유연하게 변경하도록 유도한다.
- 가능한 범위에서 시간 축을 좀 더 길게(5년 후) 잡으면 보다 상상력이 풍부한 내용이 될 수 있다.
- 비전내용은 실현가능성과 미래지향성을 우선하도록 하여 균형을 적절히 분배한다.
- 실현가능성은 50% 정도로 보는 것이 좋다.

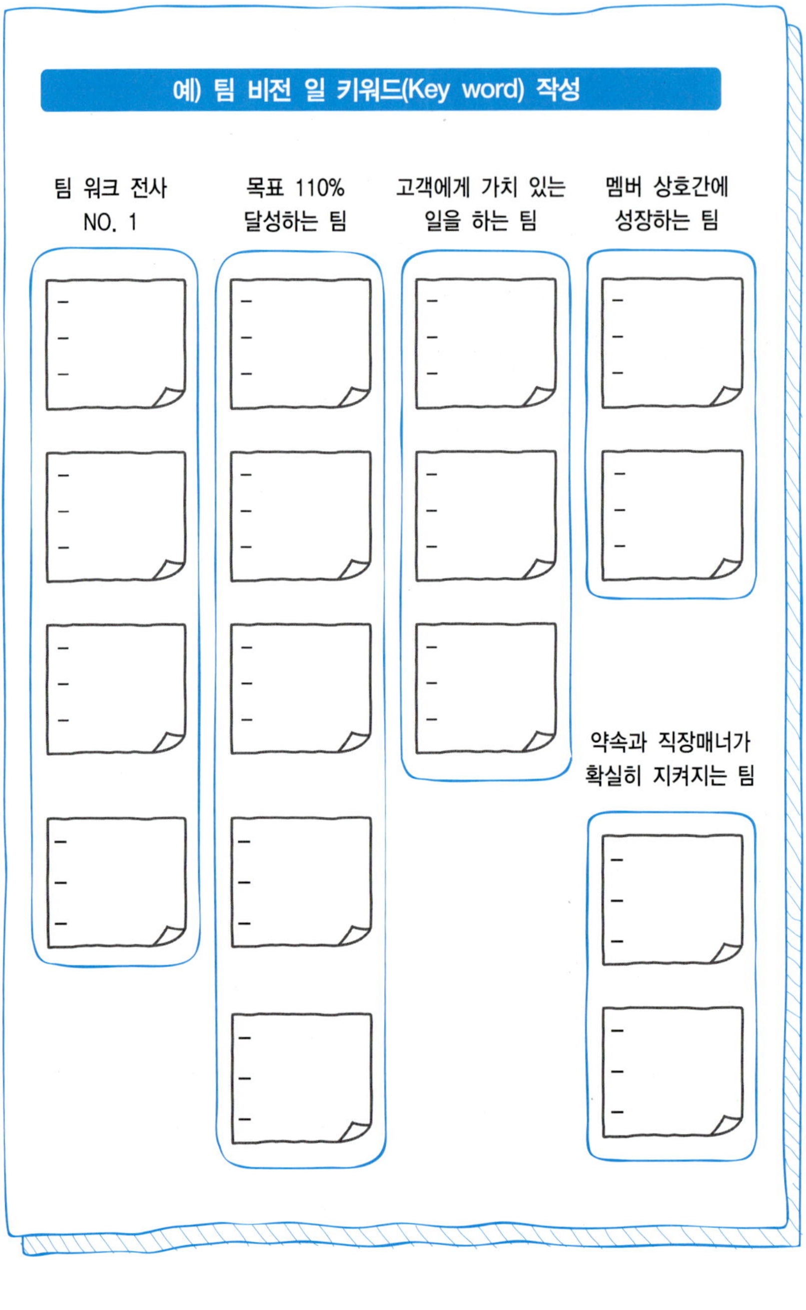
예) 팀 비전 일 키워드(Key word) 작성
팀 워크 전사
NO. 1
목표 110%
달성하는 팀
고객에게 가치 있는
일을 하는 팀
멤버 상호간에
성장하는 팀
약속과 직장매너가
확실히 지켜지는 팀

Step 1-3 개인소망 리스트(Wish list) 작성하기

직장이나 팀이 아닌 개인의 비전이나 목표를 그릴 때 사용하는 기법이다. 가능하면, 자신이 인생을 통틀어 가장 하고 싶은 일(Will)을 적어 나열한다.

1. 목적

개인의 가치나 목표를 통하여 비전을 발견하고 개인의 비전과 팀비전의 공통분모를 발견하도록 한다. 이를 통해서 개인의 의욕향상과 업무에서의 동기부여의 기회로 삼는다.

2. 시간 및 운영방법

- 운영방법은 멤버와 1:1 형태
- 시간은 30분~1시간(충분히 시간을 들이는 것이 중요)

3. 진행 순서

① 별도의 Wish list(양식-사전 작성)를 각 멤버에게 배포한다.

② 멤버 개인 당 15~20여 개 정도로 하고 싶은 일, 이루고 싶은 일 등을 기록하도록 한다.

→ 적는 숫자에 구애받음 없이 자유롭게 가능한 많이 적도록 한다.

③ 2, 3인이 하나의 그룹이 되게 하고 그 내용을 그룹 내에서 상호 공유토록 한다.

④ 각 그룹 별로 느낀 점을 발표하고 그 내용을 개인별로 피드백하여 교환하도록 한다.

4. 유의사항

- 실현가능성 보다는 멤버 자신이 하고 싶고, 해 보고 싶은 것을 적도록 한다.
- 가능한 범위에서 시간 축을 보다 길게(5~10년 후)잡으면, 상상력이 풍부한 내용이 나올 수 있다.
- 업무적인 것이나 개인적(금전 등)인 것이든 관계없이 자유롭게 적도록 한다.
- 내용의 질보다 가능한 많이 생각할 수 있도록 양에 중심을 두도록 전한다.

예) Wish list 기입

위시리스트(Wish List) 작성하기 - 분류기준

업무 / 취미 / 제2의 일(Job) / 여행 / 금전 / 건강 / 엔터테인먼트 / 가족관계 / 사회적 명망 및 지위 등

예)

1. 혼자서 국내 배낭여행을 한다.
2. 연인이나 가족과 함께 유럽여행을 한다
3. 제주도, 경기도에 자기만의 별장을 갖는다
4. 악기 하나를 마스터 한다.
5. 유복한 은퇴를 위하여 서울에 4층 빌딩을 갖는다.
6. 1인 출판사를 위한 관련지식과 주변인과 관계를 쌓는다.
7. 직장인과 싱글족을 위한 북 카페(Book cafe)를 연다.
8. 단편영화나 다큐멘터리를 만든다.
9. 향후 작가가 되기 위한 글쓰기와 자기만의 인터넷 사이트를 연다.
10. 비즈니스 콘텐츠 기업을 만들어 경영한다.
11. 자기 경험과 전문지식을 담은 책을 출간한다.
12. 자서전을 출간한다.

Step 1-4 비전달성을 위한 개인목표(Goal) 만들기

조직이나 팀은 지속적인 성장을 위하여 달성해야 할 목표가 반드시 존재한다. 이 같은 팀 목표는 멤버 개 개인이 목표가 분할되어 이루어진다. 여기에서는 팀 목표를 달성하기 위한 멤버 개인의 목표를 자발적인 생각으로 하게 하고 적극적인 행동을 이끌어 내는 기법을 학습해 보자.

1. 목적

조직이나 팀의 목표달성이 멤버 개인의 목표달성과 연결된다는 것을 확인한다. 그래서 멤버에게 자기 목표설정을 통한 달성의욕을 갖게 한다.

2. 시간 및 방법

- 운영방법은 멤버와 1:1 형태로 실시한다.
- 시간은 30분~1시간(사전에 개요를 충분히 설명하여 생각을 정리하여 내실 있는 대화가 되도록 한다)

3. 진행 순서

① 팀 목표에 대한 멤버 개인의 목표와 과제(Task)를 협의하여 결정한다.
② 멤버와 대화를 통해서 별도의 시트(하기-참조)에 목표를 달성했을 때의 상황을 가능한 범위에서 이미지화(Imagination)하게 한다.
③ 멤버가 그 내용을 기록 작성하게 한다.
④ 질문을 통하여 현재 멤버의 위치, 직무를 다시 한번 인식시키고, 달성목표와 달성했을 때의 상황을 공유한다.

4. 유의사항

- 작성의 주역은 멤버이다. 리더의 역할은 어디까지나 보조적인 역할임을 기억하자.
- 리더는 질문을 통해서 멤버가 비전을 달성했을 때의 가슴 설레고 뛸 수 있는 상태를 만들어 갈 필요가 있다.
- 멤버가 가슴 뛸 수 있는 상태의 원천은 「자신을 위하여」, 「주변을 위하여」, 「조직을 위하여」를 이해하도록 해야 한다.
- 리더는 "멤버가 즐겁게 일할 수 있는 목표설정과 비전을 달성했을 때를 어떻게 연결하는가?"가 여기에서 가장 중요한 포인트이다.

예) 별도의 이미지(완성된 상태)

※ 목표와 달성한 후 상태

	목표 및 과업(Task)		목표달성 시의 비전–상태
1	년간 매출 목표: 13억 5000만원	➡	• 과장 승급 • 승급에 따른 연봉인상: ○○만원 • 부하, 후배의 지도 역할부여 • 초급 매니지먼트에의 인식 • 조직 내 위상 상승과 안정감 • 주위의 기대와 인간적인 성장 • 가정생활의 안정감의 기반 마련
2	신규 고객 개척: 3개 기업 확보	➡	• 영업력 향상으로 자기영역 확대 • 장래 경영자로서의 자기비전에 접근가능 • 필요 능력습득으로 업무자신감 확보 가능
3	영업 필요 매뉴얼 작성 및 업그레이드(Upgrade)	➡	• 팀 멤버나 후배들의 힘이 되는 일로 도움을 줄 수 있다. • 매뉴얼 작성으로 문서 작업능력이 향상된다. • 실제업무를 정리함으로써 자신만의 실전영업 노하우가 향상된다. • 영업기획과 전략적 마인드가 형성되고 전체적인 업무능력이 향상된다.
4	– – –	➡	• – • – • –

Step 1-5 멤버 개인비전 만들기

조직이나 팀에는 미래의 방향을 제시하는 비전이 존재한다. 이와 같은 비전은 개인에게도 중요하다. 자신의 인생이나 직장에서 성취하고 싶은 자신의 뜻이 있기 때문이다. 그래서 리더는 조직이나 팀의 목표나 비전달성만을 강요해서는 안 된다. 팀의 비전과 멤버 개인의 비전을 동시에 실현하는 방법을 만들 필요가 있다. 여기에서 멤버 개인의 비전을 만드는 기법을 학습해 보자.

1. 목적

조직이나 팀의 비전달성이 멤버 개인의 비전달성과 연계된다는 것을 확인한다. 또한 멤버가 자신의 비전을 생각해 보고 작성해 보는 기회를 마련해 본다. 멤버가 인생을 통하여 실현하고 싶은 자신의 가치를 이해하고 생각하는 자리를 만들어 본다. 이를 통하여 일과 삶을 연결하는 통로를 이해하게 한다.

2. 시간 및 운영방법

- 운영방법은 멤버와 1:1 형태로 진행한다.
- 시간은 30분~1시간(가능한 충분한 시간과 진솔한 대화를 갖는 것이 중요하다)

3. 진행 순서

① 팀의 비전을 기입한다(별도의 워크시트-참조).

② 앞에서 작성한 개인소망 리스트(Wish list) 등을 사용하여 멤버의 인생전체를 고려한 비전을 명확히 한다.

③ 멤버와 대화를 통해서 합의하고 팀 비전과 개인 비전의 중복(Over lap) 되는 부분을 생각하고 이미지화(Imagination) 해 본다.

④ 중복되는 부분을 자유롭게 기입한다.

⑤ 느낀 점을 상호 공유한다.

4. 유의사항

- 현재의 직무를 통해서 익힌 범용적인 지식이나 기술(Skill)을 찾아낸다.
- 업무기술 외에 필요한 주변과의 관계성, 실행력 등 관련된 능력도 추가한다.
- 이러한 지식과 기술을 충분히 발휘할 수 있는 상태를 기준으로 한다.

예) 멤버 개인 비전 만들기

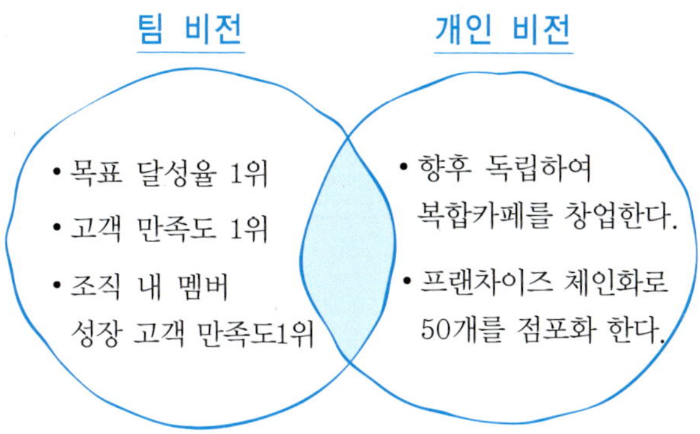

개인 비전과 팀 비전의 연결

- 창업에 가장 필요한 영업능력과 교섭능력을 습득한다.
- 조직 내에서 팀 리더의 역할을 경험함으로서 사람에 대한 관리능력을 키운다.
- 프랜차이즈 체인화를 위한 업무매뉴얼 작성을 경험한다.
- 성공적인 비전달성을 위한 고객만족을 위한 마케팅능력을 키운다.

Step 1-6 비전 달성 이미지화(Imagination) 하기

설정한 비전을 공유하고 그 달성 상태를 멤버와 함께 생생하게 이미지화하면 달성하려는 의욕과 행동 의지가 높아지게 된다. 그래서 멤버와 함께 비전달성 상태를 예측해 보고 결과를 이미지화 해보면서 멤버전체가 상호 공감하는 기법이다.

1. 목적

비전을 달성했을 때의 모습과 그 장면(Scene)을 시각화하고 이미지화 한다. 이 과정에서 비전 달성결과를 느끼게 되어 달성의욕을 높여간다.

2. 시간 및 방법

- 멤버전체를 참여시킨다. 운영은 기존의 워크샵(Workshop)형태로 진행한다.
- 시간은 2~3시간(가능하면 충분한 시간과 진솔한 대화를 갖는 것이 좋다)

3. 진행방법

① 멤버를 2인을 1그룹으로 편성한다.

② 그룹 멤버를 각 각의 역할로 질문/대답 순으로 순환하도록 역할을 지시한다.

③ 「질문하는 역할」은 제시한 질문방법(2가지 방법: 별첨)으로 질문한다.

④ 「대답하는 역할」은 질문에 대하여 생각이 나는 대로, 또는 좋은 아이디어를 가능한 많이 대답하도록 한다.

⑤ 각 역할이 끝나면 「질문역할」과 「대답역할」을 교대하여 진행한다.

⑥ 역할 진행이 끝나면 각 그룹 별로 대답 내용을 상호 공유하고 추가하여 정리한다.

⑦ 특기 사항이나 신경 쓰이는 부문은 멤버 전원에게 내용을 공유하여 의견을 정리한다.

4. 유의사항

- 대답역할은 상대방이 대답한 내용을 말해도 좋지만 가능하면 자신의 언어로 대답할 수 있도록 지도하는 것이 바람직하다.
- 이미지를 단어로 기술하는 게 아니라 말한 내용을 이미지화할 수 있도록 한다.
- 어떠한 내용도 좋지만, 가능한 많은 이야기를 하도록 한다.
- 리더의 역할은 각 그룹의 내용을 사실대로 정리하여 공유하고 멤버 전원이 알 수 있도록 한다.

예) 비전 달성 이미지화 하기

「질문역할」의 말하는 사례/「대답역할」의 대답하는 사례

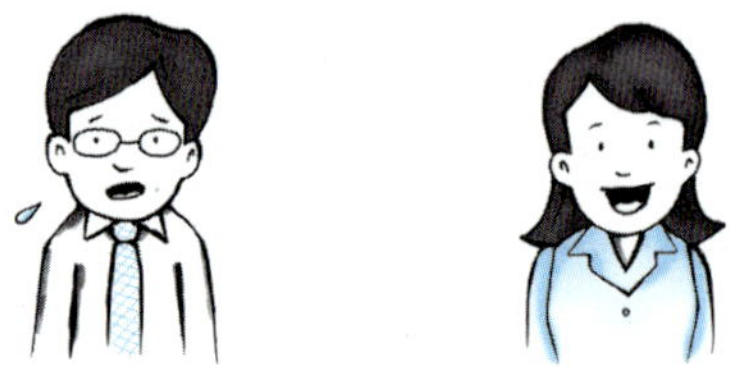

[질문하는 사람] [대답하는 사람]

질문: 예) 비전이 달성되는 순간 무엇이 보입니까?
대답: 팀 동료들과 미슈렝 별이 있는 일식 레스토랑에서 맥주를 건배하는 모습이 보입니다.

질문: 예) 시기는 언제입니까? 시각은 저녁, 아침입니까?
대답: 겨울 나무 잎새에 첫 눈이 내리는 날입니다. 흰 눈이 쌓이고 석양이 보이는 5시입니다.

오감을 자극하는 질문-예

시각	무엇이 보입니까? 어떤 느낌입니까? 어떤 색입니까?
청각	무엇이 들립니까? 어떤 음악과 같습니까? 어떤 음(소리)입니까?
후각	어떤 냄새가 납니까? 향기는 어떤 냄새가 납니까?
촉각	손에서 느껴지는 것은 무엇입니까? 기분은 어떻습니까?
미각	어떤 맛이 느껴집니까? 먹었을 때의 느낌은 어떻습니까?

5W 1H의 질문-예

What(무엇)	무엇이? 무엇을?
Why(왜)	무엇을 위하여?
Who(누가)	누구와 함께? 누구를 위하여?
When(언제)	어느 시기에? 몇 시경에?
Where(어디서)	어느 장소에서? 그 장소의 풍경은? 분위기는?
How(어떻게)	어떻게 해서? 어느 정도?

Step 1-7 비전의 각오(Commitments) 이끌어내기

설정한 비전은 실현되어야 한다는 단순한 희망이나 의욕만으로는 달성되지 않는다. 반드시 달성하겠다는 멤버의 의지와 각오를 이끌어 내는 기법을 학습해보자.

1. 목적

멤버들 자신이 희망하는 수준(Level)에서 비전달성의 의지와 각오를 높여 실행 가능하도록 한다.

2. 시간 및 방법

- 전체 멤버와 토의하고 논의한다.
- 시간은 1~2시간(충분한 시간과 진솔한 대화를 갖는 것이 중요)

3. 진행방법

① 「의지와 각오의 3단계」에서 각 각의 멤버가 의지와 각오를 작성하도록 한다.

② 멤버 각자가 자신의 각오내용(현재의 상태)이 어느 단계의 상태인가를 확인해 본다.

③ 「희망 → 필승」 단계에서의 각 각의 장애요인을 열거한다.

④ 필승단계에서의 장애요인의 해결방안을 열거하게 한다.

⑤ 「필승 → 열망」 단계에서의 각 각의 장애요인을 열거한다.

⑥ 달성 필승단계에서의 장애요인의 해결방안을 열거하게 한다.

⑦ 달성을 위한 열망의지의 각오는 무엇일까?를 정리하게 한다.

⑧ 각 단계의 장애요인의 해결방법을 정리하고 그 실행방안(Action plan)을 기획한다.

⑨ 각 그룹 별로 작성한 실행방안 내용을 발표하게 하고 전체에서 감상을 공유한다.

4. 유의사항

- 달성을 위한 각오를 강요할 필요는 없다. 또 전원이 합의하도록 유도하지 않아도 된다. 달성을 위한 이런 시간을 갖는 것만으로도 그 의미가 있다.
- 각 단계의 달성을 위한 장애요인을 찾아내고 해결방안을 공유하는 것이 목적이다.
- 1회성으로 끝내지 말고 가능하면 일정 기간을 정해서 몇 번 정도 반복적으로 해보는 것이 바람직하다.

예) 미션 각오 기입

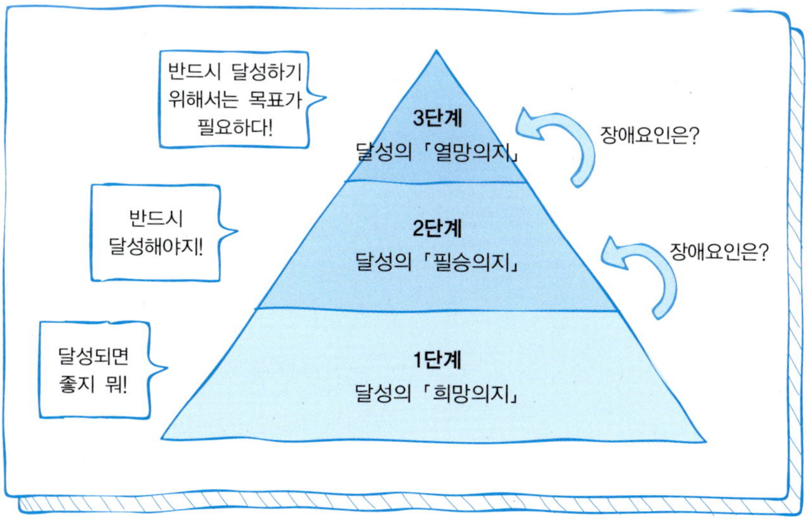

PART 2

신뢰관계를 디자인하라

2개의 비전이 설정되고 공유되었다면, 이것을 실천으로 옮겨지기 위해서는 리더에 대한 멤버의 신뢰가 우선되어야 한다. 그리고 멤버간의 상호 이해와 신뢰관계가 형성되어야 한다. 리더와 멤버, 또 팀 내 멤버간의 신뢰가 형성되지 않으면 설사 비전을 공유되었다 해도 진심으로 따르지 않을 가능성은 높다. 또한 멤버가 비전을 근거한 팀 목표나 방침을 이해했다 하더라도 달성을 위해선 반드시 실행력이 뒷받침 되어야 한다. 그래서 리더와 멤버간의 상호 신뢰형성이 필수적이다.

신뢰관계는 일반적으로 적극적인 상대방에 대한 배려와 커뮤니케이션으로 이루어진다. 리더는 멤버와 커뮤니케이션을 통한 상호 신뢰관계를 디자인해야 한다.

Part2: 신뢰관계를 디자인하라

1. 신뢰는 리더의 능력에서 시작된다.
2. 멤버를 연결하고 믿음을 갖도록 하라.
3. 신뢰관계를 구축하는 3원칙을 실천하라.
4. 신뢰는 바른 소통방법으로 굳건해 진다.
5. 팔로우십(Fellowships)을 활용하여 수평적 팀을 만들어라.
6. 상호 피드백(Feed-back)이 가능한 소통시스템을 만들어라.

▣ 신뢰관계 – 코칭 트레이닝 기법

1 신뢰는 리더의 능력에서 시작된다.

신뢰는 리더의 능력과 성품에서 나온다.

리더가 멤버에게 조직의 목표달성과 비전실현을 위해서 상호간에 신뢰관계가 형성되어야 한다. 그러나 실제 주변에는 신뢰받고 있는 리더가 많아 보이지 않는다. 일반적으로 교육에서 리더들로부터 받는 질문은 대부분 2가지로 요약된다.

"과연 어떤 리더가 멤버에게서 신뢰를 받는가?"와 "어떻게 하면 신뢰를 높이는가?"이다. 이 2가지가 리더로서 가장 궁금한 내용으로 생각할 만큼 리더에게 있어서 신뢰가 일반적으로 조직 내에서 가장 많은 관심을 받고 있다는 증거이다. 현재 리더에 대한 신뢰수준은 과연 어느 수준일까? 그에 대한 명확한 데이터나 답은 없어 보이나, 다만 신뢰받는 리더는 20% 정도 수준이라는 것이 외국의 통계자료에도 나타나고 있는 게 현실이다. 사실 신뢰가 특히 조직 내에서 중요성을 더해 가는 이유는 무엇일까? 그것은 사회현상과 결부된 조직시스템의 급격한 변화와 구성멤버들의 가치관 변화에서 찾을 수 있다. 과거 성장의 시기에는 조직 내 위계질서에 의한 리더의 명령과 통제(Command and Control)에 기반했다. 수직적 조직시스템에서는 리더가 높은 직급을 가지고 있다는 이유로 부하 직원에게 힘과 영향력을 행사하는 것이 가능했다. 따라서 멤버가 상위 직급자인 리더를 신뢰하는가의 여부는 그다지 중요한 이슈는 아니었다.
그러나 글로벌 시대의 디지털 경제에서는 팀제 조직운영이 확산되고 자율과 창의성이 요구되면서 리더의 권한이양(Empowerment)에 기반한 조직운영이 중요해지게 되었다. 즉 조직의 운영시스템이 수평화 되면서 멤버가 리더를 믿고 따르게 하며 자발적인 실행력이 중시되고 있다. 이런 멤버들의 자발적 실행력은 전통적인 권한에 의한 일방적 지시나 명령이 아닌 리더와 멤버와의 관계에서 비롯된다는 점에서 신뢰는 더욱 중시되고 있다. 그렇다면 신뢰에 대한 정확한 의미를 생각해 보자. 신뢰는 리더의 역량인 능력이나 행동 등에 대한 멤버의 호의적인 인식이며 다소 불확실한 상황에서도 리더의 말과 행동을 믿고 따르고자 하는 의도라고 한다.

에이크론 대학(University of Akron)의 메이어(D. Mayer) 교수는 상대방이 믿고 의지할 만한 모습을 신뢰(Trustworthiness)라고 설명한다. 신뢰는 크게 리더의 역량(Competence)과 성품(Character) 두 가지로 구분된다. 이 중에서 역량은 주어진 일을 완수할만한 업무지식과 업무기술로 나눌 수 있다. 또 성품은 호의(Benevolence)와 정직(Integrity)으로 나뉜다.

신뢰의 구성요소

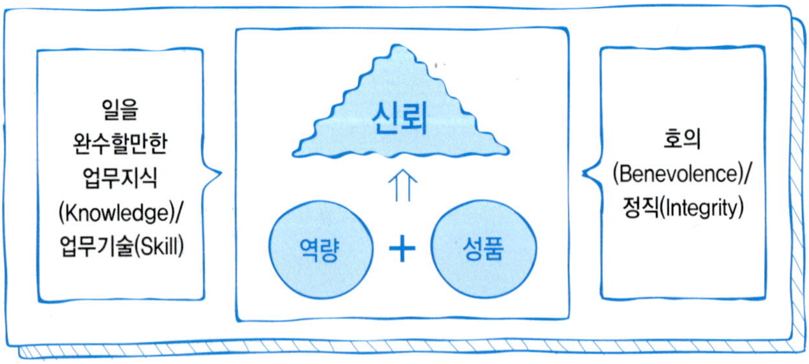

호의는 신뢰 대상이 자신의 이익과 관계없이 신뢰하는 이에게 잘 대해줄 의도를 가졌는지에 관한 것으로 의사소통 하려는 개방성, 배려와 존중이

포함된다. 정직은 원칙과 기준에 따라 행동한다는 의미로 사람들을 공정하게 대하고 일관성을 보여주는 행동 등이 이에 해당한다.
신뢰의 구성 요소들은 오늘날 신뢰받고 싶지만 무엇부터 해야 할지 고민하는 리더들에게 중요한 힌트를 준다.

신뢰는 마음을 얻는 것이다.

소설 어린 왕자 중에 이런 어귀가 나온다. 세상에서 가장 어려운 일이 뭔지 아니? "흠, 글쎄요. 돈 버는 일? 밥 먹는 일?" "세상에서 가장 어려운 일은 사람이 사람의 마음을 얻는 일이란다. 각각의 얼굴만큼 다양한 각양각색의 사람의 마음을 …… 순간에도 수만 가지의 생각이 떠오르는데 그 바람 같은 마음이 머물게 한다는 건 정말 어려운 거란다"라는 어귀에 공감이 가지 않는지를 묻고 싶다.
팀을 이끌어 가기 위해서 각기 개성이 다른 멤버를 한 방향으로 이끌어가야 하는 리더로서 ㄱ 무엇보다도 어려움을 느낄 것이다. 그 만큼 사람의 마음을 얻는 일은 어려운 일이다. 왜냐하면 멤버들은 서로 개성이 다르기 때문이다. 입사 전 경력이나 전공만이 아니라 태어나서 자라온 성장배경도 각자 다르다.
최근 시대적 환경변화와 멤버들의 사고방식이나 가치관의 변화가 신뢰의 중요성을 부각시키고 있다. 이전에는 조직과 리더에 대해 충성하는 것이 소위 사회적 미덕이자 바람직한 태도라는 인식이 강했던 것도 사실이다. 그러나 최근 평생직장의 개념이 사라지면서, 자신의 능력과 잠재 가능성을 키워줌으로써 가치(Value)를 높여주는 조직과 리더가 신뢰를 받고 있다. 이렇듯 오늘날의 조직 시스템과 멤버들의 가치관 변화는 리더가 신뢰를 얻는 것이 중요한 이유이다.
흔히 신뢰는 쌓기는 어렵지만 한 번 잃으면 회복하기 어렵다고 한다. 그래서 신뢰를 쌓고 유지하기 위해서는 적극적이고 지속적인 노력이 필요하다. 그렇다고 혹 이미 신뢰를 잃었다고 실망할 필요는 없다. 처음부터 완벽한 리더란 없고 부족한 역량은 조금씩 개선해 나가는 모습이 오히려 인간적일 수 있다. 일단 자신이 부족했던 것을 파악하고 그 부분을 개선하려고 적극적으로 노력하는 것부터 시작할 필요가 있다

신뢰는 멤버에게 3가지 효과를 준다.

리더에 대한 신뢰가 견고할 때 구성원들이 일에 대한 즐거움을 느끼고 업무에 몰입할 수 있다. 즉 리더에 대한 믿음이 있을 때 구성원 간의 유대감이 강화되어 조직의 분위기가 좋아지고 신나게 일할 수 있는 환경이 조성될 수 있다.
신뢰는 조직 운영방식에 있어서 멤버들에게 3가지 효과를 주게 된다.
첫 번째는 멤버가 일에 대한 즐거움을 느끼고 업무에 몰입된다는 것이다. 리더에 대한 신뢰가 있게 되면 멤버간의 유대감이 강화되어 팀 분위기가 좋아지고 즐겁게 일할 수 있는 분위기가 조성된다. 일반적으로 리더에 대한 신뢰 수준이 높은 조직이나 팀에서 멤버들은 '신나는', '동기 부여', '편안함' 등의 느낌을 갖게 된다고 한다. 멤버가 스스로 일에 대한 즐거움을 느끼고 동기 부여되는 분위기가 형성되어 일에 대한 몰입 수준이 높아져 결국 더 높은 성과를 창출할 수 있는 기반이 된다.
두 번째는 의사결정에 대한 멤버의 업무추진력이 강화되어 성과가 극대화된다는 것이다. 경쟁이 치열한 환경에서는 빠른 의사결정과 적극적인 실행

력이 중요하다. 리더의 의사결정에 대한 멤버의 신뢰가 높으면 성과에 대한 믿음을 가지고 빠르게 일을 추진할 수 있게 된다. 하지만 리더에 대한 신뢰가 부족하면 멤버는 리더의 업무 지시나 방향 설정에 의문과 의구심을 가질 수 있다. 이와 같은 상황이면 멤버는 지시하고 시키는 일만 적당히 하게 되는 결과를 낳게 된다. 결국 조직의 성과저하는 멤버의 의욕저하로 이어지게 될 수 밖에 없게 된다.

세 번째는 팀에 대한 성과와 성장에의 기대감이 향상된다는 것이다. 신뢰받는 리더는 그 존재만으로 멤버들에게 팀이 성과를 내고 성장할 것이라는 기대를 갖게 한다. 그래서 리더에 대한 신뢰가 팀 성과 창출에 대하여 멤버들에게 확신을 주게 된다. 그 반대로 리더에 대한 불신이 깊어지면 팀에 대한 기대가 떨어져 멤버의 의욕저하는 물론, 우수한 멤버의 이탈 가능성이 커지게 된다. 단지 유행을 따라가고 관리 기법만으로 사람을 다룰 수 있다고 믿는다면 신뢰받는 리더가 되기 어렵다.

결국 리더에게는 어떤 행동과 말을 해야 할지 보다는 왜? 그렇게 하는지가 더욱 중요하다. 멤버들의 솔직한 반응과 열정을 이끌어내는 것은 기법이 아니라 열린 마음으로 상황에 대처하는 리더의 진정성이 중요하다. 정말로 멤버들을 존중한다면 진정성 있는 감정은 인위적인 기법 없이도 충분히 전달되는 법이다.

신뢰의 3가지 효과

1. 멤버가 일에 대한 즐거움을 느끼고 업무에 몰입된다.
2. 의사결정에 대한 멤버의 업무추진력이 강화되어 성과가 극대화된다.
3. 팀에 대한 성과와 성장에 기대감이 향상된다.

2 멤버를 연결하고 믿음을 갖도록 하라.

친한 친구와 같은 관계를 형성케 하라.

멤버에게 개인생활을 존중한다거나 배려한다는 이유로 같은 팀 내에 근무해도 시간이 지나도 서로 깊은 친분관계를 갖기를 꺼리거나 회피하는 경우가 많다. 특히 같은 조직에서 몇 년을 같이 근무했다 해도, 그 시간만큼 서로간에 친분이 쌓이는 것은 아니다. 학창시절과는 다르게 성인이 된 상태에서는 서로간의 가치관이나 생활방식이 다른 이유이기도 하다.
최근 일부러가 아니라면 상대방을 이해하는 기회가 상대적으로 적은 것도 사실이다. 또 개인주의 성향의 존중이나 복잡한 사회적인 분위기 역시 많은 영향을 미치고 있다. 그래서 리더는 의도적으로 상호 친밀감을 갖게 하는 기회를 만들 필요가 있다. 팀 세미나나 전체미팅을 통해서 멤버간의 친밀한 관계가 형성될 수 있는 자리(Place)를 만들어야 한다. 이러한 시도는 충분한 가치를 갖는 일이 될 것이다.
이런 자리에서 멤버 각자가 갖고 있는 인생관이나 가치관이 서로 공유되면 직장 내 업무에서도 불필요한 커뮤니케이션 상의 오해나 마찰이 줄어들게 된다. 가장 먼저 멤버간의 불화나 사소한 오해가 줄어들게 될 것이다. 대부분의 상호 신뢰관계는 관계형성에서 오는 경우가 대부분이다. 작은 오해나 상대방의 행동을 이해하지 못하는 경우에서 발생된다. 상대방의 감추어진 성격이나 기질과 자라 온 환경 등을 알게 된다면 이 같은 행동의 배경이나 의도를 오해 할 일은 없게 될 것이다.

그러면 팀 내에는 멤버간에 자유로운 커뮤니케이션의 분위기가 만들어 지는 효과도 있게 된다.
예를 들어 다른 멤버가 업무상의 어려움이나 실수가 발생되면, "그건 이렇게 하면 돼", "그건 내가 처리해 줄게", "이런 것은 어떻게 처리하죠?" 등 다른 멤버에게 가볍게 도움을 청 할 수 있는 환경이 만들어지게 된다. 멤버간의 상호이해를 통한 신뢰 관계형성은 팀 빌딩(Team building)의 강력한 기초가 된다. 리더는 멤버에 대한 배려보다는 먼저 상호이해를 기반으로 한 팀 빌딩을 시작하여야 한다.

상호신뢰는 업무 스피드(Speed)와 성과를 높인다.

급속한 시장환경 변화와 IT산업의 발달로 비즈니스에서는 신속한 의사결정과 함께 실행력은 팀 운영의 중요과제 중 하나라고 말할 수 있다.
그렇다면 어떻게 하는 것이 팀 업무 스피드(Speed)를 높이는 방법일까?
일반적으로 생각할 수 있는 것이 IT 시스템의 도입 아니면 결재단계의 축소나 의사결정의 개선일까? 물론 일정부분은 인정될 수 있다. 그러나 그 답은 가장 먼저 필요한 건 상호간의 신뢰관계에 있다.
만약 여러분의 상사가 여러분을 바보로 취급한다거나 무능력한 사람으로 보고 있다면 업무에서 리더의 지시에 진정으로 따를 수 있는가?
그와는 반대로 리더가 여러분을 멤버로 인정하고 존중하면서 팀을 위해서 열정적인 행동을 보인다면 어떻습니까?
우선 리더는 멤버 개 개인의 업무스타일과 일에 대한 니즈를 파악해야 한다. 자신이 추구하는 업무 방식과 멤버들의 업무 방식이 다를 수 있다는 점이다. 멤버는 지식이나 경험이 일천하고 관련 업무에 깊이 사고하기에는 부족함이 많다는 걸 인정해야 한다. 이미 리더는 어떤 일에서든 과거에 성공적인 업무경력을 쌓았던 만큼 자신만의 스타일대로 밀고 나갈 수도 있을 것이다 그러나 신뢰에서 중 가장 중요한 것은 바로 상대방 입장에서 생각해보기이다. 이를 적극적으로 실행하기 위해 멤버의 능력과 상황을 정확하게 파악하는 것이다. 구성원들의 업무와 관련된 사항이나 조직의 중요한 이슈에 대해서는 투명하게 공개하고 명확하게 알려주어야 한다. 리더의 애매한 침묵이나 모호한 메시지는 멤버가 잘못 해석하거나 오해할 수 있게 된다. 이런 상황이 반복되면 리더가 무언가 감추는 것처럼 비춰져서 구성원들의 신뢰를 얻기 어렵게 된다.

이 같은 상황을 넘어서 상사가 "우리 한번 열심히 해보자!" "팀을 위해 너의 힘이 필요해!"라고 요청한다면 여러분은 어떻게 합니까?

누구라도 팀의 요청과 리더를 따르며 가능한 모든 힘을 쏟아 부을 것이다. 바로 이런 것이 조직의 스피드를 높이고 성과를 향상시키는 방법으로의 신뢰관계의 형성이다.

리더의 신뢰가 팀 워크의 생명선(Key)이다.

많은 리더는 팀 내 멤버간의 신뢰관계가 중요 한 것은 인정하지만 조직은 그렇게 한가하지 않다라고 반론한다. 물론 그 부분에 대해 이견을 달고 싶지는 않다.

"회사가 월급을 왜 주냐?", "회사는 놀러 온 게 아니다", "일단 시키는 것만이라도 잘해"라고 말하는 리더도 의외로 많이 있다. 이런 강압적 유형의 리더 밑에서 일하는 멤버에게는 어떤 특징이 있을까?

여러분이 상상하는 대로 이런 것들이 있지 않을까 한다.

"상사가 있을 때에는 열심히 일하는 척 하지만 없으면 게으름 피운다", "겉으로는 따르는 척 하지만 실제 마음속으로는 비난한다", "조직이나 팀의 방침에 대한 지시에 대해서 숨은 의미를 읽으려 하고 좋지 않은 나쁜 방향으로 해석하려 한다"라든가, "조직에 문제가 생기면 이직을 생각한다" 등이다. 결국 조직에 충성심(Loyalty)이 없다는 것이다.

이런 현상에 대해 어떻게 생각하는가?

여러분이 몸 담고 있는 팀의 모습일 수 있다는 것이다. 만일 그렇다면 어떻게 하겠는가?

실제로 팀의 신뢰관계가 중요하다고 느끼는 리더라도 이런 말을 한다. "팀 멤버간의 신뢰는 중요하다. 모두 좋은 관계 속에서 팀과 개인을 위해서 열심히 하자!"라고 말이다. 그러나 이런 겉만 번지르한 말로 팀 워크나 신뢰관계가 만들어지는 것은 아니다. 그렇다면 어떻게 하면 좋을까?

그 답은 의외로 간단하다. 멤버와 먼저 「1:1의 커뮤니케이션」을 통해서 신뢰관계를 쌓는 것이다. 신뢰관계는 일반적으로 1:다수에서는 성립되기 어렵다. 그 이유는 각 각의 개인간의 이해관계가 복잡하게 얽히게 되기 때문이다. 리더가 신뢰되지 않는 팀은 멤버간에도 신뢰관계 역시 생기지 않는다. 그래서 먼저 리더가 멤버로부터 신뢰를 받는 것이 중요하다. 그럼 리더가 멤버 한 사람 한 사람과의 신뢰관계를 만들고 멤버간에 신뢰관계를 만들어 갈 필요가 있다. 리더가 하지 않는 것을 멤버들에게서 구할 수는 없다. 멤버는 항상 리더를 쳐다보고 있다는 사실을 잊지 말길 바란다.

▣ 참조

신뢰관계 – 코칭 트레이닝(Coaching Training) 기법

- Step 2-1: 개인 역사(Personal history) 돌아보기
  >>> P. 91
- Step 2-2: 일상적 면담 미팅(Meeting)하기
  >>> P. 94

3 신뢰관계를 구축하는 3원칙을 실천하라.

상대방을 인간적으로 존중하라.

교육 현장에서 처음 리더가 된 분의 슬픈 에피소드(Episode)다. 팀을 처음 맡게 되면서 멤버들을 경험이나 지식이 낮을 것이라는 선입견을 갖고 신입사원으로 취급했다는 것이다. 아마 스스로가 성공체험 속의 자신의 역량을 과신한 나머지 내 방식만이 옳다고 믿고 내 방식대로 가르치고 그렇게 따라야 한다고 믿었다고 했다. 멤버들의 말이나 제안을 듣는 척 하거나 의견을 수렴하는 척은 했지만 결국 업무에서도 자기 스타일대로 결정했다고 한다. 멤버가 볼 때에는 멤버인 자신의 의견이나 판단을 존중하지 않는 리더라는 이미지가 강했을 것이다. 그래서 멤버들은 내의 말을 듣는 척은 하지만 원하는 방향으로 따라주지 않았고 결국 진정으로 따르지 않았다고 한다.

실제 직장생활에서의 관계형성은 조직 내의 상하관계 특히 리더와 멤버와의 관계에 있어서는 동일한 사람으로서 나이나 경험의 차이는 있으나 서로 인간으로서 대등하다는 의식을 가져야 한다. 그래야 사람과 사람과의 기본적인 관계형성에 기반이 이루어진다. 현재 접하는 사람과의 관계에서는 상대방에게 기본적인 인간적인 존중을 갖아야 한다. 이것이 상대방과의 신뢰관계를 구축하는 첫 번째인 「상대방을 인간적으로 존중하라」이다.

자신을 낮추고 상대방 입장에서 보라.

리더는 때로는 조직이나 팀을 위해서 냉철한 판단과 결단력을 요구되는 경우가 있다. 특히 목표달성이나 성과미달이 발생하는 경우이다. 그럴 때 그 원인은 어디에 있다고 생각하는가?

일반적으로 리더는 이런 생각을 하기가 쉽다. 업무의욕이 떨어지거나 자주 실수하는 신입멤버 때문인가? 아니면 관리부서의 유능한 인재를 배치시켜 주지 않기 때문인가?

그러나 리더가 이런 생각을 가지고 있는 한 결코 이 문제를 해결 할 수 없다. 신뢰받는 리더는 어떤 나쁜 상황에서도 멤버만의 잘못으로 돌리지 않아야 한다. 먼저 나에게 무엇이 부족한가, 지금부터 내가 해야 할 게 무엇인가를 찾는 것이 신뢰받는 리더의 공통적인 자세이다. 멤버가 실패했다고 해도 멤버의 책임보다는 먼저 리더의 책임으로 생각해야 한다. 실행 상의 책임이 멤버에게 있는 것은 사실이다. 그러나 그 최종 결과책임은 리더의 몫이다. 리더는 일을 지시하고 실행하는 과정에 어떤 문제나 장애가 발생할 수 있나를 파악해야 한다. 그래야 같은 실수가 반복되지 않는다.

바로 이런 것을 습관화 할 필요가 반드시 있다. 결국 리더는 「자신을 낮추고 상대의 입장에서 사물을 보는 것」이 신뢰형성의 두 번째 원칙이다.

롤 모델(Role model)로서 모범을 보여라.

일상적인 직장생활에서 기본예절인 "시간약속을 지키고, 지각하지 마!" "일 처리는 꼼꼼하고 완벽하게"라고 리더가 멤버에게 주의를 주는 것은 당연한 일이다. 그러나 리더 자신에게 그런 일이 벌어진다면 어떻게 될까? 또 멤버는 어떻게 생각할까?

당연한 말이지만 "자신은 그렇게 하면서, 우리에겐 그런 식으로", "그런 쓸데없는 소리 듣고 싶지도 않아!"라고 할 것이다. 그러나 리더는 이렇게 생각할 지도 모른다. 리더는 멤버에 비해 서 너 배 이상 바쁘고 업무량도 많아서 멤버와는 처한 입장이 다르다고 생각 할지도 모른다. 그래서 어쩔 수 없다는 정당한 논리를 가질 지도 모른다. 멤버는 그렇게 생각하지 않는다. 어떤 이유라도 누구나 피치 못할 상황은 동일하다고 생각한다.

리더가 아무리 올바른 말과 행동에 주의를 주고 피드백(Feed-back)을 했다고 하더라도 리더가 스스로 모범을 보이지 않고, 지키지 않는다면 그 말과 행동은 효과가 없게 된다. 즉 언행일치이다. 리더가 스스로 지켜야만이 멤버에게 설득력이 있다. 팀을 위해서는 리더는 먼저 스스로 정한 규칙과 원칙을 지키려고 성의를 다하지 않는다면, 멤버에 대한 영향력 즉 리더십은 발휘되지 않는다.

교육현장에서의 사례를 들어보자. 인사이동으로 매출부진을 겪는 매장으로 발령 난 영업부서 어떤 팀장은 매장에 도착 후 깜짝 놀랐다고 한다. 상품을 진열하는 매장에 전반적인 청결상태가 불량하고 매장의 진열대 주변과 층간 복도의 정돈이나 청소상태는 형편없었다고 한다. 거기다가 화장실의 청결 상태도 엉망이었다고 한다.

이 팀장은 매출부진의 첫 번째는 매장의 정리정돈과 청소가 우선되어야 한다고 생각했다. 그래서 전 멤버에게 매출부진의 원인은 청결부터라는 슬로건으로 위치별 청소 그룹을 나누어 매뉴얼과 책임제로 정비하고 청소를 실시했다. 그러나 이전보다는 좋아졌으나 만족할 만한 수준은 아니었다. 아마 멤버들은 팀장이 지시했으니 어쩔 수 없이 따랐을 것이다. 그러나 팀장이 말하지 않거나 보이지 않으면 아무도 자발적으로 하지 않았을 것이다. 그래서 그런 상태로 계속되었을 것이다. 이 팀장은 다시 한번 생각해 보았다. "왜 자기 스스로 움직이지 않는 걸까?" 매장의 기본은 고객을 위한 공간이라는 사실을 잘 알고 있으면서 행동하지 않는 걸까?

그 순간 자신이 움직이지 않고 멤버에게 지시하는 것만으로는 스스로 따라오지 않는 게 아닌가 하는 생각을 했다. 그래서 리더는 아침 일찍 매장에 출근해 매장과 화장실 청소를 수 개월 비밀로 했다. 어느 날 리더 급 멤버 중 한 명이 그 사실을 발견하고 매장 전멤버에게 전하게 되었다. 팀장이 아침 일찍 화장실 청소를 하는데 우리도 적극적으로 해야 하지 않는가! 라고. 그 후 멤버의 자발적 참여가 늘어 매장 전 멤버가 적극적으로 행동하기 시작했다. 그래서 그 매장은 매출도 향상되고 멤버전원이 스스로 적극적으로 행동하는 이전과는 다른 매장으로 바뀌었다라는 경험담을 듣게 되었다. 이 팀장이 멤버들의 행동을 바뀌게 한 원인은 바로 리더의 지시나 명령이 아니라 리더의 모범행동이 멤버의 자발적인 참여를 이끌어 냈기 때문이다. 결국 리더가 스스로 모범을 보인다라면 대부분의 멤버는 그에 따르게 된다. 즉 타인을 비난하거나 비판하기 앞서서 리더 스스로가 먼저 행동해야 한다. 바로 이런 행동이 팀의 분위기를 만들게 된다. 팀의 바람직한 모습은 멤버가 비평가가 아닌 멤버전원이 스스로 모범이 되어야 한다. 그러기 위해선 먼저 리더 스스로가 모범을 보이는 방법 이외에는 없다.

신뢰관계를 구축하는 3원칙

원칙	구분	내용
제1원칙		**상대방을 인간적으로 존중하라.**
	○	• 멤버를 나와 같은 욕구를 가진 인간으로 바라본다. • 자신의 말보다는 멤버의 말을 먼저 들으려고 한다. • 멤버의 말과 행동을 부정하기보다는 먼저 수용하려고 한다. • 멤버에게 관심을 갖는다. • 선택을 강요하지 않고 멤버에게 맡긴다.
	×	• 멤버를 인간적으로 대하지 않는다. • 멤버의 말에 경청하기보다는 자신이 많은 말을 한다. • 멤버의 말과 행동을 무시하고 부정한다. • 멤버에게 관심을 갖지 않는다. • 멤버에게 선택을 강요한다.
제2원칙		**자신을 낮추고 상대방 입장에서 보라.**
	○	• 문제의 원인을 자신에게서 찾는다. • 먼저 자신이 변함으로써 문제를 해결하려고 한다. • 환경이나 주변의 잘못으로 돌리지 않는다. • 상사나 부하멤버들을 비난하지 않는다. • 현재 자신이 가능한 일에만 집중하여 행동한다.
	×	• 문제의 원인을 상대인 멤버에게서 찾는다. • 멤버를 바꾸려고 하는 것에서 문제를 해결하려고 한다. • 자신보다는 환경이나 주변의 잘못으로 돌린다. • 상사나 부하멤버들을 비난한다. • 이유나 변명을 하면서 행동하지 않는다.
제3원칙		**롤 모델(Role model)로서 모범을 보여라.**
	○	• 거짓말을 하지 않고 사실을 숨기지 않는다. • 작은 약속이라도 반드시 지킨다. • 자만하기보다는 겸손하려고 한다. • 작은 일에도 감사하는 마음을 갖는다. • 언행일치가 되며, 먼저 모범을 보인다.
	×	• 거짓말을 하고 사실을 왜곡시키거나 숨긴다. • 약속을 어긴다. • 거만하거나 겸손하지 않다. • 감사하는 마음을 보기 힘들다. • 말과 행동이 다르다.

4 신뢰는 바른 소통방법으로 굳건해 진다.

필요할 때만 대화하지 말아라.

팀은 빠르게 움직이고 있고 멤버들 누구나 할 것 없이 바쁘다. 특히 리더는 더 바쁘다. 그래도 리더는 멤버와 대화를 문제가 생기고 필요할 때만 하는 것은 좋지 않다. "문제가 발생하거나 필요하면 하면 되지"라는 생각은 버리는 것이 좋다. 그럴 필요가 없다고 해도 멤버와 커뮤니케이션은 정기적이고 정례화 할 필요가 있다. 즉 필요가 있던 없던 간에 일상적인 대화 수준이라도 정기적으로 멤버의 상황에 대해 귀 기울일 필요가 있다. 멤버와의 대화, 면담미팅 등의 커뮤니케이션은 정기적인 형태로 정례화하는 것이 필요하다.

먼저 멤버들과 정례적인 미팅을 위한 커뮤니케이션 면담 자리를 만드는 것이다. 업무나 필요에 따라 대화하는 것이 아닌 가능하면 정해진 커뮤니케이션 장소에 만나서 해야 할 일을 결정하는 것이 바람직하다. 즉 커뮤니케이션 시스템화로 필요에 따라 만나서 이야기 한다가 아니라, 만나서 해야 할 일을 만드는 것이다. 그럼으로써 해야 할 일도 사전에 확실히 보이게 되고 멤버의 자발성도 이끌어 낼 수 있게 된다. 결국 해야 할 일이 보이고 계획적으로 일이 시작되어 성과로도 연결된다.

예를 들어 「신상품 ○○○ 판매 프로젝트」라면, 처음 미팅에서 매주 ○요일 ○○시에 만나는 정례적인 「프로젝트 미팅 플렛폼」을 만들고 그 목적이나 역할분담 등과 함께 커뮤니케이션 자리를 만들 필요가 있다.

"누가 무엇을 할 것인가?" "어떻게 담당역할을 분담 할 것인가?" 등을 결정하기 전에 미리 대화하여 멤버의 자발성을 높이는 방법이다.

성공적인 커뮤니케이션을 위한 리더의 여섯 가지 원칙을 활용하자.

세계적인 커뮤니케이션 전문가인 데일 카네기(Dale Carnegie)는 성공적인 대화를 위한 6원칙을 정리하였다. 각 원칙의 이니셜을 따 「LADDER(사다리) 공식」이라고 부르는데 멤버와 대화를 할 때 유용하다. 대화 원칙이라 하기에는 너무 간단해 보이나 실천하기는 그리 쉽지 않다.
이제부터 이 여섯 가지 원칙을 살펴보며 대화에 어떻게 응용할 수 있는지 알아보자!

성공적인 커뮤니케이션을 위한 리더의 여섯 가지 원칙

L	상대방을 바라본다. (Look at the other person)
A	질문한다. (Ask questions)
D	중단시키지 않는다. (Don't interrupt)
D	주제를 바꾸지 않는다. (Don't change the subject)
E	감정을 조절해서 표현한다. (Express emotion with control)
R	적절하게 반응한다. (Respond appropriately)

첫 번째는 상대방을 바라본다. 당신은 대화에서 하던 일 하면서 집중하지 않고 듣는 사람보다는 내 눈을 바라보며 집중하는 상대방에게 많은 이야기를 하게 되지 않을까? 상대방도 마찬가지이다. 대화에는 입과 귀만 필요한 게 아니라 반드시 눈도 필요하다.
두 번째는 질문한다. 대화는 자신이 하고 싶은 말만 잔뜩 하게 되면 그건 일방통방이자 잔소리일 수 있다. 대화를 할 때 상대방이 주로 이야기를 할 수 있게 하고 자신은 대화가 매끄럽게 이어가도록 하는 질문방법을 알아야

한다. 예를 들어 '좋아하는 것이 무엇인가요?' '가장 자신 있는 외모가 어디세요?' 등 대답하기 쉬운 질문과 함께 긍정적 답변을 유도하는 질문이 필요하다. 이 두 가지 질문만 잘 해도 대화가 항상 매끄럽고 편안해 진다.

세 번째는 중단시키지 않는다. 상대방이 어떤 결말을 이야기 할지, 무슨 생각을 하는지 고민은 무엇이고 어떤 생각이나 꿈을 꾸고 있는지 알고 싶다면 상대방의 말을 절대 끊어서는 안 된다. 설사 답답하더라도 일단은 상대방의 속마음을 듣는 것에 만족해야 할 때도 있다.

네 번째는 주제를 바꾸지 않는다. 일반적으로 대화를 할 때 가장 빈번하게 저지르는 실수가 있다. 바로 자신의 관점에서 대화를 이어가려는 생각이다. 또 자신의 취향에 맞는 화제로 대화를 바꿔버리는 것이다. 그러나 이 대화의 목적이 무엇인지를 상기할 필요가 있다.

다섯 번째는 감정을 조절해서 표현한다. 대화하는 상대방과 감정싸움에서는 먼저 감정을 드러내는 쪽이 지게 된다. 감정보다는 이성을 불러내어야 한다. 그 순간에 마음을 진정시키고 상대방과 자신을 냉정하게 분리시키면 이성을 되찾을 여유가 생기게 마련이다. 격한 감정은 대화의 적이다.

여섯 번째는 적절하게 반응(Reaction)한다. 칭찬은 매우 긍정적인 결과를 가져온다. 누군가의 이야기에 적절하게 공감하는 것은 커뮤니케이션에 절대적으로 필요한 능력이다. 대화의 마지막 원칙으로 공감적 경청이다. 상대방의 말에 반응하면서 들음으로써 대화는 자연스럽게 이어지고 동시에 감정적 친밀감을 쌓을 수 있게 된다. 이 대화 원칙을 통해 상대방과 웃으며 대화하고 상대방에 대해 더 많은 것을 알게 되는 리더가 될 거라고 확신한다.

성공적인 커뮤니케이션을 위한 여섯 가지 원칙만을 실행하는 것만이 중요한 것은 아니다. 올바른 커뮤니케이션은 상호이해와 의사소통이라는 2가지가 충족된 상태이어야 한다. 그러기 위해서는 멤버나 상대방을 받아들이려는 마음가짐과 소통의 자세가 우선 되어야 한다. 가장 중요한 기본은 역시 상대방과 진정한 대화를 유지시키는 시선 맞추기(Eye contact)에서 시작된다. 리더로서 올바른 커뮤니케이션에 대한 이해가 신뢰와 리더십의 기본임을 기억해야 한다.

'프리 모텀(Pre mortem)'의 방법을 활용하라.

선진 글로벌 기업들은 직위와 관계없이 상호 소통하는 문화가 형성돼 있다. 리더의 말을 성경의 복음처럼 떠 받들어야 하는 상명하복이라는 우리와는 확실히 다르다. 최근 뜻있는 리더라면 이런 조직 문화를 바꾸고 싶어한다는 것은 알고 있다. 보다 솔직하게 터놓고 상호이해에서 피드백(Feedback)이 가능한 소통하는 문화를 만들고 싶어하는 것 같다. 사실 조직문화라는 게 한 두 사람의 힘으로 쉽게 바뀌지는 것도 아니다.

리더가 회의를 시작하면서 직원들에게 "이제 우리 신짜 소통합시다. 솔직하게 터놓고 얘기합시다"라고 말한다면 멤버는 어떻게 반응할까?

"마음 속으로는 무슨 소리 하는 거지!" "오늘 아침밥을 잘못 먹고 출근했나!"라고 생각하며 곧 입을 닫을 것이다. 바로 이런 상황을 타개하기 위한 몇 가지 소통방법을 생각해 보자. 실제 현장에서 쓰이고 있고 효과도 입증된 방식들이다. 가능한 범위에서 실제로 활용해 보자!

먼저 저명한 심리학자인 게리 클라인(Gary Klein) 박사가 제시한 프리 모텀(Pre mortem)의 소통방법이다. 프리 모텀에서 프리(pre)는 사전, 미리라는 의미고, 모텀(mortem)은 죽음이라는 뜻이다. 따라서 프리 모텀은 죽기 전에 미리 죽을 이유를 찾는다는 뜻이 된다.

예를 들어 리더가 직접 어떤 사안에 아이디어를 내놓고 멤버에게 의견을 물어본다고 해보자! 아마도 일반적으로 반대하는 멤버를 찾기 힘들 것이다. 오히려 "정말 좋은 아이디어"라며 아부하거나 침묵으로 의사를 표현하는 멤버만 만날 가능성이 높다. 바로 이런 때가 이 방법을 실행에 옮길 순간이다. 당신의 아이디어에 내심 반대하는 직원들에게 말할 자유를 줄 수 있기 때문이다. 리더는 멤버들에게 이렇게 말해야 한다.

"제가 ○○○라는 아이디어를 생각했어요. 이 아이디어는 이런 내용입니다. 그런데 이 아이디어가 실패했다고 가정합시다. 그렇다면 여러분 모두가 왜? 실패했는지 이유를 적어봅시다." 그렇게 되면 리더는 멤버들로부터 아이디어에 어떤 문제가 있는지 일정 수준 멤버들 간의 솔직한 이야기를 들을 수 있을 것이다.

하지만 이 방법이 통하지 않을 수 있다.

복종의 문화가 뼛속까지 뿌리박힌 조직이라면 소용이 없다. 이 같은 조직문화를 만든 것은 오로지 선배이자 리더의 몫으로 큰 문제이다. 그래도 지속적으로 소통을 통해 누구나 솔직한 의사표현을 할 수 있도록 분위기를 만들어 가는 것이 리더의 역할이다.

역할 리버스(Role reveres)의 방법을 활용해라.

이제 두 번째 방법은 회의하고자 하는 사안에 대한 회의 참여자들의 관계를 역전시키는 것이다. 즉 기존 역할관계와 서로의 입장을 바꾸어 보는 것이다. 이 방법은 케시 데이비슨(Cathy Davidson) 미국 듀크대학 교수가 제안한 방법이다.

담당 업무의 전문가들과 비전문가들이 섞여있거나 고참멤버들과 신참멤버들이 함께 참여하는 회의에 적합하다. 이런 경우에는 대부분 담당자나 고참멤버들만 입을 열고 비전문가나 신참멤버들은 입을 닫는 경우가 많다. 이때 양측의 관계를 역전시켜서 비전문가나 신참멤버들이 먼저 질문이나 자기생각을 말하도록 하는 것이다. 모든 질문이 끝난 뒤 전문가와 고참멤버들에게 답변이나 의견을 말할 기회를 주는 것이다.

이렇게 하면 리더는 전혀 생각지도 못한 새로운 아이디어를 듣게 될 것이다. 이를 계기로 팀 내 멤버간의 소통관계가 원활하게 되는 시작점이 될 것이다. 다만 리더는 다양한 의견을 듣는 것으로 만족하지 말고 각 각의 의견에 대한 칭찬과 좋은 점을 피드백해야 한다. 우선적으로 반영할 사안에 대해서는 즉시적 의지표명도 중요하다.

'라스 베가스(Las Vegas Rule)'의 방법을 활용해라.

또 다른 소통문화를 만드는 방법은 라스 베가스 규칙(Las Vegas Rule)을 적용하는 것이다. 이 규칙은 "방안에서 나눈 대화는 방안에 남긴다(what is said in the room, stays in the room)"는 의미이다. 따라서 멤버들이 회의에서 어떤 이야기를 하더라도 나중에 이를 빌미로 불이익을 줄 수 없다는 것이다.

이 방법은 미국의 식품기업인 캠벨(Cambell)의 최고경영자인 더글러스 코넌트(Douglas Conant)가 적용해 효과를 본 방법이다. 서로 맡은 지위에 관계없이 매우 솔직하게 대화가 가능하다. 그러나 리더가 이 방법의 규칙을 지킨다는 신뢰가 없다면 아무런 효과가 없게 된다. 그러면 멤버들은 여전히 냉소와 함께 입을 닫을 것이다.

소통은 서로에게 영혼을 불어넣고 새로운 아이디어를 창조하는 과정이다. 사실 소통이 없는 조직은 영혼이 없는 죽은 조직이며 혁신이 불가능하다. 그런 의미에서 리더는 상호 소통하는 방법을 자기만의 방식으로 구사할 수 있어야 한다.

▣ 참조

신뢰관계 – 코칭 트레이닝(Coaching Training) 기법

- Step 2-3: 멤버를 이해하기 위한 정기적 면담하기

>>> P. 96

5 팔로우십(Fellowships)을 활용하여, 수평적 팀을 만들어라.

리더의 힘은 20%이다. 나머지 80%는 멤버의 팔로우십(Fellowship)을 활용해라.

"조직의 힘은 리더의 힘으로 결정된다"라고 한다. 그러나 리더의 팔로우십 연구로 저명한 카네기 멜론 대학교의 로버트 게리(Robert Garry)교수에 따르면 실제 리더가 조직에 미치는 영향은 실제로 20%에 불과하다고 한다. 나머지 80%는 멤버들의 힘에 의해 결정된다고 한다. 실제로 리더가 홀로 고군분투한다고 해도 좋은 결과는 내기 어렵다는 의미이다.

흔히 조직을 자동차에 비유하기도 한다. 리더는 차량을 이끄는 엔진에 해당하는 전동 부분이다. 그러나 차가 제대로 움직이다가도 잘 나가지 않을 때에 주의해야 한다. 차의 다른 부분에서 브레이크를 밟고 있을 지도 모른다. "이쪽으로 가자!"라고 지시하고 이끌고 가도 뒤 부분의 멤버가 "그 쪽으로 가고 싶지 않다!"라고 브레이크를 밟을지도 모른다.

그러나 대부분의 리더는 그런 기척을 알지 못한 채 더 빨리 가려고만 한다. 그런 상태가 지속되면 결국은 차가 이탈하게 된다. 많은 리더는 이런 상태로 계속 달리고 있을지 모른다. 그런데 멤버의 브레이크를 제거하고 모두에게 각 각의 동력장치를 달았다고 한다면 어떨까?

차량은 험한 도로나 거친 골짜기도 달릴 수 있는 진정한 사륜구동의 차량이 되지 않을까?

즉 곤란한 상황에 부딪쳐도 헤쳐갈 수 있는 강한 조직이 되지 않겠는가?

리더는 말과 행동에 주의할 필요도 있지만, 멤버가 자발적으로 행동할 수 있는 팔로우십을 이끌어낼 필요가 있다. 멤버 스스로가 팀 전체를 생각하고 행동할 수 있게끔 해야 한다.

「One for All, All for One」이라는 어귀가 있다. “하나는 모두를 위해, 모두는 하나를 위해”라는 의미로 팀 빌딩을 말할 때 자주 쓰인다. 팀의 성과를 위해서 리더는 멤버의 자발적 힘을 발휘시켜 활용할 줄 알아야만 한다.

수평샤워(shower)효과로 강한 팀으로 만들어라.

피로할 때나 지쳤을 때의 샤워(Shower)는 일상생활에서 심신의 피곤을 풀어주고 활력소가 된다. 조직 운영에서는 이런 샤워의 의미를 다르게 해석해 볼까 한다. 일반적인 의미가 아닌 다른 자극과 활력을 불어넣는 도구로써의 역할을 의미한다. 위에서의 물을 뿌리는 수직샤워(Vertical shower)는 조직 상층부나 리더로부터의 지시나 자극이 멤버에게 주는 효과다.

수평샤워(Horizontal shower)는 리더가 아닌 동료나 멤버간의 상호자극으로 성장하고 움직이게 하는 효과를 의미한다.

예를 들어 수평샤워는 다른 멤버가 좋은 실적을 올렸다면 이것이 계기가 되어 멤버 개인이나 팀 전체가 자극이 되어 분발하는 기회를 만들어 주는 것을 말한다. 열심히 하지 않는 멤버에게는 리더가 아닌 선배나 동료멤버가 피드백하고 주위를 주어 분발하게 하는 효과를 말한다. 이게 바로 수평샤워 효과이다. 멤버가 멤버에게 상호자극을 주는 수평 샤워효과가 나오게 하는 조직이나 팀을 만들어라. 그게 바로 리더가 만들어 가는 팀 빌딩의 기본이다.

제2의 리더를 만들고 육성하라.

리더는 때로는 자신을 감추고 멤버들이 스스로 행동하게 하는 자발성을 끌어 낼 필요가 있다. 바로 이때가 리더를 대신 할 그림자 리더인 제2의 리더가 필요한 시기이다. 물론 멤버 모두가 그런 상태가 된다면 바랄 것이 없겠지만……

어떤 조직이나 팀이라도 리더를 대행 할 제2의 리더로서 후계자가 필요하다. 제2의 리더는 차세대 리더후보가 아닌 리더의 역할을 대행하는 걸 말한다. 리더의 역할은 선두에 서서 멤버를 이끄는 것만이 아닌 때로는 뒤에서 멤버를 돌보면서 전체를 조율하는 역할도 중요하다. 상황에 따라 리더는 몸을 낮추고 멤버를 앞세워 각 멤버의 기대역할을 인식시킬 필요도 있다.

리더가 부재 시에는 일반적으로 팀이 제대로 원래대로 움직이지 못하게 되는 경우가 생기게 된다. 이제까지 리더에게만 의존하던 팀은 스스로 움직이는 자생력이 약하기 때문이다. 그래서 리더를 대신 할 제2인자가 필요하게 된다. 그러면 리더 이외의 멤버가 협력하여 자율적으로 팀을 움직이게 하는 기반을 마련할 수 있는 계기가 된다. 모두가 같이 팀을 움직이고 있다는 마음가짐이 생기게 된다. 리더의 부재를 방지하는 좋은 방법이다.

그렇게 되면 리더가 때로는 뒤로 물러서서 각 멤버가 스스로 움직일 수 있는 주체성을 가질 수 있는 상황을 만들어주게 된다. 이 때 제2의 리더가 대리인 역할을 하게 된다. 단순히 제2리더를 만드는 방법에만 한정하지 말고 가장 바람직한 것은 멤버들 각자가 서로를 지원하는 팔로우십을 가지게 될 때 팀은 보다 강한 팀으로 성장한다.

그래서 「3류 팀은 톱 다운(Top down) 방식, 2류 팀은 수평방식, 1류 팀은 수직과 수평의 균형방식」이라는 조직운용의 방식을 기억해야 한다.

그렇다면 누구를 제2의 리더로 선발하면 좋을까?

경험이나 직급으로만 선발하지 않는 게 좋다. 반드시 고객에게 헌신하려는 마음을 가진 사람이어야 한다. 비즈니스의 기본은 고객에서 출발하고 즉 고객가치에 기반한 만족이다. 고객이 없는 기업이나 조직은 존재하지 않기에 고객에 대한 철저한 신념과 철학을 가진 멤버가 그 후보가 되어야 한다. 단 그것만으로는 부족하다. 고객뿐만이 아니라 팀 멤버들에게도 지원이 가능한 능력을 가져야 한다. 고객에 대한 헌신하려는 신념과 멤버에 대한 지도하고 원조하는 2가지 능력을 겸비한 멤버를 가능한 찾아야 한다. 없다면 가능성 있는 멤버를 가르쳐서 키워야 한다.

▣ 참조

신뢰관계 – 코칭 트레이닝(Coaching Training) 기법

- Step 2-4: 제2의 팀 리더 만들기

>>> P. 98

6 상호 피드백(Feed-back)이 가능한 소통시스템을 만들어라.

「부정적 전제」를 의식해라.

리더는 멤버들에게 지금 당장 할 이야기나 전달할 지시사항이 많을 것이다. 팀의 방향이나 팀 방침, 목표 등 멤버간에 공유해야 할 내용들이다. 제대로 전달이 안 되고 실천되지 않은 것들이 많다고 너무 초조해 할 필요는 없다. 당장 많은 전달내용을 멤버 전원이 다 수용하지 못 할 수도 있기 때문이다. 그 이유는 멤버가 갖고 있는 불안, 불만, 의문 등 심리적인 문제로 마음 속에 부정적 전제가 있기 때문이다.

특히 신임 리더라면 멤버들이 리더에 대한 불안감에서 발생된 심리적 변화에 대한 자기 방어이기 때문이다. 이제까지와는 다른 새로운 상황에 적응해야 한다는 불안감의 표현이다 여기에는 리더의 업무 스타일, 커뮤니케이션 방식, 타 부서와의 소통 등이 해당된다. 먼저 이런 부정적 전제를 제거하는 방법을 생각해야 한다. 비록 비전과 목표를 공유했다고 하더라도 그것만으로는 부족하다. 멤버의 일부는 아직은 비전에 대한 실현방법에 대한 얼마간에 의문과 개인차가 남아 있게 마련이다. 멤버의 부정적 전제가 무엇인지를 솔직히 털어 놓고 이야기할 수 있도록 해야 한다. 그러면 팀 비전을 달성하기 위한 다양한 방법을 공유 할 수 있게 된다. 이것이 팀 워크를 만드는 기본 포인트이다. 어떤 조직이나 팀에서 불평, 불만, 문제가 반드시 존재한다. 다만 이것들을 어떻게 빠른 시간 내에 해결하는가는 리더의 능력에 달려 있다.

비전을 실현하기 위한 과제해결도 팀워크의 중요한 요소로 작용할 것이다.

과제란 팀의 비전이 실현되었을 때의 바람직한 상태(To-be)와 현재의 문제가 되고 있는 현재의 상태(As-is)와의 차이(Gap)이다. 목표로 하는 모습이 높으면 높을수록 현재 상태에서 해결해야 할 과제는 많아진다. 이런 불안과 해결해야 할 과제를 해결하지 않으면 언제인가는 반드시 폭발하기 때문이다. 이것을 해결하는 방법은 리더가 폭발을 두려워하지 않는다면 의외로 간단하다. 현재 멤버가 가지고 있는 팀이나 조직에 대한 불만, 불안이나 과제에 대해 솔직하게 이야기 할 수 있는 자리를 만드는 것이다. 아니면 자유롭게 문제와 해결책을 문서나 말을 할 수 있도록 하여 그 내용을 카드나 별도의 양식으로 제출토록 하는 것이다. 그리고 제출된 내용을 멤버 전원이 공유하도록 한다.

이런 별도의 자리를 통해서 멤버의 불만이나 불안 그리고 팀의 문제나 과제를 해소 할 수 있도록 하는 것이다. 그렇게 하면 비록 불만이나 과제가 많다고 해서 불안 할 필요는 없다. 문제 대부분은 그 안에서 해결할 수 있는 실마리가 나오게 된다.

정기적인 면담시스템의 순환 구조

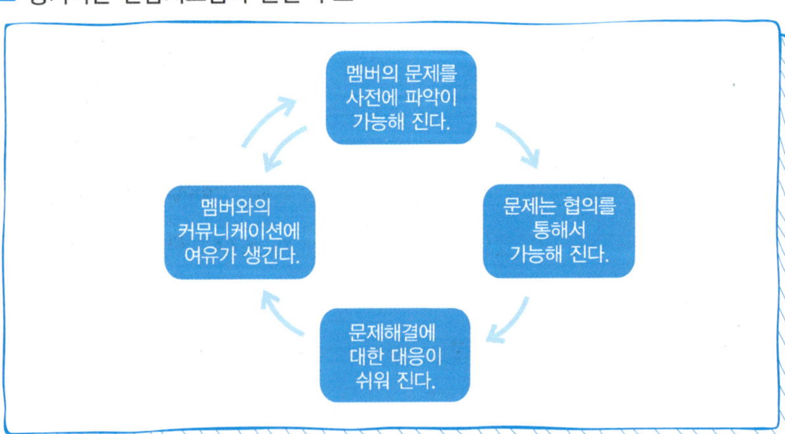

불안 불만의 문제는 열린 소통시스템에서 해결해야 한다.

멤버와의 오픈 커뮤니케이션 장은 리더로서 많은 정보를 얻을 수 있게 된다. 먼저 팀의 문제나 해결해야 할 과제를 팀 전원이 공유할 수 있게 되어 각 멤버의 부정적 전제의 분출이 가능해 진다. 그 결과 멤버는 리더의 비전 달성을 위한 각오와 방법의 실마리와 함께 그 해결책의 방향과 방침을 구체화 시킬 수 있는 기회가 된다. 멤버들과의 거리를 좁히고 상호신뢰의 이해계가 형성되는 첫걸음이 된다.

일반적으로 불만이나 불평은 자신보다는 타인의 잘못으로 기인되었다고 생각한다. 그래서 타인의 책임으로 전가시키게 된다. 잘못된 것은 자신이 아니라 리더나 타 멤버, 그리고 회사라고 생각한다. 그러나 이런 사실을 순순히 받아들이는 때부터 멤버는 혹시 그 원인과 책임 역시 나에게도 일부 있지 않는가라는 생각을 하게 된다.

멤버의 불평과 불만의 부정적인 전제를 드러나게 하는 순간 팀은 팀워크에 긍정적인 분위기가 조성되어 팀 빌딩을 위한 기초가 조성되있다고 보아노 좋다. 리더로서 팀워크와 팀 빌딩의 방법으로 한 번쯤 사용해보길 권한다.

정기적인 면담시스템의 메리츠(Merits)

1	미팅이나 면담 일정에 대응하기 위해서 일이나 과제에 대한 스피드 업이 향상된다.
2	솔직한 커뮤니케이션 자리로써 상호 신뢰가 향상된다.
3	문제의 초기단계에서 대응할 수 있어서 조기 대응이 가능해 진다.
4	대화의 기회 속에서 멤버의 커리어나 육성이 쉬워진다.
5	팀 비전이나 목표달성을 위한 다양한 아이디어나 제안이 많아진다.

솔직한 오픈 커뮤니케이션의 시스템을 정례화하라.

리더는 반드시 멤버와 정기적인 커뮤니케이션의 자리를 만들어야 한다. 멤버의 불평과 불만의 부정적인 전제를 드러나게 하는 좋은 기회이다. 「일, 주, 월 1회라는 방식」이다. 1일 1회는 멤버와 대면이나 전화통화로 업무내용을 이야기하고 보고받는다. 주 1회의 면담미팅은 일주일간에 걸친 업무내용을 요약을 보고받고 업무상 문제점이나 개인적인 또는 심리적 상태를 살피면서 멤버의 상황을 점검한다. 이 과정을 통해서 팀이나 멤버와의 관계형성에 큰 도움이 된다. 월 1회는 팀 멤버 전원이 모여서 월간 성과를 점검하고 문제의 대책이나 차 월의 방침을 전달한다. 이것이 멤버와의 소통과 팀워크나 리더로서의 리더십을 키우는 기본적인 커뮤니케이션의 방법이다. 그러나 일반적으로 대부분의 리더들이 이런 정례적인 커뮤니케이션 자리를 지속하지 못하는 경우가 많다. “금주는 너무 바빠서 어쩔 수 없이……”, 혹은 “긴급한 일이 생겨서……” 등의 이유로 미팅을 나중으로 미루는 경우가 많다. 그래서 초기에 막을 수 있는 업무상의 문제나 트러블을 방지하지 못하거나 멤버 개인적인 문제를 발견하지 못하는 일이 발생하여 멤버와의 관계형성에도 거리가 생기게 된다. 그래서 정례적인 커뮤니케이션 자리는 유야무야한 상태로 없어져서 멤버와 리더는 각자의 일만을 하는 팀으로 변화해 가는 것이다.

멤버는 일을 통한 성장과 안정을 원한다는 사실을 명심해야 한다.

이것을 연결하는 것이 사람과의 관계형성이고 신뢰감이다. 바로 커뮤니케이션은 그것을 연결하는 통로임을 명심해야 한다.

오픈 커뮤니케이션 시스템의 3가지 형태

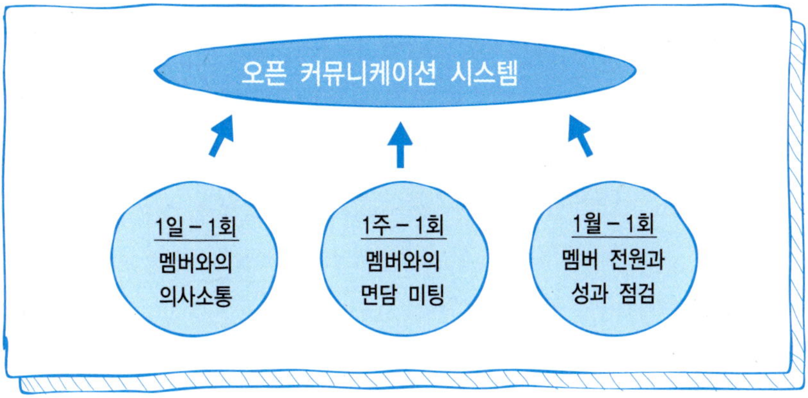

참조

신뢰관계 – 코칭 트레이닝(Coaching Training) 기법

- Step 2-5: 팀 과제설정 및 해결하기

>>> P. 100

신뢰관계 - 코칭 트레이닝(Coaching Training) 기법

신뢰관계의 트레이닝 코칭 단계

Step 2-1	개인 역사(Personal history) 돌아보기
Step 2-2	일상적 면담 미팅(Meeting)하기
Step 2-3	멤버를 이해하기 위한 정기적 면담하기
Step 2-4	제2의 팀 리더 만들기
Step 2-5	팀 과제설정 및 해결하기
Step 2-6	팀에 공헌하기

Step 2-1 개인 역사(Personal history) 돌아보기

멤버들 상호간 이해를 도모하고 자신에 대하여 생각해 보는 2가지 효과를 얻을 수 있는 기법이다. 자기자신을 타 멤버에게 소개하고 자기 삶의 과정에서 현재에 맡고 있는 업무에 대하여 의미부여 할 수 있으면 좋다. 그럼으로써 자신의 삶을 돌아보고 일의 의욕과 새로운 자신의 목표를 찾아서 동기부여가 가능해 질 수 있다. 자신을 새롭게 발견하고 생각할 수 있는 시간이다.

1. 목적

멤버 한 사람 한 사람의 존재 의미나 소명을 확실하게 생각하여 기록해 본다. 이런 작업을 통해서 멤버 상호간의 이해를 도모하고 새로운 자신에 대해서 눈 뜨게 된다.

2. 시간 방법

- 리더를 포함한 전체멤버를 대상으로 한다.
- 시간은 1~2시간(가능하면 리더의 사전준비의 필요)

3. 진행방법

① 사전에 작성된 워크시트(별도-참조)를 준비하고 멤버에게 배포한다.

② 멤버에게 워크시트 -「자신의 히스토리(History)」를 기재하게 한다. 학창시절부터 현재까지 시기별로 설정한다. 그 시기에 기억나는 특정한 일(인생의 터닝 포인트)을 중심으로 기록한다.

③ 각 기간 별로 다음 사항을 중심으로 기록하도록 한다.

- 가족, 친구, 고객에게서 감사했던 경험이나 일
- 가족, 친구, 고객을 도왔던 일이나 경험들

④ 주요 내용을 키 워드 중심으로 큰 용지(모조지)에 옮겨 적도록 한다.

⑤ 멤버 별로 간략히 발표하고 전체멤버가 공유한다.

⑥ 발표자의 감상을 듣는다.

4. 사용 도구(Tools)

- 별도 양식 – 첨부
- 큰 종이 등

5. 유의사항

- 사실만이 아니라, 그 시기의 배경 보다는 당시에 느꼈던 생각, 감정 등을 발견할 수 있도록 하는 것이 좋다.
- 부정하거나 비판하지 말고, 가능한 긍정적으로 받아드리도록 한다.
- 내용의 구체적 사실이나 드러내고 싶지 않은 것들에 대해서는 말하지 않아도 좋다는 자유로운 분위기를 만들 필요가 있다.
- 자신을 돌아보고 생각하는 시간을 갖는 것, 그 자체만으로도 의미가 있다.

예) 자기 역사 돌아보기

연도 (나이)	업무상에서의 토픽 (자신의 업적, 성과, 기쁜일, 일에 대해서 생각한 것, 중요하게 생각한 것, 당시의 목표, 실현하려고 생각한 것)	당시 발휘한 능력/공부한 것/취득한 자격과 라이센스/일을 통해서 배운 능력과 기술, 스킬/영향을 받은 사람	비고
2015년 2월 (28세)	회사에 익숙해지고 빨리 성과를 내려고 누구보다 일찍 출근해서 열심히 했다. 그러나 배치 후 몇달동안 수주를 못했다.	엄격한 선배D씨에게서 기본적인 업무의 자세를 배웠다.	
2015년 6월	혼자 영업을 하고 수주하는 자신감이 생긴 것 같다.	서적으로 사람을 움직이다, 판매는 거절당할 때부터 시작이다 등을 열심히 읽었다.	
2015년 10월	선배의 이동에 의해 대기업 담당이 되어서 모르는 것 많아 실수가 많았다. 고객에게서도 불만을 받음. 어떻게 하든 고객분에게 도움이 될 수 있도록 열심히 했다. 그 동안에 성실함과 열의가 인정 받았다.	선배 A씨에게서 일의 기본을 배웠다.	
2016년 3월 (29세)	큰안건 수주함. 많은 사람 도움을 받아 프로젝트를 진행. 팀장에게서 칭찬받음 상기 성과에 대해 다른지점에서 설명회 요청이 많이 왔기 때문에 전국 지점으로 출장을 다니며 설명회를 가졌다.	프로젝트 멤버와 같이 일하는 것을 통해 전문 스텝의 협력을 받는 방법을 배웠다. 다양한 전문성을 가진 분과 꾸준히 커뮤니케이션하는 능력을 키웠다. 또 프레젠테이션 능력이 필요해서 자비로 세미나에 참석	
2016년 5월	점점 제출해야하는 서류와 출석하는 회의가 많아짐. 바빠져서 일상에서 실수가 많아져서 작은 일이라도 조심해서 진행했다.	전체 회사나 상사의 입장에 서서 생각해보는 것도 중요하다는 것을 알았다	
2016년 8월	인턴사원이 배치되어 육성담당이 됐음. 인턴사원의 이해가 느려 지도가 잘되지 않음. 관계가 악화되어 선배에게서 조언을 받음. 커뮤니케이션에 신경을 썼더니 인턴사원이 수주를 했다. 사람은 성장한다. 선입관으로 보면 안 되는 것, 접근법을 바꾸면 상대도 바뀐다는 3가지를 배웠다.	선배나 현재 상사에게 상의해서 인턴사원 지도의 포인트를 배웠다. 빨리 결과를 내면 인턴사원이 자신감이 생길거라 생각한 나머지 어느새 인턴사원을 내 마음대로 컨트롤하고 있었다.	
2017년 1월	사업부 전체의 판매촉진팀으로 이동했다.		
(30세)	영업에서 실적이 있었지만 스텝업무는 처음이라 당황했다. 제품×의 판매촉진을 담당하게 되어 마케팅의 지식이 부족하다는 것을 알게 되었다. 일단 할 수는 있지만 잘 되지 않아서 처음하는 일로 스트레스를 받았다.	비즈니스 스쿨에서 격주 단위로 토요일에 마케팅을 배웠다. 마케팅의 기초지식을 배웠다.	
2017년 6월	□□지역에서 중견영업사원을 모아 대기업을 타겟으로 한 새로운 영업 전략을 만드는 프로젝트에 주도적으로 참여. 큰 충실감을 느낀 시기였다.	영업전략에 대해 공부를 체계적으로 했다.	

Step 2-2 일상적 면담 미팅(Meeting)하기

멤버와 함께 1:1로 정기적, 부정기적으로 미팅을 실시한다. 진행포인트는 리더가 주역이 아닌 멤버를 주역으로 라는 의미를 갖고 임해야 한다. 즉 멤버의 최근 불안이나 불만사항을 듣고서 가능한 범위 내에서 해소하는 시간으로 활용한다.

1. 목적

멤버의 최근 업무에서 어려운 점이나 불만사항이나 불안 등의 정신적 심리적 의욕상태를 파악하고 나타난 문제를 해결하여 동기부여 한다. 더불어 멤버의 목표달성을 위한 현재 상황파악이나 현황의 문제나 업무개선 방법 등을 경청하면서 상호신뢰관계를 도모한다.

2. 시간 및 방법

- 멤버와 1:1로 진행한다.
- 시간은 30분~1시간(최소한 3개월에 1회)

3. 진행순서

① 아이스 브레이킹(Ice braking)으로 긴장감을 풀어준다.

② 「팀 이슈」, 「상부에서의 메시지」 등을 전달한다.

③ 「업무 상 하고 싶은 말」, 「고민이나 문제」 등을 가능하면 많이 듣는다.

④ 멤버의 말한 내용에 대해서 질문하거나, 간단한 피드백이나 조언을 한다.

⑤ 멤버와 차기 일정을 정하고 격려의 말을 전달하고 마무리한다.

4. 유의사항

- 대화내용을 미리 정하거나 전달내용을 가능한 정하지 않고 임한다.
- 일단 멤버의 이야기를 듣는 것에 포인트를 둔다.
- 조언을 멤버에게 행동으로 연결하라고 강요하지 않는다.
- 장소는 가능하면 아무도 없는 막힌 회의실에서 한다.

Step 2-3 멤버를 이해하기 위한 정기적 면담하기

멤버가 처한 직장에서의 현재상황과 멤버의 주변 환경을 파악함으로써 멤버와의 상호 이해를 통한 신뢰관계를 형성 할 수 있게 된다. 이를 위해서 멤버가 「중시하는 것」과 「가치관」, 그리고 「가족관계나 가정사」등 개인적인 사항에 대해서 가능한 범위 내에서 대화로 파악하는 시간이다.

1. 목적

「중시하는 것」과 「가치관」, 그리고 「가족관계나 가정사」 등 개인적인 사항에 대해서 깊이 숙지함으로써 멤버를 보다 깊이 이해하고 상호간의 신뢰관계 구축을 목적으로 한다.

2. 시간 및 방법

- 멤버와 1:1로 진행한다.(정기적/비정기적)
- 시간은 30분 정도 실시한다.

3. 진행순서

① 멤버 개인별로 별도의 항목 별 작성시트(별첨)를 준비한다.

② 내용항목은 10개 정도로의 항목으로 한다.

1. 「가족관계」, 2. 「친구관계」, 3. 「취미나 특기」, 4. 「건강」, 5. 「금전적 상황」, 6. 「직장 고민사항」, 7. 「직장 내 목표」, 8. 「커리어 개발」, 9. 「자기 비전(꿈)」, 10. 「특기사항」 등으로 한다.

③ 멤버의 발언 및 주변을 통해서 알게 된 내용을 함께 사실에 기반하여 작성한다.

④ 멤버의 상황을 주기적인 면담을 통하여 수정 보완한다(가능한 6개월에 1회 정도/최소 1년에 1회 정도).

⑤ 특기사항에는 시기 별로 관심사항 및 유의사항 등을 별도로 기록하여 데이터화 한다.

4. 유의사항

- 너무 깊은 개인적인 주변사항에 대한 질문은 조심한다.
- 멤버의 개인적인 사고나 발언은 가능한 존중한다.
- 장소는 가능하면 조용하고 아무도 없는 막힌 회의실에서 한다.

정기적 면담-양식

대상자:

1. 가족관계:
2. 친구관계:
3. 취미나 특기:
4. 건강:
5. 금전적 상황:
6. 직장 고민사항:
7. 직장 내 목표:
8. 커리어 개발:
9. 자기 비전(꿈):
10. 특기사항:

Step 2-4 제2의 팀 리더 만들기

어떤 작은 팀이라고 하더라도, 리더를 대신 할 수 있는 제2의 리더가 필요하다. 제2의 리더를 선출하는 방법을 생각하는 시간이다.

1. 목적

팀에서 제2의 리더를 선출한다.

2. 시간 및 방법

- 전체 멤버와 워크샵(Workshop) 형태로 진행한다.
- 시간은 1시간 정도 실시한다.

3. 진행순서

① 전체 멤버의 이름을 기입한다(별지-양식 참조).

② 별지 항목의 5개의 선정 기준항목에 멤버 각 각이 평가점수를 주도록 한다.

③ 합계 점수를 집계하여 상위 2명을 선출한다.

④ 선출된 2명 중 다시 한번 투표하여 1명을 뽑는다.

4. 유의사항

- 선출 시 경력이나 직위 등 과거의 경험보다는 향후 팀에 대한 헌신가능성만을 고려한다.
- 진행 순서 1~3단계까지는 동료에게 헌신 가능성은 고려하지 않는다.
- 진행 순서 4단계에서는 팀에 대한 헌신만을 고려하고 리더 개인적인 업무보조나 대행은 고려대상이 아니다.

- 리더로서 현재시점에서의 자질만이 아니라 6개월, 1년 후의 성장 가능성을 예측하여 선출한다.

예) 별도의 이미지

제2의 팀 리더의 선별 평가 항목

후보자 이름				
평가 항목	1. 고객에의 대응 수준(품질, 스피드)이 높다. 2. 과제수행만이 아닌 본질적으로 고객 대응 문제해결의 열의가 높다. 3. 고객의 기대수준보다 높은 대응행동을 하고 있나. 4. 업무에 대한 성과향상의 열의를 갖고 있고 항상 배우고 학습하는 자세를 가지고 있다. 5. 높은 목표달성 의식과 실행력을 가지고 있다.			
평가 점수				

* 합계 점수: ○ 2점 / △ 1점 / × 0점

Step 2-5 팀 과제설정 및 해결하기

팀의 해결과제를 멤버 상호간에 솔직하게 토론하고 공유하여 해결방안을 찾아보는 자리를 만든다.
문제를 갖는 문제의식의 공유와 토의로 보다 향상된 팀을 만들어 가는 자리임을 이해시킨다. 그럼으로써 멤버간의 신뢰형성이 가능해 진다.

1. 목적

팀 과제나 문제점을 토론하고 공유함으로써 문제의식과 상호이해가 향상된다. 팀의 문제나 불만사항을 솔직하게 털어놓고 가능한 그 해결방안을 멤버간의 의견을 제세하고 그 해답을 찾아간다. 그 과정에서 타인책임에서 자기책임으로 전환할 수 있는 계기를 만들어 간다.

2. 시간 및 방법

- 전체 멤버와 워크샵(Workshop) 형태로 진행한다.
- 시간은 3~4시간 실시한다.

3. 진행순서

① 멤버 각자가 사전에 우선적으로 해결해야 할 팀의 과제를 2~3개를 선정해 오도록 한다.
　예) 팀 내 협력이 안 된다/ 상품지식이 부족하다/ 기본 업무매뉴얼이 없다

② 설정한 각 멤버의 과제를 어떻게 하면 해결가능 한지에 대한 자기 나름의 「해결방안」을 작성하도록 한다.

③ 각자 작성한 「과제」와 「해결방안」을 발표한다.

④ 전체멤버가 작성한 과제를 주제별로 분류한다.

⑤ 주제에 대한 해결방안을 포스트 잇(Post-it)에 적어서 주제 별로 붙인다.

⑥ 내용을 멤버 상호간 공유한다.

⑦ 공유된 실행방법 중에서 멤버 각자가 자발적으로 1~2개를 선택하여 실행에 옮기도록 선택하게 한다.

4. 유의사항

- 과제를 해결한다는 생각보다는 각 멤버가 갖고 있는 과제를 멤버 상호간에 공유한다는 것에 그 목적을 두어야 한다.
- 토의 과정에서 이견이나 오해가 있는 경우 리더가 그 사실을 메모하여 추후 해결하도록 한다.
- 리더는 과제에 대한 문제를 해결하는 게 아닌 멤버 스스로 자발적으로 문제 해결에 적극 임하게 함으로써 자기 책임을 느끼도록 분위기를 조성하는 것이 포인트이다.

예) 영업 1팀 과제 설정하기

과제 – 1: 팀내 협력이 안 된다.

- 멤버간의 신뢰관계가 약하다.
- 개인 이기주의와 개인플레이가 많다.
- 서로 깊은 대화를 가질 시간이 없다.
- 멤버 각자의 일이 바빠서 구심점이 없다.
- 멤버간 서로에 대해서 관심이 없다.

과제–2 : 상품지식이 부족하다.

- 자사 신상품에 대해서 잘 모르고 있다.
- 세일즈 능력(화술/발표방법 등)이 부족하다.
- 업계동향이나 새로운 트랜드나 경향 등을 잘 모른다.
- 경쟁사와의 제품 차별점을 모른다.

Step 2-6 팀에 공헌하기

팀을 위하여 멤버 자신이 무엇을 할 것인가를 생각하게 하는 시간이다. 작은 일부터 멤버들이 스스로 열의를 갖고 팀을 위해서 의욕적으로 업무에 임할 수 있도록 지원하는 것이 포인트이다.

1. 목적

팀을 위하여 멤버들이 자발적으로 멤버십(Membership)을 이끌어 내어 멤버상호간 신뢰관계를 형성하도록 지원해 주는 것이 목적이다.

2. 시간 및 방법

- 멤버 개인미팅 시에 사전에 작성할 과제를 주고 간단히 실시해도 좋다.
- 전체 멤버와 워크샵(Workshop) 형대로 진행한나.
- 시간은 1~2시간 실시한다.

3. 진행순서

① 멤버 각자가 사전에 우선적으로 팀을 위하여 할 수 있는 일들을 별도의 시트에(별첨-자신은 팀을 위하여 무엇을 할 것인가?) 2~3개의 항목을 작성해 오도록 한다.

예) 팀 내 협력관계를 조성한다/기본 업무 매뉴얼을 만든다.

② 각 멤버가 작성한 공헌내용을 전체에서 공유한다.

③ 리더는 멤버의 작성 내용을 어떻게 지원할 것인가를 결정한다.

④ 멤버 각자가 작성한 내용으로 구체적인 실행 계획(Action plan)을 만든다.

⑤ 실행계획에 대하여 멤버들의 의견을 듣는다.

⑥ 전체 회의에서 느낀 점이나 특기사항을 공유한다.

4. 유의사항

- 「팀에 공헌할 수 있는 내용」은 아무리 작은 내용이라도 좋다.
- 멤버 전체가 주역이고 당사자로서 열성적으로 임하도록 분위기를 조성해야 한다.
- 리더는 공헌에 대한 멤버의 자세나 실행의지에 대해서 팀 멤버의 일원으로서 당연히 가져야 하는 당사자라는 의식을 명확히 인식시킬 필요가 있다.

PART

3

성과는 일하는 방법(P-PDCA)으로 디자인하라

팀 성과와 멤버들의 성장은 저절로 오지 않는다. 멤버 개 개인의 처한 상황이나 업무능력은 분명히 다르다. 아직 미숙한 멤버들의 성과를 올리고 현장에서 실행능력을 높이기 위해선, 성과창출을 높이는 효율적인 업무 수행 사이클을 만들고 실행해야 한다. 업무 실행능력을 높여서 성과를 창출하여 스스로 학습(Learning)하는 조직을 만들어야 한다. 그런 과정을 통해서 업무 지식과 스킬(Skill)을 높여 나감으로써 개인과 팀이 성장해 가는 것이다. 지금부터 성과창출을 높이는 업무 수행방법과 함께 스스로 학습하는 팀을 만드는 방법을 디자인하고 생각해 보자.

Part 3: 성과는 일하는 방법(P-PDCA)으로 디자인하라

1. 일의 성과는 「P-PDCA 사이클」로 관리해라.

2. 일은 목적(Purpose)에서 시작된다.

3. 리더업무의 80%는 계획의 구체화(Planning)이다.

4. 실행(Doing)은 멤버에게 일임하라.

5. 점검(Checking)은 일의 질과 양의 2가지 측면으로 보라.

6. 조정(Adjusting)은 개선과 혁신의 시작이다.

▣ 일하는 방법 – 코칭 트레이닝 기법

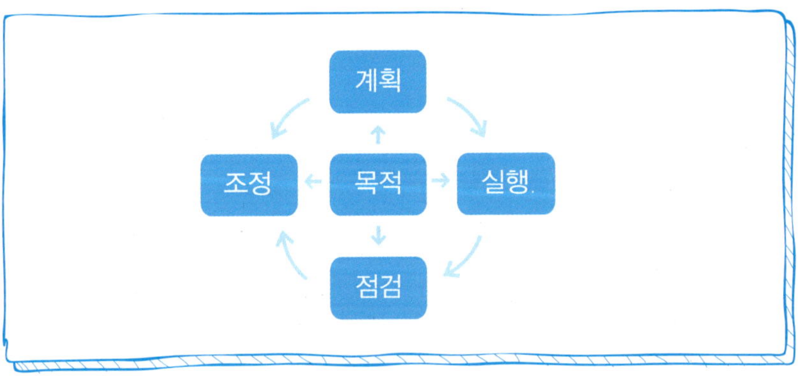

1 일의 성과는「P-PDCA 사이클」로 관리해라.

성과는 개인능력에 전적으로 의존하지 마라.

2개의 가슴 설레는 비전을 세우고, 멤버 상호간에 신뢰관계가 형성되었다 하더라도 실적이 올라가 목표를 반드시 달성하는 것은 아니다. 이것만으로 리더의 역할이 끝나는 것이 아니다. 왜냐하면 멤버간의 능력과 역량 차이뿐만 아니라 개인의 의욕 정도가 다르기 때문이다. 이런 상태를 해결하지 않으면 팀은 멤버들의 개인의 역량에 의존하여 업무를 수행해야만 한다. 리더는 멤버 각 개인의 성장을 위해서라도 개인의 정확한 능력을 파악하는 것이 필요하다.

무엇보다도 가장 먼저 팀 업무를 분석하고 체계화하여 멤버 개 개인이 현장에서 개인의 모든 역량을 다해서 일할 수 있는「일하는 방법」을 만들어 주어야 한다.

디지털화된 환경에서는 전쟁에서 아무리 강하고 훌륭한 병사라도 빈약한 무기로 싸우면 질 수 밖에 없다. 비즈니스에서 필요한 건 좋은 시스템적인 하드웨어(Hardware)만이 아니라 멤버에게 시장변화나 고객의 정보수집 등인 시장현황의 분석과 시장변화 예측들인 소프트웨어(Soft wear)가 필요하다. 그리고 팀 전체의 목표와 멤버개인에게 주어진 목표의 달성이다. 또한 성과를 올리기 위해서는 시장환경이나 경쟁사의 상황을 정확하게 파악할 수 있는 정보가 중요하다. 이른바 시각화(Visual system)이다.

목표나 실적상황 등이 시각적으로 보이도록 하는 것이다. 그래서 목표와 현재의 실적과의 차이(Gap)를 일목요연하게 보이게 하는 것이다. 이것에 의해 멤버의 자율적인 행동수정과 의식의 변화를 촉진할 수 있게 된다. 그래야 시장상황과 향후 시장 트랜드(Trend) 및 고객변화에 대응할 수 있게 된다. 예를 들어 영업부문이라며 세일즈 스피치, 고객 대응방법, 세일즈 프리젠테이션 기법 등 다양한 능력이 필요하다. 이를 뒷받침할 기본 능력은 기본 세일즈 강화 매뉴얼 등의 기초적인 업무능력이 갖추어 지도록 해야 한다. 이런 능력 없이는 경쟁자와 치열하게 싸울 수 없고 성과를 지속적으로 내기도 어려울 것이다. 그래서 리더는 멤버가 전장에서 싸울 수 있는 대응무기를 제공하는 역할도 해야 하고, 전문화된 비즈니스 능력 향상 및 고객 대응전략과 전술을 습관화시켜야 한다.
결국 멤버 누가 해도 기본을 할 수 있는 능력으로 100점 만점의 70점은 얻을 수 있는 일하는 방법을 만들어야 한다.

멤버의 업무를 「P-PDCA」 사이클로 관리하라.

조직 내 리더의 가장 중요한 임무중 하나는 멤버를 통해서 팀 성과를 내는 것이다. 결국 멤버들의 아이디어를 받아드려 가치 있는 성과로 연결하는 것이다. 그 시작점에서 효율적 일의 사이클로 성과를 이끌어 낼 필요가 있다.
효율적인 업무수행 방법으로 「PDS(계획/실행/평가)」를 일반적으로 말한다. 좀 더 엄밀하게 구분하면 리더의 입장에서는 PDS 사이클보다는 PDCA (계획/실행/점검/조정) 사이클로 실시하는 게 옳을 것이다. 즉 S(평가)를 C(점검)와 A(조정)로 구분하여 볼 수 있다.
효율적으로 일하는 방법인 PDCA 사이클은 경영학자 피터 드러커(Peter Diucker)가 제창한 내용이다. 다만 일의 의미를 이해하고 창의적 아이디어를 성과로 연결하기 위해서 여기서는 새롭게 제시하는 「P-PDCA 사이클」로 제시한다. 즉 PDCA 사이클에 그 일의 목적(Purpose)을 추가하였다. 그 배경에는 일의 목적에 따라 PDCA 사이클의 실행 방법이 달라지기 때문이다.

일의 목적(Purpose), 계획의 구체화(Planning), 실행(Doing), 점검(Checking), 조정(Adjusting)을 의미한다. 리더는 멤버의 업무를 사전에 그 일의 목적과 배경을 설명하고 일에 앞서 반드시 그 일의 목적을 이해하도록 해야 한다. 일의 목적은 그 일을 하는 이유이자 배경이며 방향이다. 또 리더의 생각과 의도를 반영하여 멤버들에게 전달하는 것이다.

리더는 일의 목적에 의거한 실행계획을 세우고 멤버가 실행을 한 후에 그 결과와 과정을 점검하여 실행상의 장애나 문제를 찾아서 조정하여 개선할 부분은 수정하는 과정을 말한다. 이 업무수행 사이클은 어떤 업종이나 직종을 불문하고 업무를 수행하는 비즈니스 상의 기본적인 사이클이라고 할 수 있다.

PDS 사이클과 PDCA 사이클과의 차이점

PDS	P(plan: 계획) → D(do: 실행) → S(see: 돌아보기)
PDCA	P(plan: 계획) → D(do: 실행) → C(check: 점검) A(Adjusting: 조정)

예를 들어 리더에게 멤버가 5명이 있다면, 5가지 형태의 일에서의 P-PDCA 사이클을 존재하게 된다. 이 5가지 P-PDCA 사이클을 각 각 멤버에게 적용하여 일을 하도록 해야 한다. 이것을 게을리 하게 되면, 멤버의 일이 정체된다거나 성과가 나타나지 않을 가능성이 높아지게 된다.

멤버의 일에 대한 의욕과 능력에 따라 차이가 있으나 무조건 일을 맡기거나 위임하는 것은 위험하다. 멤버의 능력이나 일의 난이도와 실행 상의 장애 정도에 따라 다르지만 성과는 물론 실패 할 확률도 높아진다. 그러나 대부분 실패의 원인은 멤버에게 있지 않고 리더의 업무방법이나 운용과정에 있는 경우가 많다. 리더가 멤버의 업무수행방법인 P-PDCA 사이클을 확실하게 관리하지 않았기 때문이다

최근 업무환경과 시장 변화와 함께 고객의 요구도 보다 복잡화 되었고, 글로벌 시장환경도 경쟁이 심화되는 등 빠르게 가속화가 진행되고 있다. "그것은 이런 방식으로 해야 돼", "그것은 경험 상 이렇게 해야 돼"라는 과거의 경험에 의거한 필승방법이나 원칙은 이제 어디에도 존재하지 않는다. 이미 과거 경험의 일부일 뿐이다. 성과를 내기 위해서는 새로운 방법을 끊임없이 개발하고 P-PDCA 사이클을 활용하여 업무를 개선해 나갈 수 밖에 없다. 그 중에서 리더는 자신만의 효율적인 방법을 찾아서 성과를 내는 것이다. 단지 P-PDCA 사이클로만 성과를 내는 것이 아니라 이를 통하여 지속적으로 개선시켜야 한다.

그럼으로써 업무를 통한 일의 성과는 물론 멤버의 능력향상과 멤버의 육성으로 연결되게 된다. 리더의 명품비책은 P-PDCA 사이클을 어떻게 활용하고 적용하는가에 달려있다고 해도 과언이 아니다. 성과를 내기 위해서는 올바르고 기본적인 일의 수행방식을 익힐 필요가 있다.

P-PDCA 사이클

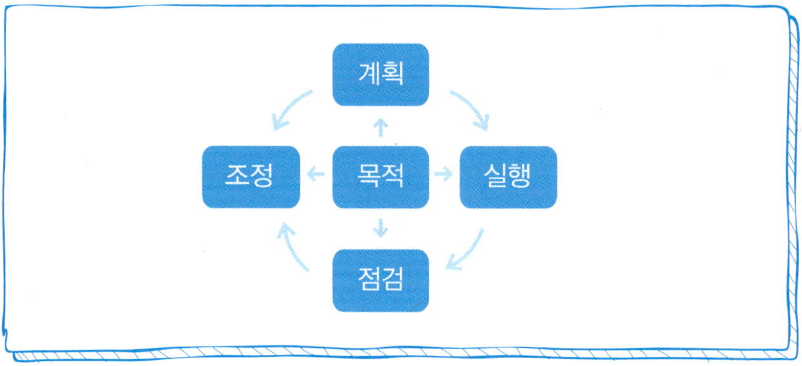

멤버육성 역시도 P-PDCA 사이클로 실행해라.

멤버는 교육과 식무연수나 자기개발을 통해서만 성장하는 것이 아니라 일을 통해서 지속적으로 성장한다는 것을 잊지 마라. 리더인 여러분도 자신 스스로 돌아보라 그리고 무엇이 자신을 성장하게 했는지를 생각해 보라.

업무를 수행할 때 그 목적을 생각하지 않고 대충 한다면 성과는 물론 멤버도 성장할 수 없다. 리더가 멤버의 일에서 P-PDCA 사이클을 통하여 지속적으로 순환시켜 간다면 멤버는 그 과정 속에서 자연스럽게 성과를 내고 성장할 수 있게 된다. 결국 일의 수행 사이클(P-PDCA)이 성과를 창출하는 동시에 멤버의 육성을 같이 수행하게 되는 일석이조의 방법인 셈이다. 사람관리이자 성과관리를 동시에 하게 된다는 장점이 있다.

실제 교육현장에서 보면 그렇지 못한 게 현실이다. 리더가 멤버의 일을 제대로 관리하지 못하고 있고 때로는 빠른 결과를 위해 리더가 멤버를 대신하여 일하고 있다. 물론 리더가 하는 것이 멤버에 비해서 성과도 나고 처리 속도가 빠르다는 이유도 분명히 있을 수 있다. 그러나 긴 안목으로 보면 언제까지나 그렇게 할 수는 없을 것이다. 리더나 일부 능력 있는 멤버로만 실적을 올리는 건 한계가 있고, 팀 성과는 반드시 전체멤버들을 통해서 업무성과를 올려야 한다.

리더는 멤버들의 일을 관리하여 성과를 내는 것이 직무의 본질이다. 리더는 가능하면 일의 목적과 그 의미를 전달하고, 일의 목표와 전체 방향을 기획 및 전달하여 멤버에게 실행을 맡기는 것이다. 그 이후 실행 결과를 멤버와 함께 점검하고 개선방향을 협의하는 것이다.

예를 들어 영업 부서라면 멤버의 실행 상의 주요업무는 고객방문의 상담이나 제품설명이다. R&D부서라면 개발구상이나 시제품 출시까지를 멤버에게 맡기는 것이다.

리더는 실행(Doing)의 전 단계인 계획(Planning)과 점검(Checking), 조정(Adjusting)에 대한 지원에 집중하는 것이다. 반드시 훌륭한 리더가 되려면, 참고 기다리면서 이 업무사이클을 실시하고 활용해 보길 기대한다.

리더의 업무수행 사이클(P-PDCA)

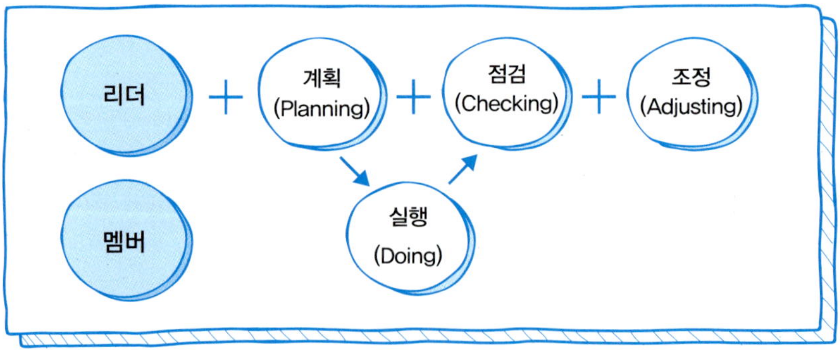

P-PDCA 사이클로 일상적 문제도 해결하라.

영업기획 팀장 시절의 경험이다. 멤버에게 사전 기획서를 작성 제출하길 지시를 하면 제출시기를 맞추지 못하거나, 작성된 내용이 부실해서 재 작성을 요구는 경우가 많았다. 대부분 지시한 날보다 늦어지는 것이 다반사요, 미팅시작 바로 직전 아침에 기획내용을 간단한 도표나 말로 대신하여 설명하기도 한다. 그러다 보니 아침부터 멤버를 꾸짖거나, 지적하여 설교하는 경우가 많았다. 개인적으로 멤버들에게 실망하고 그래서 서로가 감정적으로 비틀리게 된다.

그러나 돌이켜 생각해보면 혹 "이건 멤버의 문제가 아닌 리더인 내 자신에게 문제가 있었던 게 아닌가?"하는 의문이 들었다. 시간이 지난 후 원인은 멤버에게 있는 것이 아니라 멤버를 관리하는 리더 자신에게 있다는 확신을 갖게 되있다.

그렇다면 이런 문제를 해결하기 위해서 리더는 어떻게 하는 것이 좋을까? 영업기획서 제출이 늦은 원인이 리더의 관리적 소홀로 인정하고서 바로 기획서 제출방법을 새롭게 바꿨다. 일단 최초의 기획서는 자료수집 및 분석단계만을 PDCA 사이클로 실시하는 것이다.

그 후에는 개략적인 구상(Ruff) 시안을 PDCA 사이클로 실시한다. 마지막에는 완성형태의 기획서를 PDCA 사이클로 실시하였다. 이 같이 기획서 작성에서의 계획단계를 하나의 단계가 아닌 각 주요과정으로 분할하여 주요테마 별로 복수의 PDCA 사이클을 실시한 것이다.

이 방법을 통하여 멤버와의 갈등이나 문제가 감소하였고 부실한 내용도 수정하고 보완되어 충실한 완성형 기획서로 발전되어 갔다. 물론 시간이 걸리고 번거롭고 성가신 일이긴 해도 보람 있는 일이 되었다. 물론 일의 성격이나 멤버의 상황인 능력의 정도나 의욕에 따라 다르지만 리더는 한번의

PDCA 사이클로 해결할 것이 아니라 계획구체화에서의 사안별로 중요도나 난이도에 따라 복수의 업무사이클을 활용하여 수행하는 방법도 있음을 알아야 한다.

이 방식이 업무를 보다 세밀하게 나누어 P-PDCA 사이클을 돌리는 것이다. 이를 「데스크 브레이크(Task break) P-PDCA」라고 한다. 이 사이클을 돌릴 때에는 사전에 확실히 일을 소 주제로 나누어서 분석하여 진행할 필요가 있다. 중요하고 세심한 업무일수록 이런 방식이 필요해진다. 다만 리더는 멤버에 대해 적극적으로 협력하려는 자세와 세심한 지원이 반드시 필요하다는 것을 명심할 필요가 있다. 이 방법이 업무성과와 육성의 질적 레벨을 향상시킬 수 있게 된다.

복수의 PDCA 실시 방법 =「데스크 브레이크(Task break) P-PDCA」

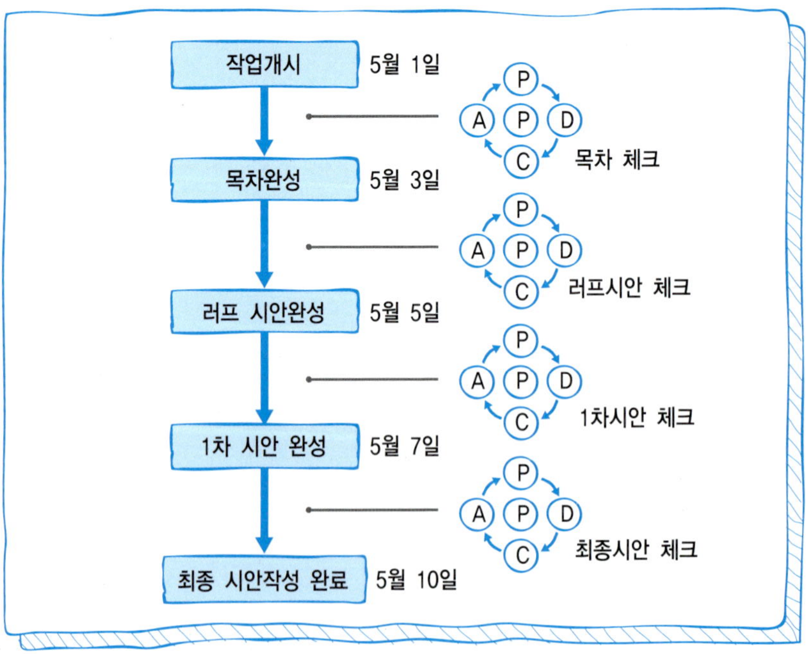

데스크 브레이크의 예

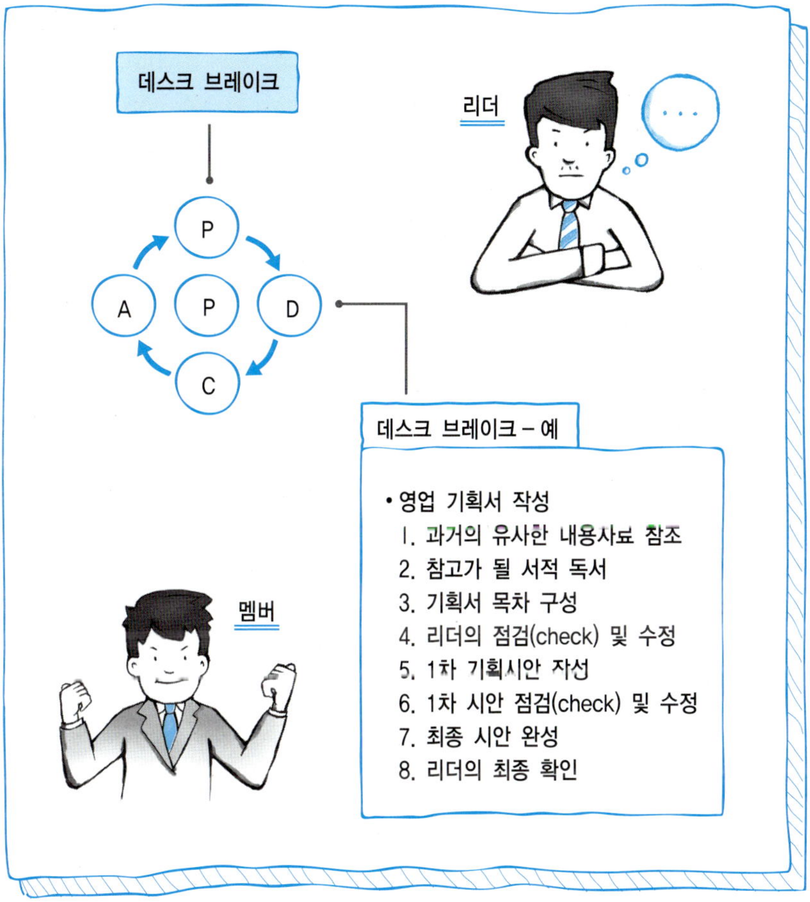
데스크 브레이크
P
A
P
D
C
리더
...
멤버
데스크 브레이크 – 예
• 영업 기획서 작성
1. 과거의 유사한 내용사료 참조
2. 참고가 될 서적 독서
3. 기획서 목차 구성
4. 리더의 점검(check) 및 수정
5. 1차 기획시안 자선
6. 1차 시안 점검(check) 및 수정
7. 최종 시안 완성
8. 리더의 최종 확인

나머지 30%는 자기성장을 위해 여백(White Space)으로 남겨라.

업무 수행 사이클로 리더가 일을 관리하더라도 멤버의 성과가 100%를 달성할 수는 없다. 일에는 멤버 개 개인의 능력과 환경에 영향을 받는 변수가 있기 때문이다.

예를 들어 패스트 푸드(Fast food) 레스토랑에서도 종업원이 접객 매뉴얼대로 행동하면 70점 정도가 한계이다. 남은 30점은 역시 상황에 따른 개인의 대처능력일 수 밖에 없다. 그래서 남은 30점은 개발 여지로 남겨 둘 수 밖에 없다. 다만 멤버 스스로 부족한 부분을 채워가는 습관을 가지게 하여야 한다. 그런 과정을 통해서 멤버가 스스로 돌아보는 학습을 통해서 자기성장과 창의적 업무개선 능력이 향상된다.

결국 리더는 멤버의 개인적인 능력에 의존하여 팀을 운영하기 보다는 팀 전체에서 멤버 각 각이 성장해 가는 업무수행 시스템을 제대로 이해해야 한다. 수행과정에서 멤버 각 각의 창의적 개인역량을 펼칠 수 있는 여백(White space)을 만들어 자기계발을 위한 역량을 키우는 노력을 하도록 유도해야 한다. 그럼으로써 멤버는 기본적인 지식과 스킬을 바탕으로 창의적 사고와 적극적인 행동이 연결 될 수 있다. 이것이 멤버의 성장과 팀 성과를 높이는 2가지 효과로 팀은 성장하게 된다.

2 일은 목적(Purpose)에서 시작된다.

수단의 목적화가 계획을 망친다.

일을 할 때 계획을 수립하는 이유는 무엇 때문인가?
계획의 의미는 일의 목적을 통하여 목표를 달성하기 위한 사전에 실행과정을 예측하여 결정하는 것이다. 즉 장래에 성과를 내기 위해서 「무엇을 위해, 무엇을, 언제, 누가, 어떻게 하는가」를 사전에 결정하는 것이다.
목적은 왜 이 일을 하는가?이고, 목표는 실현하고 싶은 상태나 모습을 구체화 한 것이다. 일반적으로 조직 내에서 목표는 매출목표, 이익 목표와 같이 수치로 표시 가능한 정량적인 목표가 있으며, 수치로 표시하기 어려운 정성적 목표가 있다. 또한 급여 및 인사, 평가제도의 정비나 업무 매뉴얼 작성, 교육시스템의 정비 및 구축 등 직무와 관련된 다양한 형태가 존재한다. 그러나 반드시 잊지 말아야 할 중요한 포인트는 어떤 목표이든 지향하는 목적을 향하여 가기 위하여 달성해야 할 것이다.
그러나 목적과 달성도구로써 방법인 수단과의 관계에서 보면, 목적이 수단이 되는 경우가 많다. 예를 들어 관리부서의 주요업무인 「급여, 평가제도의 개선」을 생각해 보자. 사실 급여, 평가제도에는 정답은 없다. 기업의 업종에 따라 또는 기업의 상황에 따라 달라 질 수 있다는 것이다. 시대의 변화에 따라서 기존의 연봉 서열제도의 모순과 새로운 제도의 도입은 피할 수 없는 과제이다. 그러나 능력과 성과 중심의 제도 도입에서 부문 별 직무, 평가기준, 피 평가자의 능력과 역량 등 어떤 항목에서 문제가 발생된다면 즉시 대응이 가능하여야 한다.

여기에서 가장 중요한 것은 "무엇을 위하여 변경하는가?"하는 그 목적에 있다. 본래 목적은「기업의 비전을 위해 도입해야 할 목표로써 급여, 평가제도를 실시한다」라는 것이다. 그러나 진행과정에서 그 목적과 달리 급여, 평가제도의 개선이 그 목적으로 바뀌는 경우가 대부분이다. 이것이 바로 조직에서 말하는 수단의 목적화이다.

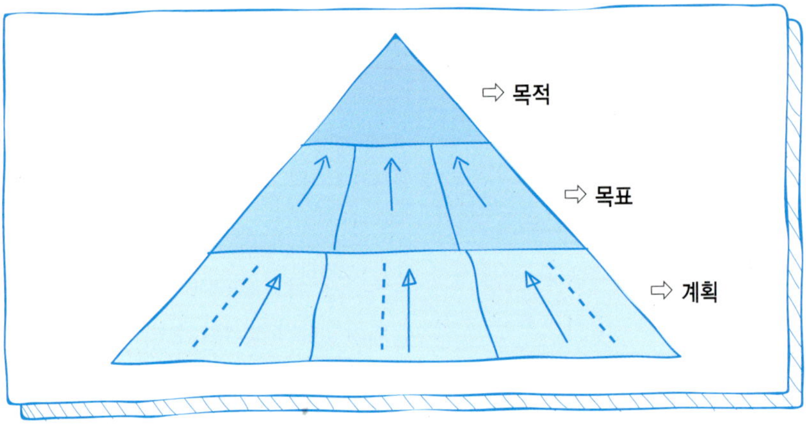

목적, 목표, 계획의 의미

어떤 일에서든 그 목적을 잊어서는 안 된다.

누구나 일할 때나 해야 할 일에 대하여 명확한 목적을 따르고 있는가를 생각해 보아야 한다. 어떤 성과를 얻기 위해 이 일을 하는가? 라는 목적이 없거나, 목적은 있어도 실현하기 위한 구체적인 수단이 없는 일은 멤버에게는 어려운 과제가 된다. 그래서 해야 할 일을 일단 생각해서 구체적으로 일정(Schedule)화 해놓는 것으로 일을 했다고 생각하는 리더나 멤버가 상당히 존재한다. 물론 일상적인 느슨(Loose)한 업무나 이제까지 했던 반복적인 일이라면 그렇게 해도 무방할 것이다.

교육현장에서도 일의 목적보다는 현재상황을 우선시 하는 리더를 볼 수 있다. 대부분 이렇게 하는 것이 좋겠다고 생각되는 방법의 포인트를 나열한다. 그리고 나머지 결과는 해보면서 수정하자 혹은 해봐야 알 수 있다라고 생각한다. 그래서는 성과가 나지 않으며, 처음 기대와 달라지면 시장환경 탓으로 돌리거나 부족한 자원을 탓하는 리더가 많다.

또 막연한 장밋빛 목표를 띄웠지만 막상 닥쳐보면 당초의 패기가 무색할 정도로 성과가 나지 않아 낙담하게 되는 일도 적지 않다.

어떤 성과를 얻기 위해 이것을 실행하는가라는 목적이 없는 계획이나, 목적은 있어도 실현하기 위한 전략과 구체적인 수단이 부족한 계획은 진정한 계획이 될 수 없다.

그래서 일을 할 때 가장 먼저 일의 목적을 명확히 해야 한다. 현재의 상황을 확실하게 파악해 분석하는 것과 장래를 예측하는 것이 필수적이다. 그래야 일의 성과와 목적 실현에 이르기까지의 모순 없이 완성되는 것이다. 특히 사회적, 경제적, 기술적으로 변동이 심한 현재에는 과거 행동의 단순한 반복이나 즉흥적인 생각과 경험만으로 일을 하다가는 실패의 위험성을 극도로 높게 된다.

그렇다면 "어떤 성과를 얻기 위해 일을 해야 하는가?"라는 목적이 없는 계획이 된다면 일은 어떻게 될까?

예를 들어 일상적인 비즈니스 활동에서 업무일지가 전형적인 사례이다. 업무일지의 작성목적은 리더가 멤버의 하루동안 업무행동을 확인하고 조언하기 위한 것이거나 팀 멤버간의 상호 업무 확인이나 성공, 실패사례를 공유하기 위하여 작성하는 것이 목적이다. 실제로는 업무일지를 쓰는 것 자체가 목적으로 바뀌는 경우가 상당히 많다. 즉 수단의 목적화는 일어나기 쉬운 일이다. 그래서 우리는 무엇이 목적이고, 목표인가를 명확히 하고 그 바탕에서 계획의 구체화가 필요하다는 것을 잊지 말아야 한다.

수단의 목적화의 예

예) 업무 일지

• 처음
(목적) : 1. 상사와의 커뮤니케이션
2. 자기 업무 관리
3. 동료와의 정보공유

↓

• 수 개월 후
(목적) : 업무일지를 쓰는 일
(결과) : 바빠서 쓰지 못하거나 적당히 기록

↓

별 의미없는 일이니 그만두자

일은 목적에 의해서 기준과 관련범위가 정해진다.

일의 목적이 향후 실행 상의 기준이 된다. 멤버에게 왜 계획대로 안 됐는가? 라고 하는 것은 목표달성은 물론이고 일의 완성도를 평가하는 기준이 되기 때문이다. 또 멤버는 요구받는 일의 내용이나 실행방식, 달성 기준이 되며 동시에 일의 근거가 된다. 즉 목적은 그 일의 장래의 진행과정을 결정한다. 동시에 일하는 방식과 성과평가의 기준이 된다.

조직은 둘 이상의 사람의 협동에 의해 운영되는 것이다. 따라서 함께 일하는 멤버나 타 부서의 협력을 얻을 때 비로소 효과적으로 기능하게 된다. "전 못 하겠는데요", "지금은 도저히 그럴 여유가 없어"라는 식으로 협력이 수반되지 못하면 일은 의미가 없어진다. 또 조직에서는 당연히 수많은 일들이 동시에 진행되기 때문에 또 다른 일과도 원활하게 연계가 되어있어야 한다. 극단적인 사례이지만 영업부서에서 실적향상을 위해서 발표하려고 하는 신제품을 개발 부서에서 계획보다 6개월 이상 걸린다고 한다면 영업부서로서는 대외적으로 곤란한 경우가 생기게 된다. 일하는 방식은 조직에서 일하는 사람과 조직 내 여러 관련부서와 연계되고 영향을 미치게 된다. 그래서 일하는 방법은 그 목적에 기반이 되어야만 한다.

일의 목적에 따라서 향후 다양한 영향을 미친다는 의미에서의 주변과의 관련성이 중요하다. 이 점들을 충분히 고려하지 않으면 일의 결과가 플러스 효과가 아닌 마이너스로 영향을 미치게 된다.

3 리더업무의 80%는 계획의 구체화(Planning)이다.

리더에게 계획은 계획의 구체화인 기획(Planning)이어야 한다.

계획에는 일상적인 계획(Plan)을 보다 구체화하는 기획(Planning)의 의미를 담고 있다. 리더에게 계획(Plan)은 장래의 의사결정을 하기 위한 사전 기초를 만드는 일이다. 리더가 일에 대해서 향후 취해야 할 전체 계획(Master plan)을 세우고 행동방향(Road map)을 현재상황에서 사전 결정하는 것이다. 구체적으로 무엇을 위해, 무엇을, 언제, 누가, 어떻게 하는가를 사전에 결정하는 것이다. 달성목표(Goal)를 명확히 하고 구체화하여 실행상의 기준을 준비하는 것이다.

일의 목적을 명확히 이해하는 것과 현재 상황을 확실하게 파악하여 장래를 예측하는 것이 중요하다. 리더가 이 점들을 충분히 고려함으로써 비로소 목표달성에 이르기까지 모순 없는 상태가 된다.

리더의 업무에서 가장 중요한 업무는 팀의 전체업무를 계획하는 것이다. 이런 계획 하에서 팀목표 설정이나 멤버의 업무를 배분하고 조율하게 된다. 그래서 계획은 일의 출발점이며 리더의 업무 중에서도 가장 기본이 된다. 업무수행(P-PDCA) 사이클의 성과나 그 성공과 실패의 성패는 계획에 달려 있다고 해도 무방하다.

실행과정은 계획의 구체화로 일의 현황분석과 예측에의 가설 설정이 필요하고 예상되는 시나리오에 따라 실행계획이 행해지기 때문이다. 계획설정이 잘못되면 성과나 질적 수준이 낮아지는 것은 당연하게 된다. 계획의 수준을 어느 정도까지 높이는가에 따라서 일의 성과나 질적 레벨이 결정된다. 더불어 업무수행(P-PDCA) 사이클의 효과도 나타나게 된다.
그러나 실제로 그 중요성을 인식하는 리더는 의외로 적은 것도 현실이다. 많은 리더가 일의 성격이나 중요도를 따지지도 않고 적당히 준비하고 먼저 실행 해보자 라는 사고가 만연되고 있는 까닭이다.
좀 더 깊이 들여다 보면 어떻게 큰 그림에서 계획을 수립하고, 실행과정에서의 장애나 문제를 예측하여 해결할 것인가에 대한 가설을 수립하는 능력이 부족한 리더도 있기 때문이다. 그래서 계획의 중요성과 더불어 업무수행(P-PDCA) 사이클의 운용에 대해서 리더는 많은 준비시간이 필요하게 된다. 그런 의미에서 계획의 구체화에 대한 중요성을 인식하고 업무수행 사이클을 제대로 활용한다면 다른 경쟁상대보다 분명히 팀의 성과가 올라갈 것이다. 업무에 있어 계획을 철저히 준비하는 것이 업무성과와 질적 향상이 동반된다는 사실을 잊지 말자.

계획을 구체화하는 이유는 결과를 사전예측을 하기 위함이다.

계획이 담고 있는 내용에 따라 종류는 다양하다. 어떤 일이든 실행하기 전에 계획을 세운다. 일상적이고 반복적인 업무는 자연스럽게 처리하지만 어렵고 새로운 일에는 머리 속에서 복잡하고 보다 세밀하게 어떻게 할까? 라는 계획을 수립하게 된다. 일의 계획에는 시간을 기준으로 중기적, 장기적인 계획과 단기적인 계획이 있다. 수립목적에 따라서는 손익 계획과 개발 계획 등이 있지만 그 어느 것도 목적차이에 따라서 계획의 범위와 시간의 길이에 따라 적용할 내용과 대상을 결정하게 된다.
다만 일단 해야 할 일을 나열하고 그것을 일정에 따라 일정화(Scheduling) 하는 것을 계획으로 보는 리더도 있다. "일단 이렇게 하는 것이 좋겠다"라든지, “하면서 나머지는 해보자”라는 식으로 흐르는 대로만 맡겨 놓았다가, 기대와 다르면 성과에 대한 변명을 생각해야 하는 식의 상황은 누구나 떠올릴 수 있는 광경이다. 막상 장밋빛 목표를 세웠지만 실제 막상 닥쳐보면 처음과는 전혀 다른 결과로 낙담하게 되게 된다.

분명한 것은 「어떤 성과를 얻기 위해 이것을 실행하는가?」라는 구체화된 계획 없이 실행하는 것은 그 만큼의 위험이 따르게 된다. 계획의 구체화를 세우는 데에는 일이 갖고 있는 특성도 영향을 미치지만 대부분 이제와는 다른 경험이 없는 새로운 일이거나 현재의 역량이나 능력으로는 목표달성을 예측하기 어려운 일들이다. 계획의 구체화를 하는 이유는 기대 이상의 성과를 이루기 위한 예측을 하기위함이며 목표 달성을 위한 장애는 무엇이고, 헤쳐나갈 방안이나 전략은 무엇인지를 사전에 결정하는 것이다. 그래서 보다 구체화인 계획에는 기획(Planning)에서 요구되는 세밀한 전략방안과 전술이 필요하게 된다.

성과가 안 나는 이유는 계획을 제대로 만들지 못했기 때문이다.

업무 수행방법(P-PDCA)이 실천되지 않는 이유나 그 원인이 여러 가지가 있는 것처럼 구체화된 계획의 실천도 마찬가지이다. 리더라면 어느정도 실행방법을 알고 있으며 중요성에 대해서도 공감하고 있다. 일하는데 있어서 그 정도는 당연히 알고 있으며 대부분 그렇게 하고 있다거나 그렇게 하면 일정부분 성과가 난다라고 말한다. 그러나 현장에서는 잘 되지 않고 있다라든가, 열심히 하는데 성과는 잘 나지 않는다라고 하는 이유는 무엇일까? 그렇다면 실제 어떤 일이 벌어지고 있는 걸까?

10여 년 교육 강사로서 현장에서 일어나고 있는 이야기를 들어보면 가장 많이 하는 이야기는 "대부분 생각만큼 계획수립이 잘 되지 않고 있다"라든지 "새로운 계획이라도 이전 계획을 참조하여 비슷하게 만들고 있다"라는 것이다.

예를 들어 영업부서 업무라면 최근의 저성장 경제상황에서 경기침체와 소비가 감소되는 것은 분명한 사실이다 그래서 초기 계획은 어려운 경제환경에서 높은 성장을 지향한다는 것은 무리라고 생각해서 전 년도와 비슷한 수치목표를 계획에 반영하게 된다라고 한다. 특별한 경우가 아니라면 대부분의 조직에서는 이 같은 전제하에서 계획을 수립하게 되는 게 현실이다. 이런 계획수립이 반드시 잘못된 것은 아니지만 반드시 달성해야 된다는 근본적 목적이나 실행의지가 빠진 목표로는 전략적인 레벨로 연결되지 않을 게 뻔한 계획이 되는 것이다.

그렇다면 단순한 계획, 계획과 비슷한 것과 계획의 구체화인 기획(Planning)과는 어디가 다른 것인가?

「P-PDCA 사이클에 있어서의 계획」은 목표를 달성하기 위하여 무엇을,

누가, 언제까지, 어떻게 실행할 것인가가 명확히 해야 한다. 반면「계획 같은 것」은 무엇을, 언제까지는 있지만, 누가, 어떻게 실행할 것인가가 명확하게 되어 있지 않은 것이 일반적이다.

구체적인 영업부서의 계획이라면 년간 목표를 월별, 분기별, 상품분류별, 유통 채널별, 담당자 별로 배분해야 한다. 그리고 년간 이벤트나 판촉 진행에 따른 매출예상금액 등을 기입하는 과정에서 실행과정에서 나타날 장애 요인을 예측해야 한다. 이런 장애나 문제를 해결하기 위한 구체적인 전술 방안도 마련되어야 한다. 이것이 바로 계획다운 계획을 완성시키는 순서이다. 이런 구체화된 실행방안이 수반된 계획이라야 진정한 업무수행(P-PDCA) 방법의 시작이라고 할 수 있고 단순한 계획이 아닌 계획의 구체화로써 기획(Planning)이다.

이런 현상이 영업부문에 국한된 것은 분명히 아니다. 조직 내 마케팅, 상품기획, 생산, 인사, 총무, 경리, 정보처리 및 시스템관리부문 등 모든 관련 조직에 해당되는 현상이다. 그렇다면 이제 계획다운 계획, 계획의 구체화가 리더로서 성과를 내기 위한 일의 시작점임을 반드시 이해할 필요가 있다.

계획의 완성은 사전준비의 철저함과 시나리오 점검미팅이다.

실행에 앞서 계획을 세울 때에는 보다 철저한 시간과 사전준비가 필요하다. 예를 들어 영업 팀의 리더라면 멤버와 주 1회 멤버와 미팅을 한다고 해 보자. 성공적인 업무수행(P-PDCA) 사이클에서 계획의 점검미팅이 차지하는 비중은 50%라고 말할 수 있다. 왜냐하면 성과창출뿐만 아니라 실행과정에서 멤버 스스로가 학습 가능한 육성적 측면도 있기 때문이다.

앞에서의 영업 팀의 사례에서는 계획시나리오가 일정 부분 리더의 지시에 의해 성립되었다라는 전제였다. 그러나 이런 방식으로는 사실 멤버의 성장이 이루어지기 어렵다. 성과달성의 목적은 이루어 졌지만 멤버의 육성이라는 측면에서는 만족스럽지 못하기에 50%의 성과라고 말할 수 있다.

그렇다면 어떤 방식이 바람직한 것인가?

업무에 앞서서 사전에 멤버에게 스스로 자기 나름의 사전 계획을 세워 오라고 지시하여야 한다. 사전준비 시간은 업무의 성격에 따라 다르지만 적어도 계획 점검미팅 시간 이상으로 할애하는 것이 바람직하다. 즉 1시간 미팅이라면 적어도 1시간 이상의 준비시간을 주어야 한다. 만일 준비내용이 부족하다면 재 작성하는 수고를 들여서라도 다시 시킬 필요가 있다.

그렇게 해야만이 올 바른 계획의 시나리오 점검미팅이 이루어진다. 이것이 업무수행 사이클에서 가장 중요한 진정한 계획 설정이며 성공과 실패가 계획의 사전준비에 달려 있음을 리더는 물론 멤버가 알 수 있게 되는 것이다.

계획에도 옵션(Option)을 만들고, 멤버와 공유해라.

일을 진행하여 성과를 내기 위해서는 우선 계획을 구체화(Planning)하고 이것을 바탕으로 실행(Doing)하게 된다. 사전에 철저한 계획을 세우지 않은 채 생각나는 대로 실행에 옮기면 일의 순서가 뒤죽박죽 된다. 또 우선순위를 잘못 정하는 경우가 생긴다. 이런 비효율적인 움직임으로 인해 결국 납기를 지키지 못하고 품질 확보도 하지 못하는 결과를 낳는다.

그러나 최근 환경변화가 급격한 시대에 "계획을 세우고 그대로 실행하는 것이 맞는가?", "실행과정에서 변화하는 상황에 적절히 대응하는 것이 효율적이지 않는가?", 혹은 "달성하기 어려운 경우가 많아서 계획을 세워도 의미가 없는 게 아닌가"라는 질문을 교육 현장에서 많이 받는다.

그렇다면 이제 P-PDCA는 필요가 없어진 걸까?

결론부터 말하자면 급격한 환경변화 속에서 보다 유연한 대응방법이 필요하게 된다. 이 유연성있고 수준 높은 방법을 「옵션 기획(Option Planning)」라고 한다. 옵션 기획의 핵심은 계획 단계에서 여러 가지 옵션을 설정한다는 것이다. 계획단계에서 그 목적에 큰 영향을 미치는 불확정 요소들을 단순히 이렇게 되겠지라고 막연히 하나로 예측하는 것이 아니다. "이렇게 되겠지"와 "이렇게 되지 않겠지"의 2가지 측면이나 그 이상의 경우의 수로 나누어 계획을 수립한다.

예를 들어 상황 A와 같이 예측되었을 경우를 「계획 A안」으로 하고 상황 B와 같이 되었을 경우를 「계획 B안」으로 미리 정한다. 2가지 방안이나 그 이상의 기획방안을 설정하는 것이 주요 포인트이다. 이렇게 하면 일단 계획 A안으로 진행하다가도 상황변화에 대응하여 유연하고 신속하게 계획 B안으로 변경이 가능하게 된다.

이를 위해서는 리더는 항상 경영 층의 관점에서 시장환경을 인식하고 조직에 따라 중요한 변화를 감지하고 받아들이려는 자세가 중요하다. 리더가 언제, 어떤 방침을 변경할 가능성이 있는지 먼저 파악하여 미리 생각해 두어야 한다. 상황이 어느 정도 바뀌었을 때 계획 A안에서 계획 B안으로, 혹은 계획 C안으로 언제 변경할지를 미리 정하는 것이 중요하다. 이것을 「모니터링 포인트(Monitoring point)」라고 한다.

이 같이 옵션 기획(Option Planning)은 급변하는 시장환경 속의 요구되는 새로운 계획수립방법이다. 팀의 계획수립을 담당하는 리더에게는 보다 고도의 대응능력과 시간이 요구된다.

다만 이런 유연한 계획변경이 필요하지만 멤버가 "리더가 너무 빨리 계획 방침을 바꾼다"라든지, "생각이 일관적이지 않다"라고 느끼지 않도록 변경에 대한 명확한 이유를 설명하고 납득시켜야 한다.

멤버에게 계획변경을 납득시키는 포인트는 두 가지이다. 먼저, 왜? 계획변경을 했는가에 대한 배경, 이유를 확실히 멤버에게 설명해야 한다. 계획변경이나 진행상의 방침을 바뀌어도 리더는 성과를 위한 기본 축(Shift)이 흔들리지 않아야 한다. 그리고 계획을 부하와 공유하고 그것을 바탕으로 업무를 진행해야 한다. 납득 포인트가 멤버와 공감되면 계획이나 방침이 바뀌어도 두려울 것은 아무것도 없다. 그러면 시장상황에 보다 유연하고도 과감한 계획변경이 가능하게 된다.

▣ 참조

일하는 방법 – 코칭 트레이닝(Coaching Training) 기법

- Step 3-1: 계획의 구체화(Planning)의 사전 시나리오 미팅 방법 >>> P. 144

4 실행(Doing)은 멤버에게 일임하라.

바른 실행은 성과창출과 멤버육성의 기반이 된다.

앞에서 설명한 업무수행(P-PDCA) 사이클에는 2가지 중요한 목적이 있다. 그 하나는 단기적으로 성과창출에 의한 목표달성이고, 장기적으로는 멤버의 성장과 육성이다. 이 목적을 분명히 하기 위해서는 계획에 대한 실행(Doing) 과정을 멤버에게 맡기고 권한을 주는 것이다. 그렇다고 해서 갑자기 멤버에게 업무전체를 맡기는 것은 리더나 멤버에게도 위험하고 부담이 된다. 여기에서 중요한 것은 업무수행(P-PDCA) 사이클 중에 실행을 의미한다.

예를 들어 영업부서이라면 고객방문이나 상담을 멤버에게 맡기는 것이다. R & D부서라면 개발공정과 시험테스트를 멤버에게 맡기는 방식을 의미한다. 멤버에게 실행하는 것 이외에 다른 모든 사이클의 과정은 리더가 주도적으로 해야 하며 멤버의 성장스피드는 빨라지게 된다. 다만 문제는 실행과정에서 발생하는 업무 리스크(Risk) 역시 분명히 높아 질 수도 있다는 것이다. 반면에 영업부문의 신입멤버에게 중요고객이나 업무를 맡기는 것은 사실 어떤 리더라도 불안한 일이다. 이 친구에게 맡겨도 될까? 라는 불안한 마음에서 아마 여러분은 이렇게 안절부절할 것이다. 그래서 멤버와 함께 영업동행을 하면서 멤버의 입장이나 의견을 고려치 않고 리더 혼자서 독단으로 처리해 버리는 장면이 생기게 된다.

그렇게 하면 멤버는 영원히 성장하지 못한다. 반면에 사전 계획에서 고객대응 가설을 만들고 그에 의거한 시나리오를 작성하고, 충분한 연습으로 질문과 대응방안을 마련해 보는 것이 좋다. 이것을 실행에서의 「시나리오 실행 면담」이라고 한다.

만일 중요한 사안이고 시간이 허락한다면 실제상황과 같은 롤 플레이(Role play)를 하는 것이 가장 바람직하고 좋은 방법이다. 그 후에 현장에 보내는 것이다. 물론 리더로서 불안하고 때로는 멤버의 실수로 실패할 수도 있다. 그러나 이런 경험을 바탕으로 멤버는 스스로 성장하게 된다. 그런 이유로 리더는 진심으로 현실성 있는 계획수립을 하는 기회가 된다. 그렇게 되면 실행은 멤버들에게 맡기고 리더는 계획과 점검, 개선에 집중하게 된다. 그 만큼의 여유시간이 확보되어 업무에서 자유로워질 수 있게 된다. 그러면 리더는 지금보다 높은 상위업무를 할 시간확보와 함께 자기계발의 여유를 갖게 될 것이다.

실행(Doing)의 이점

1	멤버에게 실행을 맡기고, 시나리오 실행 면담을 한다.
2	멤버에게 책임감과 실행 권한을 부여한다.
3	멤버의 창의성과 능력향상을 이끌어 내는 계기가 된다.

일의 성격에 따라 멤버의 세 가지 조건을 고려해라.

리더는 단순히 일을 멤버에게 맡기는 것만이 아닌 일과 멤버의 조건을 고려해야 한다. 해야 할 일의 종류와 범위를 정하고, 멤버의 조건으로 능력과 의욕 정도를 고려해서 각각의 일을 담당할 멤버를 정해야 한다. 이 때 성과를 가장 잘 낼 수 있고 적극적으로 행동하려는 의욕이 있는 멤버를 정하는 것도 중요하다. 일의 성과를 위해서 세 가지 조건을 반드시 고려해야 한다.
우선, 일의 조건으로 종류 · 성격 · 내용 · 기준 등이 있다. 또 일에 따라 요구되는 지식과 스킬 이외도 숙련도 · 작업량 · 기타 자격 요건들에 대해서도 파악해야 한다. 그 외에 일의 중요성 · 긴급성 · 장래성 등의 우선순위도 중요한 고려 사항이 된다.
두 번째는 멤버의 조건에는 일반적으로 멤버가 가지고 있는 일에 대한 지식이나 스킬이나 경험의 유무 정도와 현재의 연령 · 성격 · 태도 · 건강 등이 고려되어야 한다. 가장 중요한 것은 역시 멤버의 관심 정도나 의욕 · 자신감 · 기대 · 희망 · 불안 등도 고려해야만 한다.
또한 멤버에게 일을 맡길 때 기대성과를 달성하기 위해서는 멤버의 능력이 발휘되고, 의욕을 높이기 위해서는 주의할 점이 멤버의 능력을 약간 뛰어넘는 일을 주어야 도전의식이 생기게 된다. 그래야만 일에 도전하고 달성하는 과정에서 충족감이나 능력 향상의 기회가 된다. 바로 리더의 일과 멤버와의 매칭(Matching)을 보는 리더의 시각이 중요한 이유이다. 이같이 합리적인 실행시스템을 만드는 동시에 멤버육성이라는 효과를 내게 된다.

일과 멤버의 조건 – 부하 육성으로 이어지는 일의 분배

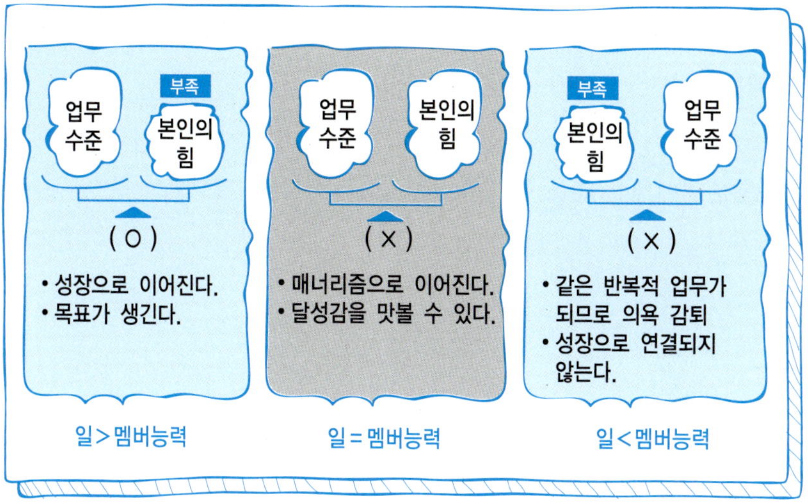

멤버 역량에 따라 권한위임과 일하는 방법을 달리하여 관리하라.

사실 멤버에게 실행과정을 맡기는 것은 제3자 입장이라면 몰라도 결과에 책임을 지는 리더로서는 쉬운 결정이 아니다. 때로는 중요한 상담이나 금액이 큰 계약과 관련되었다면 더욱 그렇다. 멤버의 상황에 따라 다르지만 업무능력이 일을 처리하기엔 모자랄 때도 분명히 있다.

예를 들어, 입사한지 6개월 정도인 신입사원에게 이런 일을 맡기면 일반적으로 실패나 장애가 발생될 소지가 많게 된다. 그렇게 되면 멤버는 고객의 불만이나 성과달성에의 실패로 자신감이 상실된다. 그래서 리더는 멤버와 고객 2가지의 측면을 고려하여 일하는 방법을 조절하는 포인트가 필요하다. 먼저 가능한 범위 내에서 멤버에게 실행을 맡기고 그 일에 필요한 실행권한을 주어라. 이때 멤버가 갖는 실행권한의 범위와 의미를 명확히 이해

시켜 줄 필요가 있다. 실행과정에서 예상치 못한 장애가 발생하면 반드시 보고와 협의를 통해서 해결할 수 있다는 안심감을 사전에 불어 넣어 주도록 해야 한다.

그리고 나서 리더는 그 후 과정인 점검과 개선에서 멤버를 지원하는 것이다. 단 멤버에게 실행을 맡기는 것만으로는 멤버는 성장되고 육성되지 않는다. 리더는 그 다음 단계인 점검과 개선과정을 확실히 실시하여만 멤버는 일을 통해서 성장할 수 있게 된다.

5 점검(Checking)은 일의 질과 양의 2가지 측면으로 보라.

일의 성과는 질과 양의 2가지 측면을 보라.

점검(Checking)은 계획에 기반한 실행결과를 비교해서 검토하고 대안을 마련하는 것이다. 즉 실행 상의 목표나 계획에서의 기준과 실제 결과와의 차이를 평가하는 것이다. 그 결과에 대한 평가와 함께 필요 시에는 즉각적으로 수정해야 한다.

사실 일은 계획대로 잘 진행되기 보다는 예상치 못한 문제가 발생되어 계획대로 진행되지 않는 경우가 많게 된다. 그래서 멤버의 업무가 예정한 대로 적정하게 수행될 수 있게 하기 위한 리더의 점검이 필요해진다. 더구나 실행 상의 활동이 목표대로 전개되지 않으면 조직 내 다른 팀에게도 영향을 주는 경우가 있다. 그런 의미에서도 중요한 활동이다.

결국 계획상의 시나리오와 실행결과를 대비해 검토하고 문제나 과제에 대하여 멤버와 함께 해결해 가야 한다. 즉 목표, 계획, 예산 등의 기준과 리더의 기대 수준에 대비하여 성과와의 차이를 측정해, 좋고 나쁨이나 만족도를 평가하고 필요하다면 활동을 수정해야 한다.

그런 이유로 결과는 질과 양의 2가지 측면에서 점검하고 평가해야 한다. 일의 목적에 따른 시나리오 계획을, 그리고 실행과정을 멤버에게 맡겼다면 그 성과에 대해서는 확실한 점검을 해야 한다.

점검의 기본은 성과의 「양」과 「질」이다. 예를 들어 영업 팀이라면 고객에게 몇 번의 전화와 몇 건의 상담을 했는가, 또 어느 정도의 수주를 받았는가 하는 양적인 측점에서 점검할 필요가 있다.

그러나 점검은 양적 측면만이 아닌, 그 내용과 수행과정에서의 멤버의 행동도 점검이 필요하다. 아무리 많은 10건의 상담을 했다고 해도 1건 정도만이 수주되어 성과에 미치는 영향이 적다면 그 역시 문제가 된다. 그래서 리더는 양과 질의 2가지 측면에서 관리할 필요가 있다. 결국 어느 한쪽에 치우치지 않는 균형감각을 갖는 것이 중요하다.

양적 측면은 기준 점검이다.

양적인 관점에서 멤버의 행동을 점검하는 것을 「기준점검」라고 한다. 리더로서 행동관리를 확실히 하기 위해서는 계획단계에서 실행상의 행동기준의 지표를 정해야 한다.

예를 들어 「1주일에 5건의 상담을 한다」라는 계획이라면 이 계획 목표가 어느 정도 달성했는가를 돌아보는 것이 양적인 관점에서의 점검이다.

정해진 목표와 성과와의 차이를 점검하는 것은 예상 결과차이 분석이라고 한다. 이 분석을 통해서 "어느 정도 차이가 났는가?", "차이가 난 원인은 무엇인가?"

그렇다면 발생한 차이를 보완 할 방안을 리더가 멤버와 점검과정에서 나누어야 할 주제가 된다. 여기에서 나온 방안은 개선으로 연결되어 또다른 형태의 일의 계획으로 연결되는 것이다. 양적인 관점에서의 점검은 리더로서 일의 성과와 부하의 육성을 이끌어가는 중요한 업무수행 기술이다.

질적 관리는 과정점검이다.

다른 점검은 질적 관리로써 실행결과를 내는 일의 프로세스를 말하며, 이를 「과정점검」라고 한다.

예를 들어 생산기술부문이라면 수치화하고 정량화하는 것은 가능하게 된다. 생산 리드타임(Lead time)이나 유보물량이라는 수치적 지표를 사용하여 목표와 결과의 차이를 분석할 수 있다.

영업 팀이라면 품질의 수치화는 어려울 수도 있다. 수치화가 아닌 실행 과정상의 행동을 멤버에게 듣고 정성적인 지도가 바람직할 것이다.

즉 "그 때 고객은 무엇을 원했는가?", "그 때 당신을 어떻게 대응했는가?" 등의 질문을 통해서 과정상의 행동을 상기시키면서 멤버를 지도 할 필요가 있다. 점검에서의 과정점검은 단순히 수치화에 의한 성과가 아니다. 리더가 멤버에게 "그렇다면, 어떻게 하는 것이 바람직한가?" 등에 대한 질문을 통하여 그 다음 업무를 위한 방향성을 정하는 것이다.

또 다른 일의 계획단계로 연결시키기 위한 점검과 개선을 의미한다. 가장 중요한 일은 실행결과와 과정에 대해서 멤버가 리뷰를 할 수 있도록 하는 것이다. 그럼으로써 일을 통한 성장이 가능해 진다.

■ 점검(Checking)의 2가지 측면

Check (점검)

- 양-기준점검
  - 예) 영업직
  - • 상담목표 : 주 5건에 대해서 실적
  - • 매출목표 : 월 2억에 대해서 2억 4천, 달성율 125%
  - • 신규방문건수 : 월 3건에 대해서 실적 1건 달성율 33%
- 질-과정점검
  - 예) 영업직
  - • ㅇㅇ기업에 대한 기획제안은 경쟁사와 차별화가 없다.
  - → 우위성 확보를 위한 비교 문서를 작성한 후 재 제안

6 조정(Adjusting)은 개선과 혁신의 시작이다.

멤버의 개별 현상을 팀 전체로 넓혀 활용해라.

계획, 실행, 점검과정에서 명확해진 성과 결과와 실행 과정상에 나타난 리더와 멤버간의 상호협의 내용을 바탕으로 하여 다음 과정인 조정(Adjusting)으로 진행시켜야 한다.

그래야 멤버가 "다음에는 어떻게 하는 것이 바람직한가?"를 스스로 명확히 하게 할 수 있도록 하는 것이 바로 조정의 주요 목적이다. 물론 계획대로 잘 되었다면 다음에도 그대로 해도 좋다. 다만 앞으로 보다 좋은 결과를 내기 위해서는 리더가 멤버와 개선할 부분은 없는지를 다시 한번 생각해 보는 것도 바람직하다.

계획대로 잘 안 되었다고 실망하거나 포기하면 안 된다. 왜? 이런 결과가 나오게 되었는지에 대해 계획상의 방침이나 방향에 근거한 가설과 시나리오를 점검하고 개선할 방안을 다음 계획 실시나 유사 업무에 반영하여야만 한다. 이런 업무수행 방법을 하나의 사이클(Cycle)이라 부르듯이 한번에 끝나는 것이 아니라 계속 선 순환하면서 다음의 일에서의 계획으로 연결되는 것이다. 그렇게 함으로써 일은 지속적으로 레벨 업(Level up)되고 궁극적으로 혁신으로 가는 길잡이가 된다.

사실 조정(Adjusting)은 개선・실시라는 의미 이외에 또 다른 의미도 포함하고 있음을 이해해야 한다. 멤버 각 각의 일의 결과와 과정에 발생한 문제와 개선점을 팀 전체로 넓히는 것이다.

예를 들어 멤버가 업무 진행 중에 고객에게 유효한 새로운 방법을 발견했다면 그 사항을 그 고객에서만 끝내는 것이 아니라 해당 유사 고객전체에 적용하여 대응하는 것이다. 멤버와 이 사이클 중에 발생된 결과물에 대해서 개선과정은 리더가 해야 할 역할이다. 리더는 각 멤버간의 성공이나 실패의 사례를 팀 전체로 확장하여 넓혀가는 것이 업무성과를 올리는 또 다른 성과관리이자 업무관리이다.

조정(Adjusting)의 2가지 의미

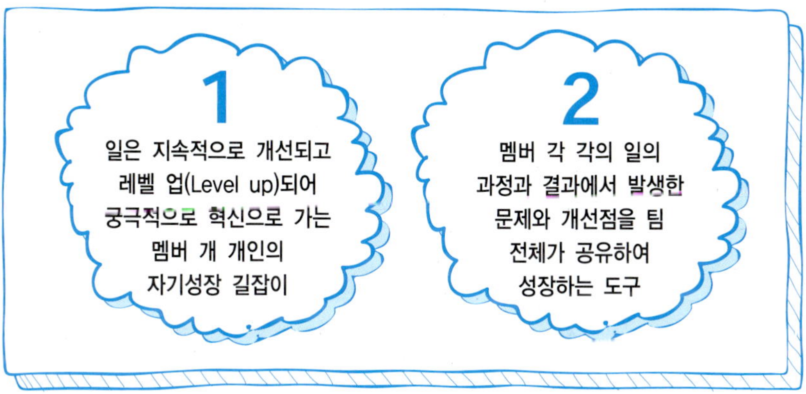

팀의 업무를 공유하고 문제를 해결해라.

멤버와의 미팅에서 팀 전체에 대해서 공유 할 문제가 발생되었다면 문제해결을 위해서 개별사항으로 처리하지 말고 팀 전체에서 해결하는 방법이 있다.

워크샵 형태나 액션러닝(Action learning)형태로 실시하는 것이다. 액션러닝은 현장의 실제 과제를 소재로 하여 연수형태로 과제를 해결하는 방식이다. 과제해결과 학습을 동시에 실현할 수 있는 학습방법이다. 방식은 전체 멤버가 한 자리에 모여 공개방식으로 그 자리에서 해결책을 정하는 것이다. 실제로 실시해 보면 의외로 간단하다. 이 과정을 통해서 문제해결의 당사자인 멤버뿐만이 아니라 다른 타 멤버에게도 상황을 이해시키고 유사한 상황에 대해 대처능력이 생기게 하는 변화를 이끌어 낼 수 있게 된다. 즉 이 과제가 자신에게도 발생 될 수 있을 수 있다는 문제의식을 갖게 되는 효과와 다양한 해결책을 도모 할 수 있다는 장점도 있다.

실시의 포인트는 문제해결 프로세스를 리얼 타임(Real time)으로 공유하는 것이다. 해결책의 결과만을 중시하기 보다는 리더로서 다중적 효과를 이끌어 내는 것이 중요하다.

이런 액션러닝 방식을 정기적으로 실시하는 기업으로는 미국의 GE사이다. 이 회사는「워크 아웃(Work out)」이라는 기법을 정기적으로 실시하여 조직의 힘을 높이고 있다. 이 자리에서 멤버 전원이 상호 토의를 통해서 현장의 문제점을 거론하고 그 문제점의 해결책을 리더에게 프레젠테이션을 실시한다. 워크 아웃의 룰은 리더가 그 자리에서 해결책 중 가장 바람직한 해결책을 선택하게 되는데 이것이 바로 액션러닝이라는 방법이라고 할 수 있다. 해결책과 멤버학습을 동시에 수행 할 수 있는 유효한 방법이다. 팀 전원이 참가하는 연수형태도 존재하는데 정기적으로 발생되는 조직의 문제를 해결하게 된다. 리더로서 이 같은 방법을 도입도 검토하고 실시하는 것이 바람직하다.

액션러닝(Action learning)의 진행방법에 있어서 포인트는 진행과정에서 멤버 각 각이 느낀 점이나 학습한 점을 전체에서 공유하는 것이다. 멤버간의 생각이나 개선 점, 문제점들을 서로 공유하는 시간을 충분히 확보하는 것이다. 사람은 동일한 영화장면을 보아도 느낀 관점이나 감상이 서로 다르다. 동일한 주제로 액션러닝을 진행했다 해도 멤버간의 학습 내용이나 그 이해하는 포인트는 다르게 나타난다. 그 점을 각 멤버가 상호 발표함으로써 멤버간의 서로 다른 관점 속에서 학습효과는 배로 향상 될 수 있다. 이런 전체 공유미팅을 통해 멤버의 업무(P-PDCA) 사이클로 성과를 향상시키고 멤버의 성장을 위한 학습효과도 높일 수 있다. 이것이 리더로서 팀을 성장시키는 방법이다.

조정을 통하여 다시 계획으로 연결하라.

멤버가 새로운 개선사항을 발견했다면 다음 일에서의 계획으로 연결시켜라.

예를 들어 개선단계에서 새롭게 설정된 보완 개선방안이 있다면 다음 계획단계에서는 보다 세밀한 시나리오로 보완하여 구성하는 것이다. 또 개별사항의 성공사례라면 이것을 팀만이 아니라 전사적인 측면에서 활용할 수 있는 성공사례로 활용 제안하는 것이다.

이것을 만들기 위해서는 멤버들과 협의하여 개선방안을 구조화하는 작업이 필요하다. 주 1회, 또는 월 1회 등의 업무를 돌아보는 「리뷰미팅」으로 정례화 시킬 필요가 있다. 일반적으로 월 1회나 2회가 시기적으로나 일의 타이밍적으로 적절하다고 본다. 그때 멤버와 리뷰 미팅을 하면서 업무 수행방법(P-PDCA) 사이클을 돌아보는 것이다. 이런 리뷰가 팀의 성장은 물론 멤버 개인의 성과창출과 멤버의 인재육성으로 연결된다.

▣ 참조

일하는 방법 – 코칭 트레이닝(Coaching Training) 기법

• Step 3-2: 개선 아이디어를 팀 전체에서 공유하기
>>> P. 147
• Step 3-3: 팀 과제해결의 워크 아웃(Work out) 하기
>>> P. 149

일하는 방법 - 코칭 트레이닝(Coaching Training) 기법

일하는 방법의 트레이닝 코칭 단계

Step 3-1	계획의 구체화(Planning)의 사전 시나리오 미팅 방법
Step 3-2	개선 아이디어를 팀 전체에서 공유하기
Step 3-3	팀 과제해결의 워크 아웃(Work out) 하기

Step 3-1 계획의 구체화(Planning)의 사전 시나리오 미팅 방법

업무수행이나 고객과의 상담, 제안 등을 실행 전에 실시하는 멤버와의 미팅이다. 업무수행 사이클의 계획에 해당하며 상담계획이나 실행계획 시나리오를 세워보면서 스스로 계획과 실행상의 예상 장애나 문제점을 파악하여 대처할 수 있도록 한다.

1. 목적

고객과 상담에서 업무의 질이나 수준을 높여 성공확률을 향상시킨다. 멤버의 업무를 공유하고 현상을 파악하여 지도함으로써 일상적인 매니지먼트가 가능해 진다. 또한 멤버를 육성하고 자기 업무에 대한 책임감과 주체적 실행력을 향상시켜 성과로 연결이 가능해 진다.

2. 시간

- 멤버의 업무 중 1개의 주요 테마에 대해서 10~20분 정도 실시한다.
- 가능하면 멤버의 업무를 나누어서 주간 단위로 진행한다.

3. 진행방법

〈사전 준비 작업〉

① 사전에 멤버에게 「고객과제 시트」(별도 양식)를 기록하여 오도록 한다.

② 고객과제 시트에 대한 설명과 질문을 받는다.

〈사전 준비에 대한 멤버와의 미팅〉

③ 멤버에게서 먼저 「고객과제 시트」에 대한 설명을 듣고, 미비한 점이나 유의사항에 대해 질문을 한다.

④ 조언을 하기 전에 문제점을 지적하고 “어떻게 하면 해결할 수 있는가?”를 질문하고서 멤버에게 문제점의 해결방안에 대해 설명을 듣고 난 후에 의견을 나눈다.
⑤ 그 외의 내용이나 수정사항에 대해서 조언한다.
⑥ 동일한 방식으로 타 멤버의 사전계획 시나리오 미팅을 진행한다.

4. 유의사항

- 반드시 정확한 업무상담 시나리오를 만드는 것과 멤버의 육성이라는 관점도 의식해야 한다.
- 가능하면 멤버 개인 당 충분한 조사 및 준비기간을 주도록 한다.
- 영업 이외의 부서에서도 동일한 방법으로 진행이 가능하다.

예) 고객과제 시트

고객사 : ○○○

【회사 개요】 담당자

1. 담당자: ○○○
2. 고객(기업 명)개요
   설립/ 사원 수/ 사업 내용/ 주요제품/ 매출금액/ 매출이익 등
3. 고객 과제 → 제안 상품 및 고객 과제 해결 시나리오
4. 상품 및 서비스 경쟁 상황 → 해결 시나리오
5. 고객사의 결재라인 및 문제점 → 해결 시나리오
6. 특기사항

【고객과제 및 니즈】

-
-
-

【제안 상품 및 해결 시나리오】

-
-
-

【상품 및 서비스 경쟁 상황】

-
-
-

【해결 시나리오】

-
-
-

【고객사 결재라인 및 문제점】

-
-
-

【해결 시나리오】

-
-
-

【특기사항】

-
-

Step 3-2 개선 아이디어를 팀 전체에서 공유하기

멤버의 업무 수행 중 문제해결이나 새로운 아이디어로 성과향상에 도움이 된 개별사안을 전체에서 공유하는 기법이다. 문제해결 아이디어를 멤버들이 실행과정을 공유함으로써 멤버 각자의 성과향상과 함께 사람 육성적인 측면에서도 효과가 있게 된다.

1. 목적

개별 문제해결이나 아이디어가 성과로 연결된 사안을 팀 전체 업무에 적용해 봄과 동시에 팀 성과로 연결시킨다. 이 과정을 통해서 참가 멤버들의 팀 워크 향상 및 문제해결 능력을 높인다.

2. 시간

- 팀 전원이 참여한다.
- 사안에 따라 다르지만, 시간은 1~2시간 정도 실시한다.

3. 진행방법

① 리더는 멤버의 개인 해결사안을 팀 전체에 적용 가능한가를 생각한다.

② 가능한 경우 팀 멤버 전체에게 미팅형태로 진행한다.

③ 개별 사안의 문제해결이나 개선의 과정을 전체가 공유한다.

④ 공유된 문제해결 과정을 멤버 상호간 적용 가능한 부분을 확인한다.

⑤ 확인된 부분에 대해서는 멤버들의 실천을 유도한다.

⑥ 문제해결 과정을 시도를 하는 멤버는 적용업무, 납기 등을 멤버 별로 메모한다.

4. 유의사항

- 개선사안의 프로세스 공유는 가능한 상세하게 멤버들에게 설명하게 한다.
- 멤버의 수용여부는 강제가 아닌 자발적 채택을 기본으로 한다.
- 당장 적용이나 의사결정 등은 강요하기 보다는 효율적 업무수행과 성과향상에 그 주안점을 둔다.

Step 3-3 팀 과제해결의 워크 아웃(Work out) 하기

우수한 경영관리 기법으로 널리 알려진 GE의 업무 개선방안이다. 멤버의 성과향상은 물론 멤버의 육성적 측면에서도 효과가 있다.

1. 목적

팀의 경영과제나 문제점을 해결하거나 목표달성 방안을 공유하여 실행 의욕을 높이기 위한 기법이다. 이 미팅을 통해서 멤버들의 주체성 향상 및 문제해결 능력을 높인다.

2. 시간

- 인원에 따라 몇 개의 그룹(3~5명)으로 나누고, 각 그룹별로 그룹 장을 지정힌다.
- 워크샵(Workshop)형태로 1일 정도 실시한다.

3. 진행방법

① 리더가 팀이 해결해야 할 경영과제(혹 문제)를 멤버에게 전달한다.

② 그룹 장의 주도하에서 주제를 토의하고, 해결방안의 계획안을 작성한다.

③ 그 후 각 그룹 별로 해결방안을 리더에게 발표한다. 그러면 리더는 그 자리에서 각 그룹 별의 방안의 수용 채택여부를 결정한다.

④ 채택된 방안은 그룹멤버와 상의하여서 그룹 장에게 실행 권한위임을 하고 실제 실행하도록 조치한다.

4. 유의사항

① 그룹 내 멤버의 의견을 중시하고 주체성을 존중한다.

② 채택된 방안의 계획은 담당자에게 실행책임과 함께 가능한 지원을 한다.

③ 혹은 그 자리에서 대안을 결정하지 못한 경우, 기한을 정해서 추후 보고하도록 한다. 또는 채택방안을 선정하지 못한 경우에도 동일하게 추후 보완을 지시하고 보고하도록 한다.

PART
4

의욕(Desire)을 디자인하라

멤버의 실행의욕을 고취시키고 올바른 방향으로 이끄는 것은 리더의 중요한 역할이자 임무이다. 의욕은 단순히 물질적인 것만으로 높아지는 것은 아니다. 의욕을 불러일으키는 매력적인 동기부여가 개인의 성장촉진과 조직의 성과달성을 높이는 열정적인 팀을 만드는 데에 반드시 필요한 요소이다. 멤버의 실행의욕을 높이는 동기부여의 포인트와 방법을 디자인하고 학습해 보자.

Part4: 의욕(Desire)을 디자인하라

1. 의욕에는 매력적인 유인물이 필요하다.
2. 의욕을 높이는 5가지 인센티브(Incentive)를 만들어라.
3. 직장 내 매력적인 인간관계를 만들어라.
4. 절대 칭찬법과 칭찬시스템으로 자존감을 높여라.
5. 편견을 버리고 기대와 실행권한을 주어라.

▣ 의욕 – 코칭 트레이닝 기법

1 의욕에는 매력적인 유인물이 필요하다.

의욕은 강력한 유인물이 있어야 한다.

의욕이란 일에 대한 자발적인 의지가 생기는 상태이며 결과를 달성하기 위해서 구체적이고 적극적인 행동을 취하는 것이다. 멤버가 의욕을 갖기 위해선 분명한 목표에 대해 열의를 갖고 몰입할 수 있도록 하는 것이 중요하다. 일반적으로 의욕이 충만하여 일에 몰입되었을 때 자신이 갖고 있는 지식이나 스킬(Skill)과 신체적 행동능력이 최대한 발휘되어 목표하는 성과가 만들어 지게 된다. 일에 의욕이 없는 상태에서는 성장은 물론이고 목표하는 성과도 나오지 않는다. 그래서 리더는 멤버가 일에 의욕을 갖고 몰입할 수 있게 만드는 능력이 반드시 필요하다.

예를 들어 내일 오전에 고객과 중요한 미팅이 있음에도 불구하고, 다른 일을 한다거나 외출을 하는 행동은 그 일에 의욕이 있다고 할 수 없다

의욕은 보고 듣고 말하는 등의 여러 감정을 통해서 자극되어 달성하고자 하는 욕망이나 욕구로 연결되어져 행동으로 나타내게 된다. 어떤 행동을 할 때 그 행동으로 이끌어 내는 것을 욕구라고 한다. 그래서 행동으로 표현되고 나타나게 하기 위해선 매력적인 유인물이나 목표가 필요하게 된다. 이런 멤버의 욕구와 매력적인 유인물이 결합해 어떤 행동을 일으켰을 때가 바로 몰입하는 상태로써 비로소 의욕이 생기게 된다.

예를 들어 더운 여름날 저녁 퇴근길에 "아 목 마르다"라고 생각이 들던 차에 맥주 집 간판이 보이면 그 맥주가게에 들어가고 마시는 행동을 하게 된다. 이게 바로 욕구가 만든 의욕이 행동으로 연결된 상태다.

욕망이나 욕구는 사람마다 복잡한 심리적 구조를 가지고 있어 매력적인 유인물도 멤버에 따라 차이가 있게 된다.

예를 들어 어떤 멤버에겐 매력적인 유인물이 금전적 형태나 명품 백, 고급 시계가 될 수 있다. 그러나 반드시 돈과 같이 물질적 형태만 있는 것은 아니다. 그 보다는 멤버의 심리적인 상태로 나타나는 「칭찬받다」 「인정받다」 등 형태가 없는 것도 매력적이고 강력한 유인물이 될 수 있다. 반대로 의욕을 잃어서 매너리즘에 빠지거나 퇴직하는 경우와 같이 마이너스적인 의욕 상태도 있게 된다.

리더는 멤버가 일 속에서 보람을 느끼며 진지하게 업무에 열성적으로 임하도록 의욕을 높이도록 해야만 한다.

의욕을 일으키는 구조

의욕을 일으키는 2가지 방법을 기억하라.

리더가 멤버들에게 의욕을 높이는 절대적 방법이란 사실 존재하지 않는다. 다만 의욕을 높이는 데 도움이 되는 2가지 이론에 근거한 포인트는 있다. 사람에겐 의욕을 높이는 동기부여(Motivation)에는 외적 의욕부여와 내적 의욕부여가 있다.

외적 의욕 부여란 인위적으로 자극을 줌으로써 행동하게 하도록 하는 방법이다. 예를 들어 금전적 보상이나, 상·벌을 줌으로써 일을 하도록 하는 것을 말한다. 결국 리더가 인위적으로 멤버에게 자극을 줌으로써 의욕을 갖고 행동하게 하는 방법이다. 대표적인 외적 의욕부여 형태로는 보상과 벌을 준다. 누구나 타 멤버보다 우월해지고 싶어 한다. 즉 인정받고 싶다는 욕구를 활용하는 방법이다. 일반적으로는 벌보다 보상이 효과적이다.

또 다른 형태는 경쟁관계 형성이나 라이벌(Rival) 의식에 호소하는 방법이다. 단기적인 효과가 있지만 복잡하고 사고를 필요로 하는 일에는 큰 효과가 없을 수 있다.

반면 내적 의욕 부여란 어떤 행위 자체가 즐겁고 자연발생적인 만족을 주기 때문에 그 일을 즐기며 하는 것을 말한다. 멤버가 본래 가지고 있는 욕구나 욕망을 파악해 자극하여 의욕을 일으키는 것이다. 즉 멤버가 자발적으로 의욕을 갖게 하는 방법이며 내적 의욕부여를 이끌어 내는 형태는 세 가지이다.

먼저 일에 흥미를 갖게 유도한다. 멤버 각 각의 관심과 특징을 파악해서 흥미를 가질 수 있는 방식으로 일을 주는 것이다.

또 다른 형태는 비전과 목표를 자각시킨다. 이를 인식시킴으로써 의욕이 행동으로 연결되게 하는 것이다. 남의 일이 아니라 자신의 일로써 적극적인 자세가 생긴다. 다만 일방적으로 강요하는 것이 아니라 상호이해 속에서 대화로써 납득되고 수용해야 한다.

마지막으로 목표달성을 통한 성공체험을 시킨다. 성공은 또 다른 노력을 자극하게 되지만 실패는 의욕을 감퇴시킨다. 성공에 대한 느낌이 강하면 강할수록 다음 목표를 높이게 하는 경향이 있다.

따라서 목표를 멤버에게 적절하게 설정하여 성공체험을 느끼게 하는 것이 필요하다. 그러기 위해서는 목표를 부하직원의 현재능력보다 조금 더 높게 설정하는 것이 적당하다.

다만 이런 의욕을 높이는 방법에서 외적 의욕고취는 멤버의 마음을 조정한다는 위험성을 안고 있어 방법적으로 주의할 필요는 있다. 그 보다는 리더는 멤버에게 내적 의욕고취 방법을 활용하는 것이 중요하다. 내적 동기 부여가 외적 동기 부여보다 일에서 창의성과 주체적 행동을 불러일으킨다는 사실을 기억해야 한다.

의욕을 일으키는 2가지 방법

외적 의욕 부여	인위적으로 자극을 줌으로써 행동하게 하는 방법 예) 보상과 벌 / 경쟁관계 형성이나 라이벌(Rival) 의식
내적 의욕 부여	가지고 있는 욕구나 욕망을 파악해 자극하여 자발적으로 의욕을 갖게 하는 방법 예) 일에 흥미를 갖게 유도한다. / 비전과 목표를 상기시킨다. / 목표달성을 통한 성공체험을 가지게 한다.

세상과 사람에게 도움을 주는 일은 가치와 자긍심을 높여준다.

기업의 존재이유는 이익의 추구와 지속적인 성장이다. 그러나 기업이 사회에 공헌하고 도움을 주지 못하는 사업구조(Business model)라면 결코 장기적으로 존재할 수 없다고 생각한다. 무언가 사회에 도움을 주고 공헌한다는 사명감이 있어야 사업은 지속된다. 이 사실을 멤버와 공유했을 때 내가 하는 일이 사회에 공헌한다는 사명감과 자부심으로 업무의욕에 큰 영향을 미친다는 사실을 알게 된다. 리더는 자사의 상품이나 서비스가 고객을 위하고 사회에 도움을 준다는 사실을 멤버에게 반드시 전해야 한다. 일에 대해서 자부심을 갖고 일하는 사람과 그렇지 않은 사람과의 차이는 일의 성과는 물론 의욕에도 큰 차이를 보이게 된다.

자신이 속한 기업, 자신의 일이 사회에 존재해야 하는 이유, 즉 자신이 하는 일의 사명감(Mission)을 명확히 설명할 수 있어야 한다. 멤버들의 이해력을 보다 높이기 위해선 자사의 존재이유를 리더가 말로 설명하는 것과 함께 보다 강력한 도구는 고객의 생생한 소리를 전달하는 방법이다. 고객으로부터 실제 일어났던 일이나 생생한 목소리 또는 메일 등을 멤버와 공유하는 것이다.

예를 들어 의료기기 생산 기업에서는 환자의 가족에게서 온 편지나 메일을 전멤버에게 소개하고 공유했다고 한다. 내용은 자사 제품으로 환자의 병을 치료하여 현재는 완치단계에 이르게 되었다는 내용이었다. 그 내용을 전 관련부서와 판매 대리점에 공유함으로써 자사제품의 효용성과 사회에 기여하는 것을 인식하고 긍정적인 분위기가 조직 내에 확산되는 계기가 되었다. 이 회사의 비전이 사회적 공헌이라는 내용에 설득력이 있게 되었다. 이런 고객의 소리를 조직이나 팀에 전파하여 유통시킴으로써 자사의 제품과 서비스는 물론이고 멤버가 맡은 일에 자부심과 긍지를 심어 줄뿐 아니라 의욕도 향상시킬 수 있다. 따라서 리더는 실제 현장의 좋은 사례를 발굴하고 공유하는 방법과 시스템을 만들 필요가 있다.

▣ 참조

의욕 – 코칭 트레이닝(Coaching Training) 기법

- Step 4-1: 팀의 미션 인식시키기

>>> P. 179

2 의욕을 높이는 5가지 인센티브(Incentive)를 만들어라.

의욕을 높이는 3가지 방법을 기억하라.

"왜 멤버들이 열심히 일하지 않을까?"라고 생각하는 리더라면 한번쯤은 깊이 고민해야 하는 내용이다.

이미 알려진 경영학의 고전 이론인 허즈버거(Herzberg)의 위생이론이나 동기부여 이론의 요인에서는 인간은 단순히 금전적인 유인물만으로는 의욕을 높일 수 없다. 급여나 대우, 처우가 불만해소에는 도움이 될 수 있지만 근본적인 만족을 높이는 효과는 낮다고 알려져 있다.

한편 일에 대한 의욕이나 주변의 평가, 인정 등은 의욕향상에 커다란 관련이 있다고 한다. 물질적인 보상만이 아니라 심리적 정신적인 보상을 어떻게 느끼는가에 따라 의욕을 높이는 포인트가 된다는 것이다. 금전적인 부분 이외에 실행의욕을 높이는 방법을 아는 것이 성공하는 리더의 길이자 역할이다.

멤버가 의욕을 갖고 일하게 만드는 비결을 사례를 통해서 소개한다. 누구나 어린 시절 한번쯤은 읽었던 마크 트웨인(Mark Twain)의 명작 소설 톰소여의 모험에는 의욕을 갖게 하는 동기 부여의 3가지 진실이 숨어 있다. 다만 이 교훈을 실천하려면 리더로서의 마인드 전환이 필요하다.

톰소여는 친구와 싸우고 학교 수업도 빼먹는 개구쟁이다. 이런 그에게 이모는 "울타리를 칠하라"는 벌을 내린다. 즐거운 토요일 여름날에 놀지도 못하고 울타리를 칠하려고 하니 너무나 슬펐다. 친구들이 울타리를 칠하고 있는 자신을 놀릴 것이라고 생각하니 분통이 터졌다.

그러나 그가 순순히 울타리를 칠할 리는 없다. 그는 어떻게 해서든 울타리 칠하기를 다른 아이들에게 맡겨야겠다고 생각했다.

그래서 떠올린 첫째 아이디어는 인센티브(Incentive)지급이었다. 자신이 가진 보물을 친구들에게 주고 일을 시키는 방법이다. 그러나 그가 가진 보물이라고 해야 기껏해야 자질구레한 장난감이나 구슬, 잡동사니 뿐이었다. 이걸 가지고는 기껏해야 30분 정도 밖에 일을 시킬 수 없을 것 같았다. 길이 30야드, 높이 9피트에 이르는 울타리를 칠하기에는 턱없이 부족한 시간이다. 그 순간 문득 멋진 생각을 떠올린다. 바로 일어나 울타리를 칠하기 시작했다. 그것도 정말로 즐거운 듯이 칠을 했다. 그때 마침 그의 친구 한 명이 다가왔다. 그 친구는 "나는 수영하러 가는데, 너는 일하느라 못 가겠다"며 놀리기 시작한다.

그런데 그의 대답이 뜻밖이었다. "힘든 일이라고? 글쎄, 나는 재미있어서 못 견디겠어……?", "어린이가 울타리에 페인트를 칠할 기회가 어디 흔한 줄 아니?"

너무나 재미있는 놀이를 하는 것처럼 울타리를 칠하자 그 친구도 같이 하고 싶어졌다.

"나도 잠깐만 해보자." 이 순간 그의 대답은 정말 기가 막힐 정도이다. "안돼. 이걸 솜씨 좋게 칠할 수 있는 어린이는 1000명 중에 한 사람 밖에 없을 거야." 이 대답 한마디에 갑자기 울타리 칠하기는 엄청나게 가치 있는 일이 돼 버렸다. 그 다음부터는 충분히 예상할 수 있는 일이다. 그 친구는 울타리를 칠하고 싶어 안달이 났고, 가지고 있는 사과를 건네면서 울타리 칠하기를 간청했다. 그 친구가 땀을 뻘뻘 흘리며 울타리를 칠하는 동안 톰은 그늘 아래에 앉아 사과를 맛있게 먹었다. 뒤이어 다른 아이들도 줄줄이 나타났다. 자신이 갖고 있는 보물을 넘겨주는 대가로 울타리 칠하기에 동참했다. 이 소설 내용에는 의욕을 갖고 동기부여를 할 수 있는 놀라운 세 가지 사실을 보여준다.

첫 번째 비밀은 「사람들은 돈과 같은 금전적 물질적 대가를 위해 일하는 게 아니라는 사실」이다. 물질적 대가를 미끼로 남에게 일을 시키려고 했다면 그 효과는 매우 제한적이었을 것이다. 기껏해야 '효과는 30분'이라는 것을 알고 있다.

두 번째 비밀은 「남에게 일을 시키려면 그 일을 하는 것이 대단하다고 생각하게 만들면 된다는 사실이다」. 남에게 일을 시키려면 그 일을 하는 것이 대단하다고 생각하게 만들면 된다는 위대한 법칙을 발견했던 것이다.

울타리를 칠할 기회가 흔치 않다는 점, 울타리를 칠할 만한 솜씨를 갖춘 아이는 1000명 중 한 명이라는 점을 강조한다. 그 순간 울타리 칠하기는 대단한 일이 됐다. 어린아이뿐만 아니라 인간이면 누구나 가치 있고 대단한 일에 의욕을 갖게 되고 동기부여가 되기 마련이다.

세 번째 비밀은 「사람은 누구나 재미있는 일을 하고 싶어한다」. 일을 놀이처럼 재미있게 만들어야 한다. 톰은 울타리 칠하는 게 매우 재미있는 것처럼 행동했다. 친구가 처음 울타리 칠하기에 관심을 보인 것도 이 때문이다.

리더는 멤버에게 더욱 열심히 일을 했으면 하고 기대한다. 그래서 멤버에게 지시와 통제의 고삐를 더욱 조이며 더욱 열심히 일하라고 다그친다. 그러나 그런 방법으로는 멤버들로부터 업무에 대한 의욕과 동기부여를 이끌어낼 수가 없다. 결국 스스로 하고자 하는 의욕과 동기부여를 끌어내기 위해 리더는 무엇을 어떻게 해야 하는지를 고민해야 한다.

욕구와 인센티브(Incentive)를 연결해라.

일하는 방식에 대한 리더의 사고방식은 함께 일하는 멤버를 어떤 존재로 보고 있는가 하는 가치관과 밀접하게 연결돼 있다. 사람에 대한 의미는 "무엇에 의해 왜 행동하는가"라는 행동의 원동력에 대한 가설이다. 물론 사람은 시대에 따라 변화하고 가치관 역시 변화한다.

비록 오래된 고전이긴 하지만 현재에도 마케팅이나 심리학에서 유용하게 인용되고 있는 사람의 욕구에 대한 유명한 이론인 매슬로우(Abraham Maslow)의 「욕구의 5단계」가 있다.

욕구는 기본적으로 5단계의 분류되며 이는 낮은 단계에서 높은 단계로 계층을 이루고 있다고 한다. 그 요점은 사람은 욕구로 뭉쳐있으며 게다가 욕구는 기본적으로 깊어지는 경향이 있다는 것이다.

기본단계는 「생리적 욕구(Physiological)」이다. 사람은 음식이나 휴식, 수면 등과 같이 생명을 유지해가기 위해서 필요한 기본적인 욕구다. 이 욕구를 충족시키는 것이 가장 강한 동기부여가 된다고 한다. 그러나 이 욕구가 어느 정도 충족되면 이것으로는 동기부여 하기가 어려워지고 그 다음 단계인 안정의 욕구가 강해진다. 즉 배 부르고 등 따뜻하면 비슷한 걸 주어도 "이제 됐어요"라는 의미이다.

두 번째 단계는 「안전의 욕구(Safety)」로 육체적 위험이나 경제적 불안을 벗어나고자 하는 욕구이다. 자신이 처한 입장이나 상황이 안정적이고 안심하게 살고 싶다는 욕구이다. 각종 보험이나 연금 등과 기업 내 다양한 복리후생제도가 바로 안정의 욕구를 충족시키는 역할을 하고 있다.

「사랑과 소속의 욕구(Love & Belonging)」는 사람들 사이에서 소외되지 않고 친밀한 관계를 만들고 싶다는 욕구이다. 사람과 관계 속에서 사이좋게 지내고 싶다는 욕구이다. 다양한 집단에 소속하고 주변이나 동료로서 관계하며 소외되고 싶지 않다는 욕구이다.

「인정의 욕구(Esteem)」는 타인으로부터 인정받고 칭찬과 존경을 받고 싶어하는 욕구이다. 또 주변으로부터 중요한 존재로서 자신의 가치를 높이 평가 받고 싶다는 욕구이다. 리더에게 자신의 주장을 인정받고 싶다든지, 더 좋은 업무를 맡고 싶다는 등의 의향을 보이게 되는 것은 이러한 욕구의 표현이다.

마지막으로 「자기실현의 욕구(Self actualization)」는 자기자신을 온전하게 살리고 싶다는 욕구이다. 지식과 경험을 발휘하여 능력을 펼치면서 창의적으로 일하여 목표를 성취하고 싶어하는 욕구이다.

사실 사랑과 소속 · 인정 · 자기실현의 욕구가 일을 통해 충족될 수 있다면 멤버 개 개인을 위해서도 팀에서도 바람직한 것이다. 그런 지속적인 노력을 리더에게는 필요하다.

그래서 일반적으로 조직이나 팀에서는 이런 멤버의 욕구를 충족시키기 위해서 제공 가능한 유인물로 「5가지 인센티브(Incentive)」가 있다. 이는 서로 대응하고 있는 관계이지만, 리더는 5가지 욕구에 적합한 5가지 인센티브를 만들어 멤버의 의욕을 높여야 한다.

매슬로우의 욕구의 5단계와 인센티브와의 관계

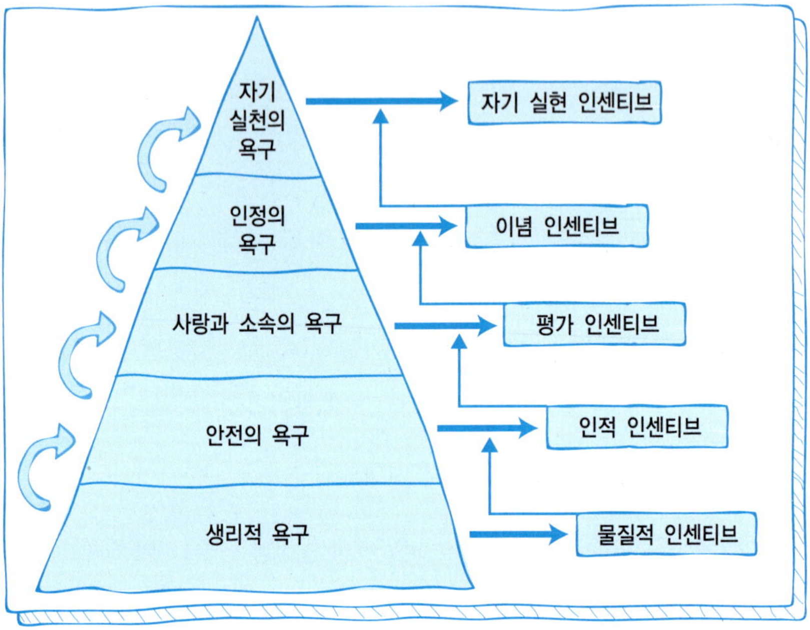

직장에서 가능한 5가지 인센티브(Incentive)의 예

생리적 욕구	→	**1. 물질적 인센티브** 리더와의 식사, 멤버간의 회식, 팀 선물 등
안전의 욕구	→	**2. 인적 인센티브** 정기적인 리더와 멤버간의 면담, 직장내 공식 동우회 모임 허락, 생일 파티 등
사랑과 소속의 욕구	→	**3. 평가 인센티브** 팀 내 표창장(월, 분기 단위), 리더의 칭찬, 성공사례 발표회 등
인정의 욕구	→	**4. 이념 인센티브** 일에서의 뜻 찾기, 비전 만들기, 고객으로부터의 감사 말 공유 등
자기 실현의 욕구	→	**5. 자기실현 인센티브** 업무의 권한이양, 멤버의 능력이나 적성 찾기, 팀 내 교육회 등

▣ 참조

의욕 – 코칭 트레이닝(Coaching Training) 기법

- Step 4-2: 동기부여를 위한 5가지 성과 인센티브 만들기
  >>> P. 181

3 직장 내 매력적인 인간관계를 만들어라.

직장에서의 좋은 관계는 「사랑과 소속의 욕구」가 우선되어야 한다.

매슬로우의 욕구의 5단계에서 일반적으로 조직에서 어느 수준까지 만족시키는 욕구는 생리적 욕구와 안전의 욕구이다. 그러나 다음단계인 「사랑과 소속의 욕구」로 올라가기 위해서는 우선적으로 「인적 인센티브(Incentive)」가 만족되어야 한다. 팀 내 인간관계 형성과 리더의 인간적인 매력 등이다. 이 욕구는 결국 친밀한 관계를 만들고 싶다는 욕구이며 소속된 멤버와 관계하고 소외되고 싶지 않다는 것이다. 이 욕구가 만족되지 않는다면 멤버는 그 다음 단계인 「인정의 욕구」와 「자기실현의 욕구」로 이행할 수 없게 된다.

결국 팀 내 인간관계가 나쁜 상황에서는 높은 단계로의 욕구로까지 이행하고 싶은 동기가 생기지 않게 된다. 멤버에게 보다 높은 단계로의 욕구인 「인정의 욕구」와 「자기실현의 욕구」를 가지고 일에 전력투구할 수 있게 하려면 먼저 「사랑과 소속의 욕구」가 만족 될 수 있도록 하는 노력이 우선적으로 필요하다.

여기에서는 팀 내의 일상적으로 인적 인센티브를 높이는 인간관계 형성의 방법을 생각해 보자.

팀 워크(Team-work)나 협업(Collaboration)이 좋은 조직은 일반적으로 비공식적인 활동이 활발하게 이루어진다. 리더는 먼저 팀 단위에서 가볍게 모일 수 있는 정기적인 미팅을 만들어 보는 것도 좋다.

월 1회 정도 팀 실적을 공유하면서 그 동안 멤버의 노고를 어루만지는 간단한 다과형태의 파티를 여는 것이다. 별도의 장소를 구하는 거창한 파티가 아니라도 좋다. 약간의 다과와 음료로 상호 의견을 커뮤니케이션 할 수 있으면 상관없을 것이다. 월 1~2회 정도 실시하면 좋은 팀을 만들어 가는데 도움이 된다. 이런 안전의 욕구를 일깨우는 인적 인센티브는 팀 내 멤버간의 커뮤니케이션 활성화 및 업무개선뿐만 아니라 팀을 단결시키는 분위기 변화에도 도움이 된다.

리더 본인이 멤버의 롤 모델(Role model)이 되어라.

인적 인센티브(Incentive)의 효과는 우호적인 인간관계 형성 이외에 또 다른 좋은 점을 갖고 있다. 바로 리더 자신의 존재감을 나타낼 수 있는 자리이기도 하다. 리더는 가능하면 멤버에게 특히 젊은 멤버에게 바람직한 선배로서 조언자(Mentor) 또는 닮고 싶고 지향하는 존재가 되어야 한다. 반드시 멤버에게 존경받는 존재로 남을 필요는 없지만 조직을 이끄는 리더로서의 리더십으로 멤버들을 이끄는 힘을 발휘하려면 적어도 닮고 싶지 않은 인물로 남을 필요는 없다.
리더로서 가장 피해야 할 모습은 일에 치여 항상 피로와 스트레스를 받는 행동을 보인다거나 업무 스트레스를 멤버에게 떠넘긴다든가 하는 것이다. 일만이 아니라 비즈니스 매너에서도 주의할 필요가 있다. 매일 똑 같은 복장으로 출근한다거나 에티켓을 지키지 않는 부적절한 행동은 주의할 필요가 있다. 미래를 지향하는 리더는 철저한 자기관리와 상대방에게 주는 이미지 향상을 위해 힘써야 한다. 그런 자세와 행동은 멤버의 의욕에도 그대로 반영 될 수 있음을 기억할 필요가 있다.

직장 내 인간관계 개선 방법

• 킥 오프 미팅

각 분기별 시작은 전체 팀원이 모여서 실시한다. 지난 분기를 돌아보기나 우수 팀원 표창과 새로운 분기에의 팀 운영 방침, 목표 등을 공유한다.

• 간식 파티

피자나 과자, 케이크 등을 준비하도록, 간단한 사다리 게임으로 비용을 걷어서 간단한 파티를 한다.

• 멘토(Mentor), 멘티(Mentee) 제도

공식적인 상사는 아니지만 선배사원을 멘토로 정해서 신입사원이나 신규 입사 직원을 돌보게 하는 제도를 시행한다. 직접적인 업무 면담이 아닌 직장인으로서 자세나 자기 개발 등의 내용을 지원하게 한다.

• 정기적 면담

분기(3개월)나 반기(6개월)에 1회 정도 리더와 멤버간의 개인 면담을 실시한다. 인사 평가 제도와 결부하여 개인적인 고충이나 요구사항을 듣는다.

4 절대 칭찬법과 칭찬시스템으로 자존감을 높여라.

칭찬은 성과와 프로세스의 양면에서 시작하다.

사랑과 소속의 욕구 단계가 만족하게 되면 그 다음에는 「인정의 욕구」 단계이다. 이것을 만족시키기 위해서는 리더가 멤버를 인정하고 필요한 칭찬을 하는 과정에서 발생하는 「평가의 인센티브(Incentive)」가 필요하다. 이것은 일에 대한 의욕으로 멤버에게 결정적인 동기부여의 원천이 된다. 그러나 많은 리더들이 이 사실에 대해 반론을 가지고 있는 듯하다. “잘했을 경우 칭찬하고 싶은 건 많지만 실제로는 칭찬 할 것이 없는데 어떻게 합니까?”라고 한다. 그렇다면 정말 그런가? 라고 반론해 보고 싶다.

리더라면 누구나 자기만의 칭찬하는 방법을 1개 정도는 분명히 가지고 있는 게 아닌가라고 묻고 싶다. 그 한 가지는 바로 「성과 인정」이라는 것이 아닌가 한다. 대부분의 경우에 해당되지만 성과가 올라갔을 때만 칭찬히는 걸 의미한다. 그 외에는 멤버에게 칭찬에 인색하고 칭찬하지 않는 리더들이 많다. 그러면 리더로서 멤버를 칭찬할 것들이나 칭찬할 기회가 없는 게 당연해 진다. 칭찬도 습관이고 학습이 필요한 스킬이다.

실제로 성과 이외에도 다양한 칭찬거리와 칭찬하는 방법이 있다. 그것은 「행위 인정」이나 「존재 인정」을 이용하여 멤버를 칭찬하는 것이다. 그러면 리더로서 멤버를 칭찬할 기회가 많아질 것이다.

칭찬은 반드시 성과뿐만 아니라 결과에 이르는 과정에도 필요하다. 칭찬에 능숙한 리더는 성과가 나기 전에 그 과정(Process)단계에서 칭찬한다. 예를 들어 “벌써 시작한 거야! 좋았어” 혹은 “거기까지 한 거야! 대단하네” 등으로 그 일의 과정 상에서 벌어지는 작은 일이나 사건에도 칭찬하는 것이다. 이런 칭찬은 멤버와 일상적인 대화가 있지 않으면 불가능한 것이다. 멤버의 일상적인 활동에 주의를 기울여서 관찰하지 않으면 할 수 없는 행동들이다. 리더는 멤버가 일하는 과정을 인정을 할 수 있도록 의식적으로 주의하지 않으면 안 된다. 그런 노력을 통해 자연적으로 멤버의 일의 성과는 물론 과정까지 보는 시야를 갖게 된다. 이 방법이 멤버와의 커뮤니케이션을 많이 해서 성과를 올리도록 하고 의욕을 높이는 1석 2조의 효과를 가져오게 된다.

존재자체를 인정하는 자리나 기회를 만들어라.

멤버를 일상적으로 관찰하고 주의를 기울여 보면 과정 인정에 대한 칭찬하는 방법은 알게 되지만 그렇게 할 수 없는 멤버가 생기는 것도 당연하다. 그런 경우에는 리더는 어떻게 할까?

이럴 경우에는 힌트가 있다. 이것을「존재 인정」이라 한다. 이는 일의 결과나 과정과는 관계없이 다만 존재한다는 그 자체에 대해 감사하는 마음을 전달하는 방법이다.

"당신은 우리 팀에서 반드시 필요한 인물이다", "당신을 우리 팀의 일원으로 인정한다"라는 메시지를 전달하는 것이다.

예를 들어 "A씨 오늘 그 지하철 노선에서 사고가 났다는데, 괜찮아!", "B대리, 이번에 아들이 학교에 입학 하지?"라는 대화도 여기에 해당한다. 이것은 칭찬하는 형태는 아니지만 상대방의 존재를 인정하는 것이다. 실제로 멤버는 리더가 생각하는 이상으로 업무에 대한 불안을 갖고 있을 지도 모른다. "내가 이 팀에 있어도 되는 걸까?", 혹은 "이런 실적으로 어떻게 할까?"라는 멤버의 불안감을 걷어내 주고 업무에 대한 책임감과 성과에 공헌할 수 있는 계기를 만들어 준다. 사람이라면 누구나 칭찬받는 것을 좋아한다. 그 뿐만이 아니라 사람을 칭찬하는 일은 당사자에게도 즐거운 일이다. 양쪽을 기쁘게 하는 방법으로「감사 카드(Card)」가 있다.

팀 내에서 각 멤버간에 호의적 상호 피드백을 주고 받는 시간을 갖는 것이다. 월 1회 또는 주 1회에 전 멤버들이 모여서 각 멤버가 상대방에게 상호간 도움이나 잘한 일에 대해서 기록한 후 작성한 카드를 나누어 교환하는 방식으로 진행한다.

예를 들어「○○○씨, 자신의 일도 바쁜 중에 타 멤버의 기획업무에 도움을 주어서 팀을 대신해서 감사드립니다.」이런 카드를 각 멤버에게 전달하는 것이다. 그러면 칭찬하는 즐거움과 칭찬을 받는 기쁨을 동시에 맛보게 된다. 때로는 조직의 상황이나 팀 사정의 정도에 따라서는 이 카드의 매수와 상품권과의 교환으로 연결하여 조직풍토나 상호협력을 이끌어 내는 조직풍토 개선의 한 방법으로도 생각해 볼 필요가 있지 않을까 한다.

다른 사람에게서 칭찬받고 인정받는 것이야말로 진정으로 일을 통한 조직활동에서 의욕이 생기고 성취동기의 힘을 부여하는 근간이다. 리더라면 보다 다양한 방법으로 팀의 멤버에게 의욕을 심어 줄 수 있도록 노력해야 한다. 그렇다면 칭찬하는 법이나 존재를 인정하는 다양한 방법을 통해서 멤버들에게 의욕을 높이고 업무에 새로운 동기부여를 해 보길 바란다.

인정의 3단계

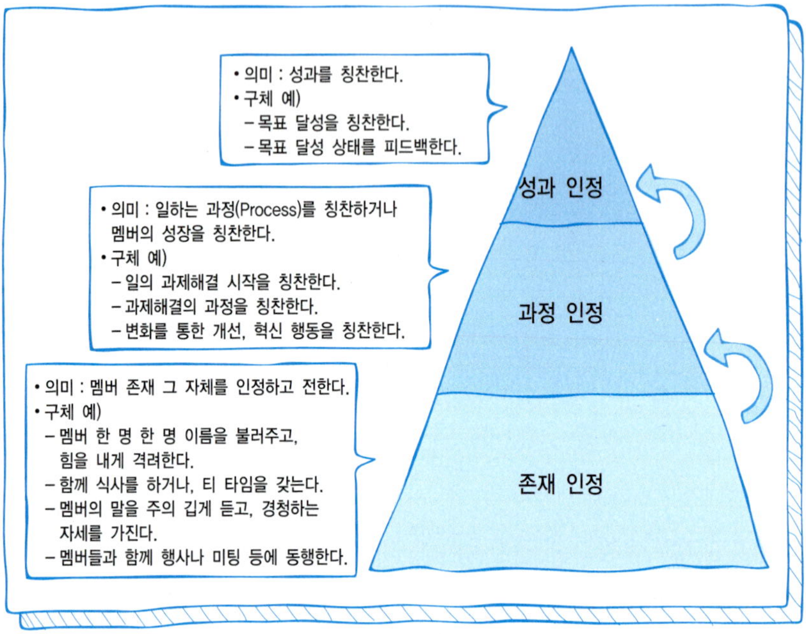

팀 내에 칭찬시스템을 만들어라.

칭찬을 멤버와의 1 : 1 대화의 방법 외에도 팀 내에서 칭찬방법의 시스템을 만드는 것도 효과적이다. 리더는 이런 시스템을 만들어 정기적으로 운용하면 멤버의 동기부여가 비약적으로 향상된다. 전사적으로 시행하는 형태가 아닌 팀 내에서 독자적으로 하는 것이 좋다.

사람은 나이와 상관없이 칭찬받고 인정받음으로써 일과 생활 속에서 행복함을 느끼게 된다. 이 방법은 인사고과나 급여, 승진에 연결되지 않는다 해도 직장생활에 보람과 업무자체에 활기가 넘치게 된다. 다른 사람 앞에서 칭찬받는다는 것은 그 자체만으로도 동기부여가 생기게 된다. 이것은 가능하면 적극 운용해 보는 것이 좋다. 이런 모습은 어떤가?
영업부서라면「이번 달의 신규고객 발굴상은 ○○○씨」,「이번 달의 베스트 플레이어(Player)상은 ○○○씨」,「이번 달의 베스트 도움(Assistant)상은 ○○○씨」…… 등
팀 내에서 정기적으로 표창을 하는 것이다. 가능하면 한 두명만이 아니라 팀원의 반수 정도가 받을 수 있도록 다양한 기준지표를 만든 것이 좋다. 그래서 No.1이 아니라 Only.1을 표창하는 방식이 바람직하다. 의욕과 동기부여의 기회를 가능하면 많이 만드는 것이 좋다. 그에 따른 인센티브나 보상도 연구해야 할 필요가 있다. 보상은 물질적인 것도 좋으나 때로는 심리적인 보상을 주는 방향도 중요하다.
예를 들어 일반적인 표창장의 내용이 2~3줄의 형식적인 문구라면 20~30행의 긴 문장으로 멤버에게 느낀 점과 성과의 과정에서 좋았던 점을 피드백하는 형식이 좋다. 또는 멤버의 활동을 다큐멘터리 형식으로 기록하고 그 과정을 칭찬하고 감사하는 마음을 적는 것도 좋은 방법이다. 그리고 전 멤버들 앞에서 리더가 그 내용을 읽음으로써 공유하는 것이다.
뭐! 초등학생도 아니고……라고 생각할 수 있다. 그러나 인간은 누구나 작은 것에 감동한다. 의외로 모두가 감격해서 상호간의 관계가 향상되고 즐거운 분위기가 유지되는 기회가 된다.

▣ 참조

의욕 – 코칭 트레이닝(Coaching Training) 기법

- Step 4-3: 멤버의 장점과 칭찬할 점을 찾아내기

>>> P. 184

5 편견을 버리고 기대와 실행권한을 주어라.

기대는 사람을 변하게 한다.

리더로서 멤버를 편견없이 대하고 있습니까? 혹 자신의 관심사나 관점에서만 멤버를 바라보고 있지는 않는지요?
기업교육 현장에서 나온 육성사례를 소개한다. 최근 한 멤버인 C대리는 실적도 급속히 향상되고, 열정적으로 신규사업의 상품을 아웃소싱(Out souring)으로까지 그 영역을 넓혔으며 이제까지와는 다른 발군의 성과를 보였다고 한다. 사실 그는 6개월 전만 해도 퇴사가 걱정 될 정도의 실적부진과 의욕이 없었던 멤버였다.
그가 이렇게 변화하게 된 이유는 무엇일까?
그 대답은 리더가 바뀌었기 때문이다. 이전의 리더는 이 대리를 팀에서 부적격 자원으로 낙인을 찍었다. 그러나 조직 개편으로 새로운 리더가 부임했고 그는 일절 사람에 대한 편견을 갖지 않고 대했다고 한다. 이전과는 달리 C대리의 좋은 점은 칭찬하고 잘못한 점에 대해서는 주의를 주었다. 리더로서 그것 이외에는 특별히 달라지게 대한 건 없었다고 한다.
새로운 리더가 자신을 대하는 행동을 보면서 C대리는 다시금 일에 열중할 수 있었다. 그 이유는 새로운 리더는 C대리의 가능성을 파악하고 본인이 좋아하고 관심 있어 하는 업무를 맡기면서 개인에 대한 관심과 가능성을 인정해 줬기 때문이라고 한다. 바로 그게 전부였다고 한다.
사실 멤버의 업무활동 범위와 행동은 대부분 리더에 따라 바뀐다. 물론 개인의 역량을 무시 할 수 없겠지만 가능한 편견 없이 멤버 한 사람 한 사람에 대한 가능성과 기대역할을 정한다면 그에 따라 멤버의 의욕과 동기는 충분히 변화할 수 있다.
이런 사례의 경우를 교육 심리학에서는 전문용어로 「피그 마리온 효과(Pygmalion effect)」라고 부른다. 교사가 학생에게 기대를 하면 그에 따라 학생의 성적이 향상되는 효과를 나타낸다고 한다.
역으로 교사가 학생을 못한다고 부정하여 버리면, 학생의 성적은 떨어지는 것을 「고렘 효과(Golem effect)」라고 한다. 이런 현상은 리더와 멤버 사이에도 동일하게 일어나는 것을 볼 수 있다. 그래서 리더는 멤버에 대해 잘 관찰하고 가능한 편견 없이 보면서 그 사람의 단점보다는 장점을 보고 일을 맡기고 기대를 하는 것이 바람직하다.

멤버는 리더를 3일이면 파악한다.

대부분의 리더는 이렇게 말한다. "자신은 멤버를 공평하게 대하고 차별하지 않는다"라는 말을 아주 당당하고 자신 있게 교육 현장에서 많이 한다. 그러나 각각의 멤버에 따라 대응하는 태도가 리더 자신도 모르는 상태에서 실제로 다르다는 사실이다.
아마 사람은 자기 자신에 대해서 가장 잘 모를지도 모른다. 자신의 생각과 한 일에 그 의도나 실제 행동이 상대방의 관점에서 보면 그와는 다른 모습으로 비칠 수 있다는 사실을 말이다. 리더는 자신의 의도와는 다르게 자신에게 주어진 권한에 의존하려고 한다는 사실을 멤버는 느끼고 있다.
이런 말이 있다. 리더는 멤버를 완전히 파악하는데 3년이 걸리지만 멤버는 리더를 파악하는데 3일이면 충분하다고 한다. 리더인 당신이 감추고 있는 멤버에 대한 편견에 대해서 멤버는 느끼고 있거나 이미 알아채고 있다는 것이다.

이런 사실을 방지하기 위해서는 리더는 자신의 편견을 감추려고 하지 말고 멤버와 진심으로 대화하면서 가능한 편견없이 공평한 평가나 태도를 가지려고 노력하는 것이 중요하다. 그러면 리더로서 멤버들이 의욕을 갖게 하는 기본적인 자세가 만들어 졌다고 할 수 있다.

멤버전원에게 자리와 권한을 만들어 주어라.

사람은 누군가에게 필요한 존재, 도움이 되는 존재가 되었을 때 무언가 적극적이고 하고픈 마음과 열정적으로 변화하게 된다. 팀의 업무 중 공통적인 업무에 담당자를 지정함으로써 그 일에 대한 책임감과 함께 누군가에게 도움이 된다는 역할을 실감하게 하는 방법이다. 이 방법을 팀에도 적용해도 좋다.

예를 들어 「○○○ 학습 담당자」, 「레크레이션 담당」 등의 역할을 만들어 가능하면 멤버 전원이 역할을 갖도록 하는 것이다. 이것 역시 멤버의 의욕을 높이는 방법 중 하나이다. "누군가를 가르치면 전문가가 된다"라는 것이 직접적으로 의욕을 높일 수 있는 방법이다. 파워포인트를 잘하는 B대리는 「파워 포인트 강사」로 임명하는 방식이다. 또 프레젠테이션을 잘하는 E과장은 「프레젠테이션 강사」로 활용하는 것이다. 그러면 멤버 상호간의 교류를 통해 팀워크가 향상되고, 멤버 각자가 자기만의 분야에 전문가가 될 수 있다. 이것이 팀 전체의 의욕을 높이고 멤버 각자의 업무의욕 향상시키는 방법이다.

교육만이 아니라 기업의 컨설팅작업 등에 참석하면서 느낀 점이다. 대부분 리더가 모든 업무의 주역이 되는 경우가 많다. 리더가 회의의 사회자를 한다든가, 대부분의 대화를 주도하고 의견을 자신의 견해로 이끌어가는 등의 독주하는 경우가 많다.

그래서 야구경기에서 감독 겸 투수 겸 4번 타자까지 겸하는 만능선수로 비쳐진다. 이렇게 리더가 모든 일에 독주하면 멤버가 참가하고 싶은 의욕이 감소한다. 특별한 경우가 아니라면 사람이라면 누구나 일의 주역이 되고 싶어 한다. 리더가 화려한 주역을 독점하고 멤버는 변방으로 몰아놓으면 당연히 그들은 아웃사이더(Outsider)이고 방관자가 될 수 밖에 없다. 이런 방식은 가능하면 피하거나 하지 않는 것이 바람직하다.

반대로 팀 내에서도 미팅 사회자를 다른 멤버에게 맡겨보거나 정리나 서기 역할은 문장능력이나 정리를 명확히 하는 멤버에게 맡겨보는 것이 좋다. 또 팀 회의뿐만 아니라 전사원 회의에서도 리더 대신 멤버에게 발표역할을 맡겨보는 것도 좋을 것이다. 리더가 경영층에 제안할 때도 그 내용에 멤버가 관여했다면 그 멤버에게 프레젠테이션을 시켜보는 것도 좋은 방법이다. 그러면 멤버의 의욕이나 그의 업무에도 집중하고 책임감이 높아져 성과를 향상시키는 좋은 계기가 된다. 리더는 멤버에게 일을 통해서 다양한 기회를 부여함으로써 멤버의 업무의욕 향상을 도모해야 한다. 멤버는 다양한 기회를 통해서 자기성장과 자기목표를 실현하게 된다.

리더는 멤버의 성장에 기회가 되는 자리를 적극적으로 만들어 멤버들이 의욕이 넘치고 활기찬 팀으로 발전해 나갈 수 있도록 해야 한다.

결국 5개의 인센티브 중 「자기실현 인센티브」는 일을 통한 동기부여와 함께 업무 스킬 노하우의 공유가 실현될 수 있는 기회를 만들어야 한다.

의욕 - 코칭 트레이닝(Coaching Training) 기법

의욕의 트레이닝 코칭 단계

Step 4-1	팀의 미션(Mission) 인식시키기
Step 4-2	동기부여를 위한 5가지 성과 인센티브 만들기
Step 4-3	멤버의 장점과 칭찬할 점을 찾아내기

Step 4-1 팀의 미션(Mission) 인식시키기

자사 제품이나 서비스가 사회에 공헌하고, 어떻게 좋은 이로운 역할을 하고 있는지를 실감할 수 있도록 하는 것이 중요하다. 그럼으로써 멤버의 의욕과 일에 동기부여가 가능해 진다. 이것을 발견 할 수 있는 방법을 생각하는 시간이다.

1. 목적

회사나 팀의 존재의미를 의식 할 수 있는 계기를 마련하고, 고객에 대한 가치를 발견하고 멤버의 업무의욕을 향상시킨다.

2. 시간

- 팀 전원이 참여한다.
- 1~2시간 정도 실시한다.

3. 진행방법

① 2~3명을 소그룹으로 나눈다.

② 고객으로부터 감사의 소리나 담당자가 고객에게 들은 이야기 등를 그룹에서 공유한다.

③ "고객으로부터의 감사나 공헌에 대한 이야기를 들은 후 그 이후에 무엇을 했으면 좋은가?"하는 생각을 공유한다.

④ 감사의 소리에서 추측 할 수 있는 자사의 존재의미, 가치는 무엇인가? 를 생각하게 한다.

⑤ 「누구에게」, 「무엇을 제공했는가」, 「어떤 문제를 해결했는가」를 멤버들 스스로가 자신의 생각으로 발언하고 발표하면 좋다.

⑥ 그룹에서 발표하고 느낀 점을 공유한다.

4. 유의사항

- "반드시 세상에 필요한 것이다"라는 사고를 갖게 하는데 그 의미가 있다.
- 상품이나 서비스에 부족함이 있다고 해도 상관 없다. 본래 갖고 있는 존재의미나 가치에서 찾아보도록 한다.
- 진행방법의 ⑤에서, 「누구에게」, 「무엇을 제공했는가」, 「어떤 문제를 해결했는가」를 멤버가 스스로 찾아 낼 수 있도록 유도화하는 것이 포인트이다.

Step 4-2 동기부여를 위한 5가지 성과 인센티브 만들기

회사가 만들어 주는 것이 아니라 리더와 팀 멤버간에 성과에 대한 보상 인센티브(Incentive)를 만들어가는 시간이다. 누군가 강요하여 만들고 결정한 것이 아닌 멤버와 리더가 스스로 만든 것에 의미가 있다

1. 목적

회사의 관리, 인사부문과 상관없이 팀 내에서 멤버간의 동기부여를 높일 수 있는 5가지 인센티브를 결정하여 운영한다. 그 성과결과에 대해 보상을 결정해서 멤버의 업무의욕을 향상시킨다.

2. 시간

- 팀 전원이 참여한다.
- 2~3시간 정도 실시한다.

3. 진행방법

① 팀 내에서 가능한 「5가지의 인센티브 – 별첨」를 멤버 전체에서 공유한다.

② 멤버 전원이 시행효과가 높은 방안을 3개 정도를 선정한다.

③ 선정된 보상항목에서 어떤 것이 동기부여에 가장 효과가 있을지를 멤버간에 논의하여 우선순위를 정해서 나열한다.

④ 보상항목에 대해서 멤버 전원이 투표를 실시한다(1인 2표로 투표권 부여).

⑤ 리더가 투표결과를 공유하고 보상항목과 내용을 결정한다.

⑥ 결정된 보상 항목의 운영담당자와 시기, 구체적인 보상내용에 대해서 멤버와 합의 결정한다.

⑦ 멤버 전원이 보상방안의 시행에 적극적인 협조를 결의한다.

4. 유의사항

- 인센티브 항목이 많으면 시행상 문제가 발생되기 쉽기에 가능한 그 범위를 줄여서 효율성을 높여야 한다.
- 결정된 인센티브는 6개월 단위로 변경하거나 조정할 필요가 있다. 그 이유는 동기부여가 목적이기에 향상된 부분은 변경하거나 삭제, 보완해 가는 것이 좋다.

예) 5가지의 인센티브(Incentive)

1	**자기 실현 인센티브** 예) • 팀 단위의 학습회의 • 멤버 개 개인에 적합한 적성을 고려한 업무 배분 및 역할을 준다. • 비 공식적인 리더의 역할 대행의 기회를 부여한다. • 업무에서의 권한이양(Empowerment)한다.
2	**팀 가치 실현 인센티브** 예) • 역할을 기반으로 한 업무의 목적이나 의미를 리더가 멤버에게 전달한다. • 비전이나 목표 등을 리더가 전달한다. • 비전의 시각화(Imagination)를 실시한다. • 고객으로부터의 감사의 전언 등을 전달한다.
3	**평가 인센티브** 예) • 부서(팀)내 상품권 등으로 선물을 준다. • 리더가 칭찬을 한다. • 미팅에서 멤버의 성과달성의 좋은 예를 발표하게 한다.
4	**인간적 실현 인센티브** 예) • 리더와 멤버간의 정기적인 면담을 실시한다. • 팀에서의 간단한 파티를 실시한다. • 멤버들의 생일파티를 실시한다.
5	**물질적 인센티브** 예) • 정시에 퇴근할 수 있도록 한다. • 보너스와 함께 자유로운 휴가 일정을 가질 수 있게 한다.

Step 4-3 멤버의 장점과 칭찬할 점을 찾아내기

사람은 일반적으로 타인에게 칭찬하는 것에 인색하다. 특히 리더가 되면 멤버의 장점보다는 단점이나 실수가 먼저 눈에 띄게 마련이다. 그런 멤버의 부정적 모습보다는 멤버의 숨은 장점을 찾아내고 칭찬 할 행동항목을 준비할 필요가 있다.

1. 목적

일상적인 업무 속에서 멤버의 장점이나 특기사항을 사전에 정리하여 자연스럽게 칭찬하여 멤버의 존재의미와 의욕을 고취시키는 리더 스스로 준비하는 시간이다.

2. 시간

일상적인 업무 내에서 별도로 작성한다.

3. 진행방법

① 팀 멤버 전원의 이름과 개인의 평소 행동사실, 특기사항, 강점, 취미 등을 기입한다.

② 멤버의 「행동사실」, 「강점」 등을 구체적으로 3가지 이상을 적는다.
   예) 김○○: 항상 솔선수범하는 행동을 한다/언제나 주변정리를 잘 한다.

③ 멤버와 미팅이나 업무에서 그 사실내용을 기반으로 칭찬하고 의욕을 높이는 기회로 삼는다.

4. 유의사항

- 형식적이고 표면적인 칭찬보다는 실제 행동과 연결되어야만 그 의미가 효과가 있게 된다.
- 작성은 한꺼번에 하지 않고, 멤버 개 개인에 대하여 가능한 시간을 넉넉히 갖는다.

예) 별도의 이미지(완성된 상태)

멤버의 장점과 칭찬할 점 찾기 시트

1. 멤버 이름

김 ○○대리

2. 평소 행동에서 좋은 점(3가지 이상)

예) 항상 솔선수범하는 행동을 한다. / 언제나 주변정리를 잘 한다. / 후배를 인간적으로 보살핀다. / 후배에게도 정중하게 대하고 반말을 하지 않는다.

3. 그 행동에서 칭찬 내용 및 방법

예) 비즈니스 매너가 좋은 것 같아!

4. 특기사항

키 185cm.

핸섬하고 늘 잘 웃어서 팀원들을 잘 이끌고 있음.

PART

5

커리어 업(Career up)을 디자인하라

강한 조직이나 팀은 항상 변화하는 주변환경에 적응하기 위해서 스스로 학습하고 성장하는 유전자(DNA)를 가져야만 한다. 단기적으로는 목표 달성을 확실히하는 것이지만 장기적으로는 성과를 내기 위해선 멤버의 성장과 육성이다. 향후 멤버들을 어떻게 육성하고 향후 미래 커리어 업(Career up)을 어떤 방향으로 성장하고 발전시켜 나가야 할 것인지 리더는 디자인해야 한다.

Part 5: 커리어 업(Career up)을 디자인하라

1. 변해야 한다는 의지를 심어라.
2. 육성은 8 : 2의 법칙을 활용해라.
3. 성장을 위해서는 4단계 피드백(Feedback)이 필요하다.
4. 한 사이즈(Size) 큰 옷을 입게 하라.
5. 실행권한을 부여하여 책임감을 높여라.
6. 개인의 특성에 맞춰서 커리어 업(Career up)을 디자인하라.

▣ 커리어 업－코칭 트레이닝 기법

1 변해야 한다는 의지를 심어라.

스스로 기회를 만들게 하고 의지가 있는 자를 지원하라.

리더는 멤버 각각의 개인 특성에 맞는 커리어 업(Career up)을 위한 육성 방법을 생각해야 한다.

과거 회사 전체에서 최고실적을 올리고 승승장구하며 최연소 팀장이 된 선배를 알고 있다. 그는 탁월한 실적을 낸 자신만의 경험과 노하우를 멤버에게 가르쳐서 팀을 최고로 만들겠다고 장담했다. 그러나 아쉽게도 1년 후 그는 보직 변경이라는 이유로 지방 영업지사로 내려갔다. 그 이유는 팀원 중 2명이 그만두고 실적은 최하위로 떨어졌기 때문이다. 지방으로 가기 전 송별회 자리에서 자신이 실패한 건 멤버들에게 무리하게 자신의 스타일로 업무처리를 하도록 시키는 즉 "자신의 복사(Copy)본을 만들려고 한 것"이라고 했다.

그는 "누구나 자신 나름의 개성과 특성이 있어 아무리 좋은 방법이라도 자신에게 적합하지 않다면 소용이 없게 된다는 경험을 하였다"라고 하였다. 「무리하게 소를 물가로 끌고 가지 마라」라는 속담이 있듯이 사람의 경우도 마찬가지이다. 자기 스스로 하고 싶어 하지 않고, 변화하길 원치 않는 멤버를 무리하게 바꾸려고 하면, 반드시 부작용이 생기게 마련이다. 설사 그것이 팀과 멤버에게 있어 정당한 일이고, 올바른 일이라고 할지라도 말이다. 부모가 "놀지 말고 그 시간에 공부해!"라는 말은 지금 생각해도 바른말임에는 틀림없다. 그러나 그 때, 그 시절에 들었던 생각은 어떤가?

사실 마음속에서는 "지금 하려고 해요!"라고 하고 싶던 말도, 반발심으로 더 하기 싫어지는 마음을 가지고 있었다는 사실을…
사람은 아무리 바른 말이고 좋은 방식이라도 강요하는 순간 순순히 받아드리길 거부하는 심리를 가지고 있다. 그래서 리더는 멤버에게 무조건으로 강요하고 가르치려고 하면 안 된다. 멤버의 현재상황과 심리적 상태를 이해하려는 것이 먼저이다.
그래서 리더는 팀의 목표를 달성하기 위해 멤버의 능력향상을 위해서 노력해야 하며 이때 멤버에게 단순히 방법적인 기술(Skill)만을 가르쳐서는 안 된다. 보다 자발적으로 행동하는 태도나 마음가짐을 가지도록 변화시켜야 한다. 예를 들어 자발성, 협조성 등이다.
사람은 스스로 변화하려고 하지 않는 한 타인에 의해 변화하기는 어렵다. 하물며 서로 다른 환경에서 성장한 직장 내에서 타인간인 리더와 멤버와의 관계에선 더욱 그렇다. 그렇다면 어떻게 해야 할까?
가장 좋은 방법은 멤버들에게 스스로 변화해야 한다는 계기를 만들어 스스로 느낄 수 있는 기회의 자리를 마련해야 한다. 예를 들어 「다른 멤버의 성공사례」나 「자신의 체험담」을 들려주는 것이다. 이 방법이 지적하고 가르치고 비난하는 것보다 훨씬 더 효과적이다.

힘이 총량을 생각하는 「파워 밸런스(Power balance)」를 고려해라.

가정에서 자식들의 자립 의지가 떨어지는 대부분의 원인은 부모에게 있다. 조직인 팀에서도 가정과 같아서 멤버들의 자립심이 떨어지는 그 이유와 원인은 대부분 리더인 상사에게 있다.
예를 들어 부모가 자식에게 일일이 간섭하고 지시하는 경우에, 듣는 말은 “준비물은 잘 챙겼냐”, “공부해서 좋은 대학에 가라” 등이다. 교육심리학에서는 자립심의 상호관계에서 가정에서 부모가 너무 강하면 자식이 약해지는 것이라고 했다. 결국 자식이 스스로 주체적으로 자신의 의지대로 상황에 따른 행동이나 판단을 할 수 없게 된다고 본다.

"어떤 일정한 장(Stage)에서 전체 힘의 총량은 일정하다"라는 개념을 「파워 밸런스(Power balance)」라고 한다. 즉 부모의 힘이 80이라면 자식의 힘은 20이 된다.

그럼 자식의 힘을 크게 하고 싶다면 어떻게 하는 게 좋을까?

그 답은 당연히 부모의 힘을 줄이는 것이다. 자식이 스스로 힘을 키울 수 있도록 도와주는 것이다. 자립심이라는 변화에 대한 주체는 자식이 아니라 부모에게 있다는 뜻이다. 그렇다면 부모와 자식과의 관계를 팀의 리더와 멤버와의 관계로 대입시켜보면 리더는 어떻게 멤버에게 일에서 자립적으로 행동하는 것이 바람지할까를 생각해 보길 바란다.

멤버의 「파워 밸런스(Power balance)」를 높이는 방법

1. 멤버의 힘을 높이기 전에 먼저 리더의 영향력을 줄인다.

↓

2. 멤버 스스로 고민하고 해결하려는 과정에서 트러블이 발생해도 간섭하지 말고 지켜보며 기다린다.

↓

3. 멤버의 힘으로 해결하면 칭찬하고 무엇을 느꼈는지는 물어본다. 해결하지 못하면 해결이 가능하도록 지도와 지원을 한다.

일에도 여백(White space)의 미가 필요하다.

스스로 자립심을 갖는 의지와 자세는 일에도 적용이 가능하다. 멤버에게 일을 맡길 때에도 처음부터 끝까지 친절하게 가르쳐주면 안 된다. 일정부분은 멤버의 자유재량과 창의성을 발휘할 수 있는 여지를 남길 필요가 있다. 즉 여백을 만들어 주는 것이다. 바로 스스로 할 수 있는 부분을 창의적으로 만들어 갈 수 있게 일정부분의 여백(White space)이 필요하다. 이것으로 멤버가 스스로 생각하고 연구하는 자발심과 창의성을 발휘할 수 있도록 하는 것이다. 그렇다고 반드시 이 방식이 성공한다고 할 수는 없을 것이다. 일부는 성공하고 일부는 성공하지 못 할 것이다. 그 이유는 멤버는 처음으로 자신에게 주어진 여백을 자유롭게 사용하는 방법에 익숙하지 못해서 실패하게 된다. 그러면 그것으로 좋아라고 생각하고 멤버에게도 실패할 권리가 있다는 것도 명심해야 한다.

그런 실패를 통해서 스스로 성장하는 귀중한 경험을 쌓아가도록 하는 것도 멤버육성의 한 방법이라는 것을 알 필요가 있다.

여기서 한번쯤 생각해 보기 바란다. 리더인 여러분이 멤버일 때 실패한 경험은 없었는가?

여러분의 리더였던 상사도 인내하면서 여러분을 키웠을 것이고 이번에는 리더인 여러분의 차례이다. 멤버는 실패할 권리가 있고 실패를 통하여 성장한다는 사실을 반드시 기억했으면 한다.

최근 글로벌 기업에서는 실패를 경험하게 하는 것을 권장하는 조직이 늘어나고 있는 게 현실이다. 다만 중요한 건 실패를 통해 무엇을 배웠는가 하는 것이며 반드시 실행과정과 결과를 돌아보고 스스로 깨닫게 하는 리뷰(Review)의 중요성이 필요하다.

여백(White space)의 효과

여백이 없는 경우

↓

멤버가 창의적으로 생각할 여지가 없기 때문에 일에 대한 성과가 압박으로 작용해서 의욕이 떨어지고 육성의 효과도 없어진다.

여백이 있는 경우

↓

멤버가 창의적으로 생각할 수 있고 재량의 폭도 넓어져 주체적인 행동으로 연결되어, 일의 성과에 대한 책임감과 성장으로 연결되는 육성 효과도 높아진다.

2 육성은 8 : 2의 법칙을 활용해라.

육성도 스토리 텔링(Story telling) 구조를 만들어라.

멤버의 자립 의지나 자세를 갖게 하는 가장 좋은 방법은 역시 멤버간의 경쟁심을 이끌어 내거나, 다른 멤버의 성공사례에서 찾게 해 주는 것이다. 그런 의미에서 육성을 위한 성공사례를 공유할 때에는 우리가 흔히 잘 알고 있는 기법을 활용 할 필요가 있다.

일반적으로 소설이나 영화에는 흥행의 기본구조가 공통된 보편적인 감동의 구조가 있다. 이것을 일반적으로 「서사(Narrative) 구조」라고 부른다.

즉 욕구, 장애, 갈등, 달성, 정화 라는 순서로 대부분의 소설은 이런 구조를 전개되고 있다.

예를 들어 누구나 한번쯤 읽거나 보았을 로미오와 줄리엣이라는 소설이나 영화라면, 이 스토리의 욕구는 서로 사랑하는 사이이다. 장애는 서로의 집안이 원수관계라는 것이다. 갈등은 집안관계로 포기해야만 하는 사랑이라는 장애이다. 그러나 포기할 수 없는 사랑이 우선되는 심리상태이다. 결국에는 어떤 장애와 갈등을 넘나들면서 서로의 사랑을 이루려고 한다. 그리고 마지막으로 어떤 장애나 문제가 결말로 전달하는 감동을 주는 정화라는 순서로 이루어지게 된다.

아마 현대적으로 풀어내어 비즈니스적으로 성공한다는 소설이나 영화라면, 다만 욕구의 성격이 사랑대신 성공이나 돈으로 바뀌게 된다. 이 서사구조로 성공사례를 모티브로 하여 멤버에게 전달도구와 방법으로 사용해 보자. 즉 성공사례를 다른 멤버에게 스토리 텔링있는 서사구조의 이야기로 멤버와 같이 공유해 보는 것도 좋다. 그러면 보다 효과적으로 전달되어 멤버에게 의미있는 시간을 만들 수 있게 한다.

서사(Narrative)구조의 예

예) 로미오와 줄리엣의 서사구조죽음으로 사랑을 승화시킨다.

1. 욕구
   - 소년과 소녀가 우연히 만나서 사랑에 빠졌다.
   - 소년과 소녀는 결혼까지 생각하게 된다.

2. 장애
   - 서로의 집안이 오랜 기간 동안 경쟁적 원수관계이다
   - 양쪽 집안 부모가 반목하여 사랑하는 사이를 허락하지 않는다.
   - 소년은 우연한 상황에서 여자의 오빠를 죽이게 된다.

3. 갈등
   - 남자와 여자는 잊으려고 노력한다. 그러나 도저히 잊을 수 없게 된다.

4. 달성
   - 어떤 장애도 뛰어 넘으려는 여러 가지 많은 노력을 한다.
   - 주변의 도움으로 멀리 도망치려고 한다.

5. 정화
   - 결국 남자와 여자는 비극적인 죽음으로 사랑을 승화시킨다.

다만 어떤 사례가 힘을 받으려면, 멤버와 비슷한 환경과 위치에서 일어나야만 제대로 느끼고 감동을 받을 수 있다. 그러므로 리더의 사례보다는 같은 입장인 주변의 동료들의 사례가 필요하다. 그렇다면 왜 성공사례는 리더인 자신의 이야기가 아닌 멤버 동료의 이야기라야 되는가?

멤버는 "그건 리더이기 때문에 할 수 있었던 거야!" "그 위치에서는 그럴 수도 있지!"라고 생각을 할 수 있다.

그래서 멤버는 현재 자신의 상황에서 무리라고 생각하게 될 수 있다. 리더의 이야기는 자신과는 거리가 먼 다른 환경에서 일어나는 일이라고 생각하여 감동도 적어지고 현실성이 떨어진다고 느끼어 멤버들에게 미치는 효과나 그 자극이 약하게 마련이다. 이것을 「위로부터 떨어지는 샤워(Top shower) 효과」라고 한다.

반대로 자신과 비슷한 주변동료나 후배의 사례라면 더 이상 변명이 필요없는 실현가능성이 높게 보여 훨씬 효과적이다. 이것을 「옆 샤워(Side shower) 효과」 또는 「아래로부터(Down shower) 샤워 효과」이다. 이런 성공사례를 듣는다면 대부분의 멤버는 "자신도 한번 해 볼까?"라는 생각과 시도를 하게 된다. 그래서 멤버는 서서히 행동이 변화하게 될 것이다.

또한 리더는 팀 내에서 성공사례를 어떤 형태로든 지속적으로 화제가 되도록 만들 필요가 있다. 가능하면 최근 사례가 화제가 될 수 있도록 만들어 가는 것이 좋다. 그러기 위해서는 멤버가 서로 정기적으로 리뷰(Review) 미팅을 통해 다양한 정보를 공유하는 자리를 만드는 것이 중요하다.

예를 들어 아침 미팅이나 주 1회 정례미팅에서 체험을 서로 공유하는 시간을 가질 필요가 있다. 월 1회 실시하여 어떤 형태로든 성공사례에 대해서 보상이나 인센티브를 주는 방법도 같이 검토 할 필요가 있다. 이런 다양한 방법으로 힘든 환경에서도 성과를 만들어낸 동료들의 노력과 열정을 담은 감동적인 성공사례를 서사구조로 만들어 전달하도록 하는 것이다.

리더는 사전에 멤버가 자신의 사례를 서사구조로 만들 수 있는 작업을 할 필요는 있다. 다만 강요가 아닌 자발적인 참여로 멤버 상호간 자극제가 될 수 있도록 하는 것이 가장 바람직한 방법이다.

육성은 80 : 20의 법칙을 활용하라.

외국의 유명한 프로 스포츠감독은 선수 육성방법에 대한 노하우를 이렇게 말했다. "A급 선수는 비난하고 질책하라, B급 선수는 칭찬하라, 그리고 C급 선수는 무시하라"라고 하였다. 선수 지도와 육성방법은 리더의 상황이나 가치관에 따라 다르겠으나 한편으로 일리가 있어 보이는 방법이다.

A급 선수는 엄하게 문제를 지적하고 비평한다고 해도 그것을 받아드리는 여유가 있다. 그래서 비난하고 지적한다고 해도 대부분 스스로 고치면서 성장해 가는 이유이다.

한편 B급 선수는 비난이나 문제를 지적해도 그것을 받아 드릴 여유가 없어 고민하거나 상심하여 반대로 실력이 떨어지게 된다. 경우에 따라서는 감독인 리더에 대한 반발심을 키워 엇나가는 경우가 생기게 된다고 한다. 그래서 칭찬이 필요하다는 의미이다. C급 선수는 일단 무시하고 처음부터 원칙에 의거해서 지도해야 한다고 한다.

물론 이것은 냉엄한 프로세계에서 통용되는 말일지 모른다. 그러나 비즈니스세계도 프로만이 살아남는 세계라고 생각하는 리더가 있다면 어쩔 수 없지만 비즈니스에서는 비난하거나 무시하는 것보다는 칭찬하거나 멤버의 장점을 찾아내서 육성하는 것이 올 바른 방법이다.

능력과 의욕이 충만한 A급 멤버에게만 엄격하게 대하는 한편 능력이나 의욕 둘 중에 어느 한 쪽이 떨어지는 B, C급 멤버에게는 칭찬으로 키워가는 것이 가장 효과적인 방법이다.

A급/B급/C급 – 지도에서의 차이점

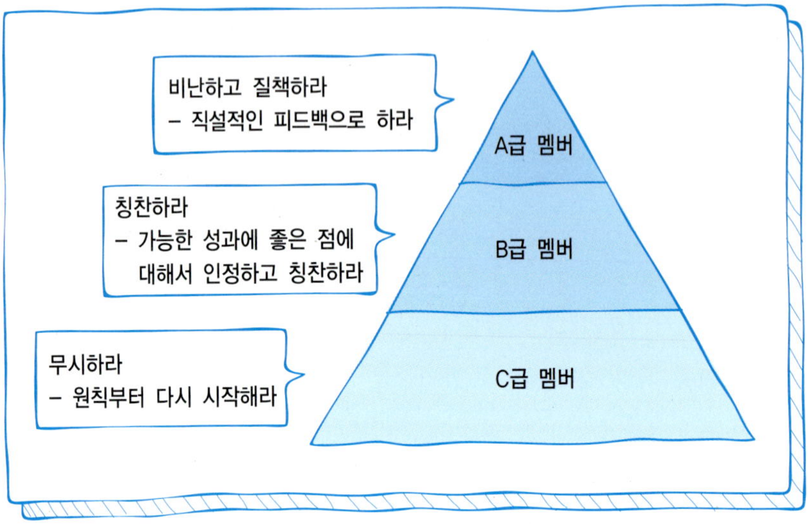

먼저 자존감을 높여줘라.

심리학 용어로 「인지적 부조화(Cognitive dissonance)」란 단어가 있다. 바람직한 모습과 현재의 모습에서 오는 그 차이에서 불쾌한 기분을 느끼는 상태를 말한다.

리더가 멤버에게 엄하게 지적하고 야단치게 되면 멤버에게 인지적 부조화가 생기게 되어 이것을 해소하기 위해 자신이 스스로 변화하려고 할 때 생기는 힘이 성장으로 연결된다고 한다. 그러나 이런 인지적 부조화는 자신의 잘못으로 인정해야만 성립된다고 한다.

일반적으로 리더의 지적이나 피드백을 순순히 받아드리는 멤버는 실제 그리 많지 않다. 대부분의 멤버들은 자신보다 타인이나 주변환경의 탓으로 돌린다. 비난이나 지적으로 육성한다라는 방법은 일반적인 멤버들에게는 사용하지 않는 것이 바람직하다.

왜냐하면 멤버를 육성하기 위해서는 무엇보다 먼저 자존심을 지켜주는 것이 중요하다. 스스로 자신에 대한 자부심을 갖고 "본인이 좋아하고", "본인이라면 충분히 가능하다"라고 생각하는 멤버는 리더에게 질타나 비난을 받더라도 잘 견뎌낼 수 있다.

그러나 자부심이 낮은 멤버는 "본인으로는 하기 힘들어", "어떻게 해도 하기 힘들겠어"라는 마음가짐과 사고를 갖게 된다. 그런 멤버에게 비난을 하게 되면 점차 의욕과 자신감이 떨어지게 되어 행동을 위축시키게 되는 악순환이 발생한다. 멤버의 자부심을 높이고 자존감을 갖게 하기 위해서는 어떤 형태로든 성공사례를 쌓게 하는 것이 중요하다. 작은 성공이 자신감을 갖게 되어 큰 성공으로 연결된다. 그 성공을 발판 삼아 다음의 도전으로 이어지게 된다. 이것이 멤버육성의 기본 포인트이다.

엄밀히 말해서 조직이나 팀은 멤버의 육성을 위한 곳은 분명히 아니다. 다만 리더에게는 달성해야 할 팀의 목표는 정해져 있고, 성과를 내기 위해선 멤버들의 성장은 필수 불가결하나.

이런 갈등이 조직 내 리더로서의 딜레마(Dilemma)이다. 리더로서 멤버의 성장과 육성에 힘을 쏟는다고 해도 조직에서 부여하는 성과목표가 낮아질 리는 없다. 그럴 경우에는 리더는 숫자가 아닌 작은 목표를 만들어야 한다. 예를 들어 개인의 성과목표와 자기개발 목표를 별도로 만들어 멤버를 관리하고 달성하게 하는 방법이다. 진정한 리더라면 여기까지 생각하고 멤버를 응원하고 지원해야 하는 것이다.

자존감을 높이는 5가지 방법

자존감을 높이는 방법

1. 달성 가능한 목표를 부여하여 성공을 경험하게 한다.
2. 상대방의 좋은 점을 찾아내도록 한다. 같은 방법으로 자신의 좋은 점을 찾아 내도록 유도한다. (멤버와의 질문을 통해서)
3. 상대방의 부족한 점을 찾아내도록 한다. 같은 방법으로 자신의 부족한 점을 찾아내도록 유도한다. (멤버와의 질문을 통해서)
4. 다른 사람에게 도움을 주는 역할을 부여하여 상대방으로부터 감사하다는 말을 듣도록 유도한다.
5. 자신의 부족한 점을 조금씩 개선하게 한다.

▣ 참조

커리어 업(Carrier up) – 코칭 트레이닝 기법

- Step 5-1: 멤버를 성장으로 연결하는 「성공사례」 공유하기
>>> P. 217

3 성장을 위해서는 4단계 피드백(Feed-back)이 필요하다.

지적은 멤버의 의욕을 저하시킨다.

모처럼 여유를 갖고 사무실에 앉아 있으면 눈앞에 벌어지는 멤버의 모습들이 자기도 모르게 자연스럽게 눈에 들어온다.
영업부서라면 그 안에는 전화로 고객과의 대화 내용, 상담실에서는 수주를 위한 프레젠테이션 내용들, 상담의 안내나 클레임 처리 등이다. 이런 내용들을 듣고 있는 리더는 이렇게 생각할 지도 모른다.
"저런 식의 고객대응은 안 되는데……?", "저런 방식으로 저 상품을 설명하면 어떻게 하지?", "저렇게 상담 약속을 잡으면 안 되는데?" 등이다.
미숙한 멤버의 업무처리방식에 여러분은 추후 별도의 시간을 내서 주의를 주게 되는 게 일반적이다. 그러나 멤버의 업무수행방식에 대해 그 자리에서 바로 하든 추후에 어떤 방식으로든 주의를 준다면 아마 멤버는 진심으로 받아 드리지 않을 것이다. 뿐만 아니라 그런 지적이나 지도방식은 멤버의 의욕저하에도 영향을 끼치게 될지도 모른다. 그렇다고 그냥 그대로 방치할 수도 없는 것이다. 그럼 어떻게 하는 것이 좋을까?

성장을 위한 4단계의 피드백(Feed-back)을 고려하자.

어떤 일에서 취해야 할 바람직한 모습과 실제의 일어난 모습과의 차이를 행동한 본인에게 전하는 표현방식을 「피드백(Feed-back)」이라고 한다. 본래 이 단어는 전자공학의 전자회로에서 사용되는 용어에서 유래되었다. 리더는 멤버에게 일에 대한 잘못된 자세나 행동에 대해서 지적하거나 피드백을 하게 된다.

그렇다면 리더로서 상황에 따라 멤버의 성장을 위한 4단계의 피드백을 생각해 보자. 예를 들어 멤버의 옷차림에서 셔츠가 바지 밖으로 나왔다고 한다면 리더는 그 때의 감정이나 개인적인 성향에 따라서 이렇게 말할 것이다.

제1단계: 셔츠가 나왔네?

제2단계: 셔츠가 나와서 좀 이상하네?

제3단계: 셔츠가 나왔네! 흘러내려왔네 집어넣는 것은 어때?

제4단계: 셔츠가 나왔네! 빨리 집어넣어!!!!

리더인 여러분은 멤버에게 일상 업무에서 어떤 단계의 피드백을 하고 있는가?

피드백 4단계 중 각 단계가 올라 갈수록 멤버의 의욕과 주체성을 떨어뜨리는 방식이 된다. 그렇기 때문에 일상의 업무에서 멤버의 미숙한 업무방식에 구체적이고 올바른 피드백 방식을 생각 할 필요가 있다. 물론 멤버의 개인 차이는 있겠지만 적절한 대응방식도 고려해 볼 필요가 있을 것이다.

일반적으로 발생되는 업무에서 그 실례를 생각해 보자.

멤버에게 "좀 전의 고객 대응방식은 문제가 발생할 가능성이 있을 수 있는데! 본인은 그 부분에 대해 어떻게 생각해?" 이런 피드백 방식은 2단계에 해당된다. 그런 업무처리는 문제가 있으니 자신 스스로 생각 해 보게 하는 것이다. 멤버의 업무 주체성을 높이고 의욕을 끌어올리기 위해서는 1, 2단계의 피드백방식을 유념하여 사용해야 한다.

3, 4단계의 피드백은 그 순간 빠른 대응이나 행동에 변화를 줄 수 있는 방법이긴 하지만 멤버의 자율성을 빼앗는 결과를 낳게 된다. 결국 멤버 스스로 깨닫게 하는 방식이 때로는 시간이 걸린다고 하더라고, 자발성과 자존감을 높여야만 성장으로 연결되는 좋은 방법이다.

4단계의 「피드백(Feed-back)」

1단계	사실에 근거한 피드백 – "셔츠가 나왔네!" ↓
2단계	주관적 관점에서의 피드백 – "셔츠가 나와서! 좀 이상하네!" ↓ **멤버의 주체성을 높이는 피드백**

3단계	평가와 제안의 피드백 – "셔츠가 나왔네!" 흘러내려왔네 집어넣는 것은 어때!!! ↓
4단계	명령에 의한 피드백 – "셔츠가 나왔네! 빨리 집어넣어!" ↓ **멤버의 주체성을 떨어뜨리는 피드백**

4 한 사이즈(Size) 큰 옷을 입게 해라.

한 단계 위의 일을 맡겨서 인재를 육성하라.

많은 리더는 이런 경험을 겪어 봤을 것이다. 자기 능력으로 할 수 없다고 생각했던 일들이 결국 자신을 성장하게 했던 기억이다. 사람을 성장하게 만드는 일이란 언제나 가진 능력보다 조금 더 많은 능력과 노력을 요구하게 된다. 시도해 보기 전에는 어렵고 힘들어 보인다 해도 그 일을 도전하는 과정에서 결과와 상관없이 한 뼘 성장하게 된다는 사실이다.

이런 말이 있다. "자신의 능력을 넘어서는 일에 도전해 보지 않는다면 자신이 얼마나 대단한 인물인지 어떻게 알 수 있겠는가?"

아마 현재의 능력보다 좀 더 높은 일에 도전하고 또 다시 그것을 반복하는 과정을 통해 누구나 자신이 가진 잠재적 능력을 보다 현실화 시킬 수 있게 된다. 멤버를 육성하는 기본적인 자세로 "자신의 몸보다 한 사이즈(Size) 큰 옷을 입혀라"라는 말이 있다. 지금보다 한 사이즈 큰 옷을 입혀서 몸을 옷 맞추어 키우게 하는 방법이며 이것이 사람육성의 기본이고 해답이다. 그러나 이때 한 사이즈 큰 것이 가장 바람직하고, 두 사이즈 이상은 너무 커서 본인에게 너무 큰 부담과 함께 어색해 진다.

따라서 목표를 부여 할 때에도 "본인이 노력해서 달성 가능한 목표를 부여하라"라고 하듯이 달성 할 수 없는 너무 높은 목표는 달성이전에 포기하게 되는 것과 마찬가지다. 최선을 다 한다면 달성가능하고 최선을 다하지 못하면 달성 불가능한 목표수준이 적당하다는 의미이다.

일의 분배에서도 마찬가지여서 너무 높거나 낮지도 않는 정도가 멤버에게 적절하다. 그렇다면 그 어느 정도가 적당한 수준인가에 대한 반듯한 정답은 없지만 멤버의 능력으로 달성 가능한 목표보다 110~115%라는 게 일반적이다. 그러기 위해서는 리더는 멤버의 능력과 특성에 대해 잘 알고 있어야 한다는 전제가 필요하다. 그래서 리더는 멤버에 대한 일상적인 매니지먼트에서의 세심한 관찰과 데이터의 축척이 무엇보다도 중요함을 다시금 생각해야 한다.

한국인임에도 미국인도 30년 이상이 걸린다는 위치까지 19년 만에 승진한 미국 항공우주국(NASA)의 국장보인 신재원 박사의 비결은 "One size bigger hat(한 사이즈 큰 모자를 써라)"였다. 즉 자기 일이나 팀의 일로만 보지 말고 좀 더 큰 조직이나 비즈니스의 시각에서 바라보는 습관을 가지면 사고가 편협해 지지 않게 된다고 한다.

직장업무에서도 자신의 입장에서 생각하지 말고 지시한 리더의 관섬에서 일의 목적을 생각하고 어떻게 성과를 낼 것인가를 깊이 생각해야 된다는 의미이다. 리더는 일의 목적만이 아니라 멤버의 성장을 위해서도 한 사이즈 큰 일을 주고 그 의미를 느끼도록 해야 한다.

노력해서 달성 가능한 업무를 부여하라.

많은 리더가 경험에 의한 자신만의 업무방식이나 육성방법을 가지고 있다. 때로는 이것이 좋을 수도 있으나 어떤 경우에는 자신만의 아집으로 보일 수 있어서 아무리 훌륭한 경험이라도 때로는 단지 경험으로만 간직해야 한다. 그런 관점에서 육성도 리더의 입장에서가 아니라 멤버의 상황에서 시작해야 한다.

멤버들은 각기 다른 성향과 개별적 특성을 가지고 있을 뿐만 아니라 일에 대한 자신감, 의욕도 각기 다르다. 멤버 본인의 개인적인 능력이나 이제까지의 업무경험 역시 다르다. 그래서 사람육성에도 멤버 개인의 특성이나 능력을 정확히 파악 할 필요가 있다.

"리더에게 의존하지 말고 혼자서 해봐!" "그런 안일한 마음으로 될 수 있나?"라고 스스로 깨달아야 만이 성장할 수 있다는 엄격한 카리스마를 가진 리더도 당연히 있다. 그런 이유에서 도전을 즐기고 그 속에서 성장하는 멤버들도 분명히 존재한다.

그러나 독자적으로 움직여야 하는 상황을 맞닥트리게 되면 불안을 느끼는 신중한 멤버도 있게 된다. 그런 경우엔 " 괜찮아! 내가 옆에서 도와줄 거니까 안심하고 해 봐!"

"일단 작은 일부터 해 보자고!"라고 하는 커뮤니케이션이 효과적일 것이다. 그렇다면 어떻게 커뮤니케이션을 해야 만이 멤버의 의욕이 생기는 걸까? 멤버에게 모두 동일한 방법으로 소통하는 건 분명히 아닐 것이다. 그럼 각 멤버의 상태에 맞는 각기 다른 커뮤니케이션하는 방법이 바람직하다.

먼저 멤버의 능력과 의욕 정도를 정확하게 파악한 후 업무에 대해서 가르치고 상담(Coaching)하면서 때로는 적절한 권한도 주면서 육성하는 방법을 스스로 터득해야만 한다.

5 실행권한을 부여하여 책임감을 높여라.

권한이양(Empowerment)보다 좋은 육성은 없다.

멤버들은 반드시 교육이나 연수를 통해서 육성되는 게 아니라 현장에서 일을 통해서 성장하고 육성된다. 멤버가 일을 통해서 지식과 경험을 쌓고 그 과정을 통하여 성장되어야 한다는 것이 육성의 기본이며, 그러기 위해서는 멤버가 가진 능력을 조금 넘어서는 일을 부여하는 것이 바람직하다. 또한 일을 자율적으로 처리하기 위한 권한과 결과의 책임이 주워져야 한다. 권한은 일을 보다 폭 넓게 바라보면 멤버의 생각을 자유롭게 활용할 수 있는 범위를 말하며 자유재량의 폭과 창의적 사고의 여지라는 두 가지 의미를 담고 있다.

리더가 멤버에게 주어진 일에 대한 의사결정에 관한 권한을 부여하여 자율적이고 능동적으로 활동하게 하는 것을 「권한 이양(Empowerment)」이라 한다. 멤버가 주어진 일에 대해 스스로 의사결정 할 때에 일의 만족도와 생산성은 향상된다. 그런 의미에서 권한이양은 리더의 지시에 의존하기 보다는 창의적 사고로 일의 의미를 찾고 조직의 활력을 불어 넣는 것이다.

사실 리더는 멤버에게 "맡기고 싶지만 그 정도 수준에서는 달성이 힘들지 않을까?"라고 생각하는 리더가 의외로 많다. 정말 실제로 그런 걸까?

권한을 멤버에게 이양하는 것은 일을 처리할 충분한 능력이 갖추었을 때, 그 일에 권한을 주는 것만은 아니다. "조금은 무리가 아닐까?"라는 단계에서 맡기는 것이 진정한 권한이양이다.

자신의 역량이나 능력을 조금 넘어서는 일에 도전(Challenge)하게 함으로써 멤버는 성장하고 육성된다. 간단한 일이나 자신의 능력에 가능한 일을 반복적으로 한다고 해서 멤버는 성장하지 않고 육성되지 않는다. 그런 일은 멤버의 매너리즘과 의욕을 떨어뜨리는 원인이 된다는 것을 명심할 필요가 있다.

다만 권한이양에는 멤버의 역량과 맡은 일에 대한 분석이 필요하다. 어떤 일이 위임가능한지 어떤 일이 경험과 지도가 있어야 하는 지에 대한 계획과 준비가 있어야만 한다. 면밀한 사전 준비가 없으면 권한이양은 리더에게도 멤버에게도 좋지 않은 결과로 나타나게 된다.

권한은 아마추어(Amateur)방식으로 주는 것이다.

무리해서 멤버의 능력에 벗어나는 일을 맡겼다면 아마도 대부분 멤버는 실패할 확률이 높다. 이것이 바로 리더의 고민이다. 그렇다면 이럴 경우 리더는 어떻게 해야 할까?

이때 리더는 멤버에게 일에 대한 구체적인 방법이나 직접적인 도움을 주는 것은 피하는 것을 피하는 것이 좋다. 도움을 주는 순간 멤버는 리더에게 의지하게 되어 궁극적으로는 권한을 빼앗게 되는 결과를 낳게 되지만. 이런 실패의 결과에도 불구하고 다시 한번 맡겨보는 결단이 필요하다. 그래도 실패한다면 일을 맡기지 않고 바로 퇴장시키는 것이 바로 프로(Professional)의 방식이다. 그러나 리더는 반드시 이런 의사결정이나 가치관을 닮을 필요는 없다고 본다. 비즈니스세계도 프로세계라고 한다면 당연하다라고 할지라도 말이다.

일반 조직에서는 이런 프로의 방식으로 팀을 운영한다면 팀 멤버 중 과연 몇 명이 살아남아 있을 수 있는지를 생각해 보자.
그래서 좀 다른 방식으로 생각해 보면 프로 방식이 아닌 아마추어방식으로 권한을 주는 방법을 생각해 보자. 일은 맡기지만 멤버의 일의 진행방식과 그 과정(Process)을 면밀히 관찰한다. 그리고 그 과정에서의 주요사항을 파악한 후에 멤버에게 협의하고 상담할 것을 지시하는 것이다.
예를 들어 자동차 운전실습을 받을 때의 운전연습 보조자의 역할을 하는 것이다. 실패했다면 그 모든 결과의 책임은 리더가 지고 멤버의 책임으로 전가하지 않는다. 다만 실행과정에 대한 책임은 멤버에게 있음을 인식시켜야 한다.
먼저 간단하고 처리 가능한 업무에 대해서는 멤버 혼자서 하게 해야 한다. 예를 들어 고객방문, 상담 프레젠테이션이나 회의에서의 발표 등이다. 그 대신 리더는 그 일을 하기 위한 충분한 예행연습이나 준비작업을 시키고 결과에 대해서는 돌아보기를 해야 한다. 이것이 교육형 아마추어 세계의 권한이양이며 리더는 이와 같은 방식으로 권한을 이양하는 것이 바람직하다. 다만 선택은 여러분의 자유이다.
사실 아마추어 방식의 권한이양은 리더에게 상당한 부담이 된다.
"그런 일이라면 내가 하는 것이 빠르고 성과도 높다"라고 생각할 수도 있고 당연히 그럴 것이다. 리더인 자신이 하는 것이 간단하고 스피드가 날지는 모르나 리더로서 현재의 편안함을 누릴까, 미래의 편안함을 가질까 하는 것은 리더의 선택이다. 다만 권한이양을 통해 멤버는 자율적 주체성을 높이게 되어 스스로 업무성과를 만들어 간다는 것은 분명하다.
일을 통한 성과창출과 멤버육성은 리더의 기본적인 임무이기도 하지만 리더 자신에게도 큰 이익이 될 수 있다. 결국 리더는 주요한 일을 제외하고 일반적인 일처리는 멤버들에게 맡기면 상위의 일에 대한 연구를 할 수 있는 시간을 확보할 수 있게 된다. 이것이 리더에게 있어 권한이양의 또 다른 좋은 점이다.

멤버가 스스로 생각하고 결정하도록 힌트(Hint)를 주는 방법

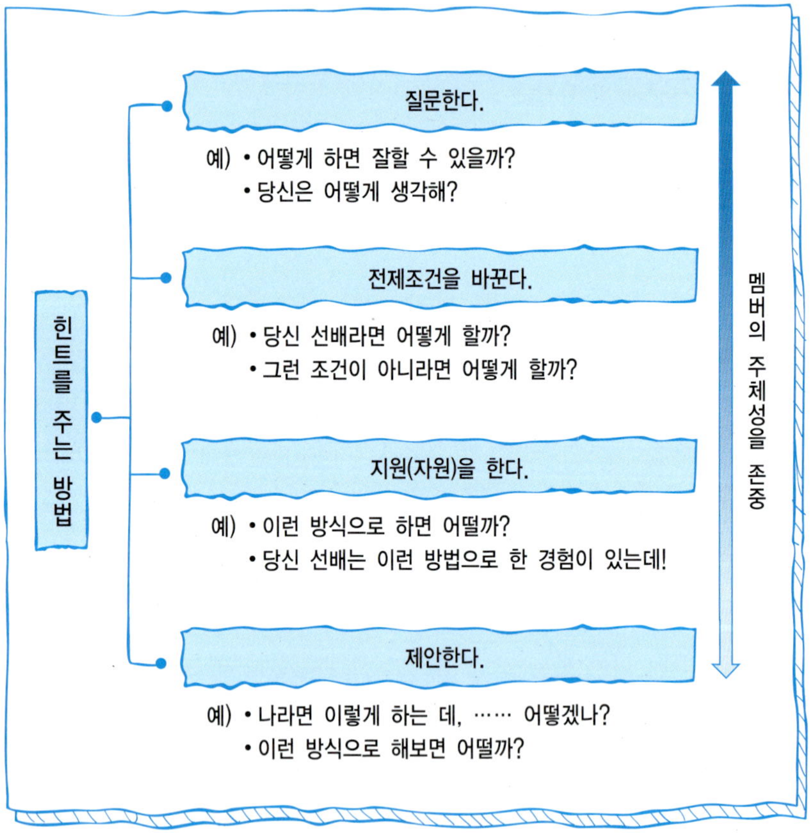

6 개인의 특성에 맞춰서 커리어 업(Career up)을 디자인하라.

커리어 업의 기본은 일을 통한 성장이다.

일을 통해 성장하기 위해서는 멤버 자신의 행동에서 좋았던 점과 개선점을 돌아보고 스스로 결정하게 하는 것이 가장 좋다. 일의 성과와 진행과정 속에서 결과가 좋았다면 처음으로 스스로의 성공체험을 느끼게 되어 자신감과 성취감을 갖게 된다. 비록 결과가 나빴다 하더라도 새로운 경험과 지식을 얻을 수 있게 된다. 만일 리더가 업무에 바로 간섭하고 새로운 지침이나 지시를 내린다면 멤버는 어떻게 될까?

비록 리더의 바른 판단이라 하여도 멤버는 일에서 즐거움을 느끼겠는가를 생각해야 한다. 리더의 판단이 실패했을 경우에는 멤버는 모든 책임을 리더에게로 돌리게 된다. 리더에 대한 신뢰는 물론이요, 멤버와의 신뢰관계에도 크나큰 문제가 생길 수도 있게 된다.

"일을 통해서 가능한 스스로 깨닫게 한다"라는 것이 육성의 기본방법이다. 이 방법을 「일 학습 병행 OJT(On the Job Training)」라고 한다. 다만 이 단어는 기업에 따라 다른 의미로 사용되곤 하는데, 그 의미에 대해 오해가 없길 바란다. 그렇다고 리더가 멤버를 자기마음대로 일을 처리하게 하는 방법이라는 의미는 절대 아니다. 일의 처리과정을 지켜보면서 때로는 멤버의 협조 요청이 있다면 가능한 범위 내에서 지원하거나 약간의 힌트(Hint)를 줄 수 있다.

그리고 결과에 대해서 질문을 통하여 스스로 깨우치게 하거나 구체적인 사실에 근거하여 피드백하는 것이 바람직하다.

결과가 좋았다면 결과에 칭찬으로 자존감을 높여주고 질문을 통하여 좋았던 점을 스스로 돌아보게 한다. 멤버는 성공체험과 함께 미비한 점을 개선으로 연결할 기회를 갖게 된다.

결과가 나쁘다면 질문을 통해서 무엇이 문제였는지를 스스로 밝혀내도록 지도하고 깨닫지 못한 점에 대해서는 피드백한다. 멤버는 문제발견과 부족한 점을 이해하게 된다. 다만 리더는 멤버의 의욕이 떨어지지 않도록 과정에 대해서 격려를 할 필요가 있다.

리더의 이런 수고스럽고 세심한 지도와 육성방법이 멤버가 일을 통해 성장하면서, 의욕을 잃지 않도록 충분한 시간을 가지고 종합적으로 판단하여 의도적으로 계획하고 실행해가야 한다.

OJT(On the Job Training) 지도

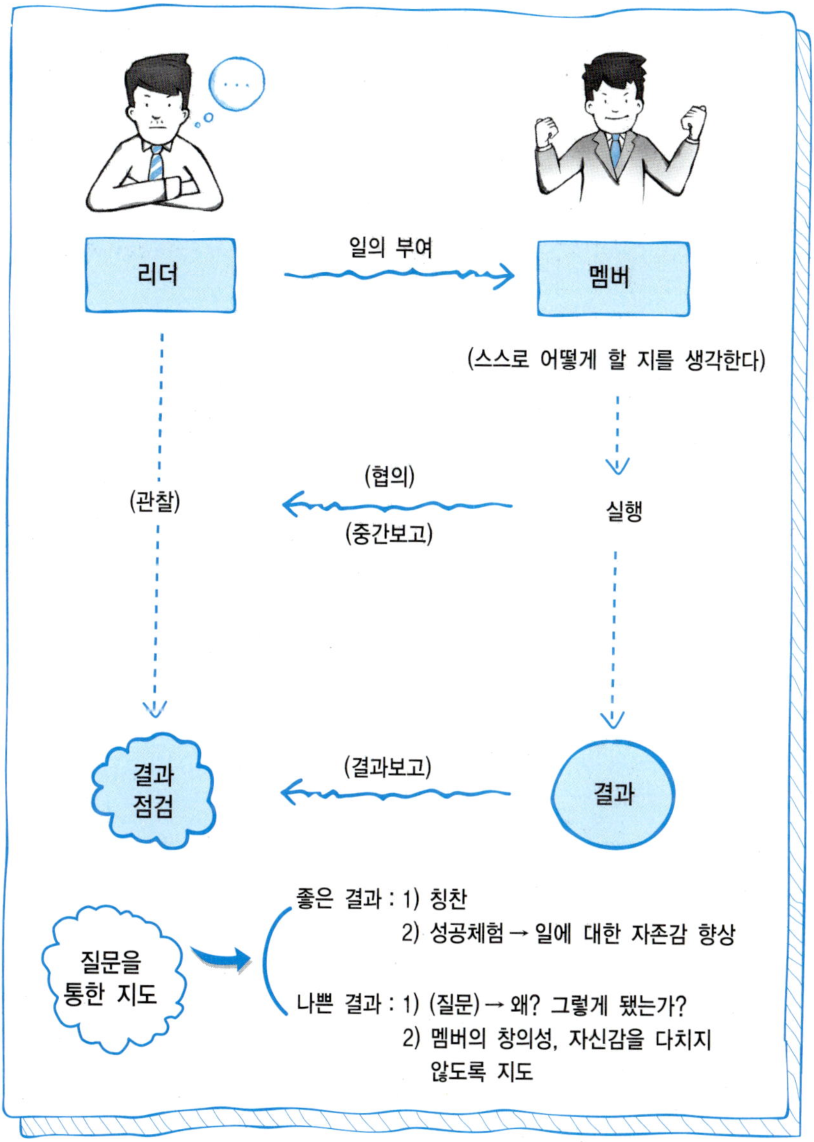

때론 성장을 위해 인내가 필요하다.

때로는 멤버의 성장을 위하여 리더가 관여하는 힘을 줄일 필요가 있다. 리더의 힘을 줄인다고 상대적으로 바로 멤버의 힘이 커지는 것도 아니다. 멤버의 자세나 행동은 변화하지 않고 리더만 변한다면 그 결과는 뻔한 상황이 된다. 그렇게 되면 어떻게 되겠는가?
상호관계만이 아니라 성과에 악영향을 미쳐 상황은 더욱 악화되거나 문제(Trouble)가 빈번히 발생되게 된다. 그러면 다시 리더는 참지 못하고 세세한 부분까지 개입하게 되고 만다. 그러면 다시 원래의 상태로 돌아가는 악순환이 될 것이다. 이렇게 되면 영원히 멤버는 성장하는 힘을 갖지 못하게 된다. 그래서 여기서 인내가 필요하다. 세상사와 같은 이치이다. 하나를 얻으려면 하나를 버려야 만이 한다.
리더로서 장기적인 사람육성의 힘을 얻고 싶다면 때로는 단기적인 성과는 버려야 만이 한다. 성과는 다른 멤버에게서 보완하게 하여 팀 성과나 실적을 지키는 수 밖에 없다. 이것은 멤버의 육성에 필요한 리더의 균형적 사고방식이 있어야 한다. 때로는 리더는 성과와 육성이라는 모두를 다 얻으려는 욕심을 버려야 할 때도 있음을 알아야 한다.

커리어 업은 각 멤버에게 맞게 디자인하라.

리더도 사람이기에 경험에 의한 개인차나 특성이 분명히 존재한다. 그래서 일하는 방식도 다르고 멤버에 대한 육성방법도 다르기 마련이다. 그러나 일반적으로 육성에는 두 가지 방식이 존재한다. 하나 하나를 가르치려는(Teaching) 방식의 리더가 한 부류이고, 다른 한 부류는 스스로 체험 속에서 깨달아 터득하게 하는(Learning) 방식의 리더이다. 그러나 육성의 기본적인 자세는 후자이다. 비록 멤버의 개인특성에 따른 차이나 개인능력 정도가 존재지만 창의성의 발휘와 성공 체험은 멤버를 성장으로 이끄는 바람직한 방법이다.

그래서 "다른 사람에게 의존하지 말고 혼자서 해봐!" 그런 안일한 마음으로 될 수 있나?" 등 스스로 깨닫게 하여 성장시키는 엄격한 카리스마를 가진 리더도 당연히 있다. 또 도전을 즐기고 그 속에서 성장하게 하는 리더도 분명히 존재한다. 그러나 스스로 해결해야 하는 불편한 상황에 처하게 되는 멤버는 그 업무과정 속에서 불안을 느끼게 된다. 그런 경우엔 리더는 "괜찮아! 내가 옆에서 도와줄 거니까 안심하고 해봐!"라든지, "일단 작은 일부터 해 보자고!" 등의 상호 신뢰가 기반한 적극적인 소통이 효과적일 것이다. 멤버의 특성이나 성격, 가치관은 백인백색으로 다를 수 밖에 없다. 그렇다면 어떻게 의사소통을 해야만 멤버의 의욕이 생기고 동기부여를 할 수 있을까? 멤버에게 리더의 관점이나 위치에서 소통하는 것인 아닌 멤버의 현재 상태나 상황에 맞게 소통하는 것이 바람직하다. 결국 멤버들의 능력과 역량을 파악한 후 일에 대한 의욕상대끼지 이해하여 가르치고 때로는 적절한 실행 권한도 주면서 사람을 육성하는 방법을 스스로 터득해야만 한다.

▣ 참조

커리어 업(Carrier up) – 코칭 트레이닝 기법

- Step 5-2: 멤버 성향별 커뮤니케이션 시트 작성하기 >>> P. 219

커리어 업 - 코칭 트레이닝(Coaching Training) 기법

커리어 업 트레이닝 코칭 단계

Step 5-1	멤버를 성장으로 연결하는 성공사례 공유하기
Step 5-2	멤버 성향별 커뮤니케이션 시트 작성하기

Step 5-1 멤버를 성장으로 연결하는 성공사례 공유하기

팀 전체 미팅시간을 활용하여 멤버의 성공사례를 전체가 공유하여 멤버의 의욕을 높이기 위한 동기부여의 기회로 삼는다. 즉 멤버의 변화의지나 동기를 자극하는 시간을 만든다.

1. 목적

멤버간의 성공사례를 공유함으로써 멤버의 동기부여 향상 및 멤버간의 변화에 대한 의지나 실행력을 향상시킨다.

2. 시간

- 팀 전체미팅 시 실시한다. (주 1회/월 1회)
- 10~20분 정도 실시한다.

3. 진행방법

① 멤버 개인의 성공사례를 정리하여 오도록 사전에 공지한다. 그 내용은 작성하도록 한다.

② 주간 단위로 팀 미팅 시 멤버 한 사람씩 성공사례를 전체에 발표하도록 한다.

③ 성공사례를 전체가 공유하고 그 상황에서 느낀 점이나 향후 개선 점 등을 발표한다.

④ 발표 종료 후 리더는 정리하고 칭찬할 내용이나 향후 보완점을 전체에서 공유한다.

4. 유의사항

- 대단한 내용보다는 작은 일에서 성공한 내용이라도 무방하다는 것을 사전에 고지한다.
- 시행 처음에는 먼저 리더가 솔선하여 발표하는 것도 바람직하다.
- 멤버 본인이 발표하는 것에 의미가 있다. 자발적 참여와 동기부여가 가능한 분위기를 만들어가는 것이 중요하다.

Step 5-2 멤버 성향별 커뮤니케이션 시트 작성하기

사람은 모두 다르다. 취향이나 성격, 행동방식은 물론 가치관 역시 다르기에 리더는 멤버와의 대화에서도 멤버에 따라서 달라져야 한다. 즉 상대에 맞춘 대응능력을 발휘해야 한다. 이런 대응능력을 높이기 위해서는 멤버 별 커뮤니케이션도 달라져야 한다. 각 멤버의 의욕을 높이고 동기부여를 갖게 하는 커뮤니케이션 시트를 작성해 보는 시간이다.

1. 목적

멤버 각 각의 타입(Type)에 적합한 대응능력을 발휘하기 위한 사전준비로 멤버와의 커뮤니케이션을 통한 동기부여 시킨다.

2. 시간

- 일상적인 업무 내에서 별도의 시간에 리더 혼자서 작성한다.
- 10~30분 정도 실시한다.

3. 진행방법

① 멤버 개인에 따라서 전달 메시지(Message)나 지침을 1~2개를 정한다.

② 멤버 한 사람 한 사람의 타입(Type)을 분류한다.

※ 에고그램*, 애니어그램**, 소셜 스타일(Social style)*** 등을 활용

---

* 애고그램(Egogram)
  미국의 심리학자 듀세이 (Jhon M. Dusay)가 창안 복잡한 사람의 성격을 5가지 성향으로 구분해 쉽게 분석할 수있도록 표준화한 것이다.

** 애니어그램(Enneagram)
  사람을 9가지 성격으로 분류하는 성격유형지표

*** 소셜 스타일(Social style)
  사람을 사회적 태도 영향에 따라 유형화하고 그 차이를 인식하는 것에 대해 대인관계의 향상을 꾀하고자 하는 사고방식이다.

한다.

③ 멤버의 타입에 적합한 메시지나 지침을 어떻게 전달할지 이미지화하면서 멤버의 반응을 고려하여 전달 「커뮤니케이션 시나리오 시트」를 계획하고 작성한다.

④ 멤버와 대화나 면담미팅에서 그 내용을 전달하면서 대화한다.

4. 유의사항

- 단순히 멤버를 칭찬한다거나 인기영합하는 내용은 가능한 피한다.
- 멤버와의 대화장면에서 반응모습이나 행동을 관찰하여 「커뮤니케이션 시나리오 시트」를 수정한다.

커뮤니케이션 시나리오 시트

이름:
스타일:
평소 행동 특징:
전달 메세지:

PART 6

오래 가려면(Long running), 계속 학습하는(Long learning) 방법을 디자인하라

저성장, 저소비, 저출산과 고령화의 정착화의 환경변화는 조직내 리더의 위기감을 키우고 있다.

대부분의 리더는 인생에 있어 청년과 노년 사이의 중년의 시기에 있을 것이다. 아직 젊고 의욕적이면서도 성숙함과 노련함이 갖춰지는 아름다운 시기이기도 하다. 그러나 현실적으로 조직에서 언제 퇴직할 지 모르는 불안감에 휩싸여 있고 경제적 지출은 물론 일에서의 은퇴 후의 삶에 대한 크고 작은 변화나 갈등을 겪는 시기이기도 하다.

문제는 직장 내에서 이런 형태의 위기가 점차 늘어날 전망이라는 점이다. 리더들은 과거의 확고한 위계질서 기반에서 생활했을 때와는 전혀 다른 환경에 있기 때문이다. 분명한 것은 디지털시대의 환경변화는 조직에서 필요로 하는 새로운 일하는 방식의 이해뿐만이 아니라 자기분야의 지식전문가로서의 역량을 발휘해야 만이 정년 이후까지 살아남을 수 있게 될 것이다. 그래서 무엇보다도 끊임없이 성장하려 하고 학습하려는 자세가 중요하다. 이제까지 경험해 보지 못한 무지의 비즈니스 환경에서 오래 가려면 계속 학습하는 방법을 스스로 깨닫고 디자인해야 한다.

Part6: 오래 가려면(Long running), 계속 학습하는(Long learning) 방법을 디자인하라.

1. 오래 가려면(Long running), 계속 학습해야(Long learning) 한다.
2. 시대는 감성적인 리더십을 요구한다.
3. 자신이 할 수 없는 일을 멤버에게 시키지 마라.
4. 비지니스 지식전문가를 지향해야 한다.
5. 앙코르 라이프 커리어(Encore life career)를 설계해야 한다.
6. 자신만의 속도로 세상을 유영해야 한다.

▣ 자기다움 – 셀프 코칭 트레이닝 기법

1 오래 가려면(Long running), 계속 학습해야(Long learning) 한다.

오랫동안 일하려면, 계속 학습해야 한다.

미국의 유명한 리더십 부문의 학자인 워런 베니스(Warren Bennis)가 성공한 리더들을 조사 분석한 결과 "그들은 모두 끊임없이 배움을 실천하는 평생 자기학습자(Life long self learner)"였다고 한다. 그 대표적인 인물이 배움에 대한 열정이 깊었던 미국의 GE의 전 최고경영자인 잭 웰치(Jack Weltch)를 들 수 있다. 학습하려는 열정이 새로운 지식에의 갈구로 연결되었고, 습득 후에는 현장에 실천하려 했던 책임감을 가졌기 때문이다. 그의 학습 열정에의 기본적인 원칙은 "언제, 어디서나, 누구에게서도 배운다(Anytime, Anywhere, and from Anyone)"였다.

리더로서 조직에서 오랫동안 일하기 위해서는 지속적으로 환경변화에 적응하며 스스로 실력을 키워야 한다. 특히 자신이 잘 할 수 있는 분야를 찾아, 그 분야에서 끊임없이 학습하고 자신만의 우월적 경쟁력을 확보해야 한다. 결국 오랫동안 직장생활을 하려면 반드시 스스로 학습하고 성장하려는 자세를 가져야 한다는 의미이다. 리더로서 잘할 수 있다고 내세울만한 확실한 장점이나 특기가 없다면 이제는 정년까지 다다를 수 없을 것이다. 과거 아무리 훌륭한 성과를 냈다 하더라도 이제는 실력과 지적 능력으로 평가 받는 시대가 되었다. 아무리 인터넷에서 다양한 지식이 널려 있는 세상이지만 이를 자신의 것으로 내재화하지 않으면 아무 소용이 없다. 그래서 항상 배우려는 자세와 열정이 필요하다.

결국 "먼 인생 길을 오랫동안 가고 싶다면 계속 학습해야 한다"는 것은 나이와 상관없이 늘 열린 마음으로 배우면서 살려고 노력해야 한다. 그럼에도 불구하고 많은 리더들이 가장 경계해야 하는 것은 경험과 능숙함을 믿고 익숙함으로 자만의 덫에 빠지게 된다. 경험이 많은 것만을 믿게 되면 그 안에 갇혀버리고, 능숙함만을 믿게 되면 성장과 발전이 없게 된다.

결국 세상의 변화를 받아드릴 마음이 닫혀버리게 된다. 사실 누구나 나이가 들어감에 따라 경험이 쌓이고 능숙함이 깊어진다. 어느 정도 사물의 깊이를 볼 수 있는 자기 나름의 통찰력도 생기게 된다. 오히려 이것에 의존하면 자기만의 틀 속에 갇혀버리고 경쟁력까지 떨어뜨리게 된다.

그래서 항상 주변과 사물에 대한 호기심과 겸손함이 우선되어야 한다. 주변의 듣기 싫은 조언이나 피드백에도 열린 마음으로 귀 기울여야 한다. 끝없는 자기학습의 자세와 변화에 대한 노력이 뒤 따르지 않는다면 얻어지기 어려운 것들이기도 하다. 이런 대처야말로 나이든 자의 노회함이 아니라 경험과 연륜에 플러스요인이 되어 진정한 자산이 된다.

디지털시대의 새로운 변화에 주목해야 한다.

최근 조직 내에서 리더의 위치를 위협하는 다양한 변화들이 일어나고 있다. 가장 먼저 느끼는 변화는 저성장 경제구조가 고착화되면서 단순히 경험과 경력이 많다고 해서 조직에서 대접받는 시대는 이미 지나갔다. 과거 조직에서는 직급이 낮거나 승진 시기가 다소 느려도 어느 정도 존중되고 영향력도 있었다. 그러나 이제는 경험에 대한 예의는 유지되겠지만 존중해주는 시대는 끝나고 존중의 대상이 경험보다는 능력으로 바뀌고 있기 때문이다. 따라서 리더가 전문가적인 역량이 없으면 바로 조직 내에서 도태된다.

또 다른 변화는 조직 내의 위치(Position)획득이 어려워지고 있다. 이전에는 어느 정도의 주요위치를 맡고 있다가 퇴직하는 것이 당연했다. 그러나 최근에는 리더역할을 할법한 나이의 중년에도 여전히 멤버로 일하는 경우가 늘어나고 있다. 그 이유는 성장이 정체되고 낮아지는 퇴사 율과 조직 내의 노쇠현상으로 인해서 나이든 멤버들이 늘어나는 구조가 주된 원인이다. 리더의 위치를 얻음으로서 인정받고 존중 받는 기준이라고 믿었던 중년의 멤버들이 실무자로 일해야 하는 상황에 잘 적응할 수 있는지도 의문이다.

마지막 변화는 가속화되는 새로운 지식변화의 속도감이 위기감을 키운다. 이전에는 경험이 자산이 되었으나 급격한 산업구조의 변화가 과거의 경험과 노하우의 영향력을 약화시키고 있다. 그간 경쟁력을 가졌던 경험들이 진부하 되면서 도리어 변화와 혁신에 장애가 되고 있다. 더구나 최신 지식으로 무장한 젊은 멤버들이 많아지면서 새로운 지식을 업 그레이드(Up grade)한다는 것도 버거울 수 밖에 없다는 것이다. 이런 변화들은 이전에 겪어보지 못했던 새로운 디지털 시대의 현상이다.

더구나 조직 내에 자신과 견주어 볼만한 바람직한 롤 모델(Role model)마저 거의 없는 상황이다. 그래서 이런 시대의 변화를 적극적으로 받아드리고 자기분야에서 최고 전문가(Professionals)를 지향하는 자세를 가져야 한다.

디지털시대의 조직 내에서의 3가지 변화

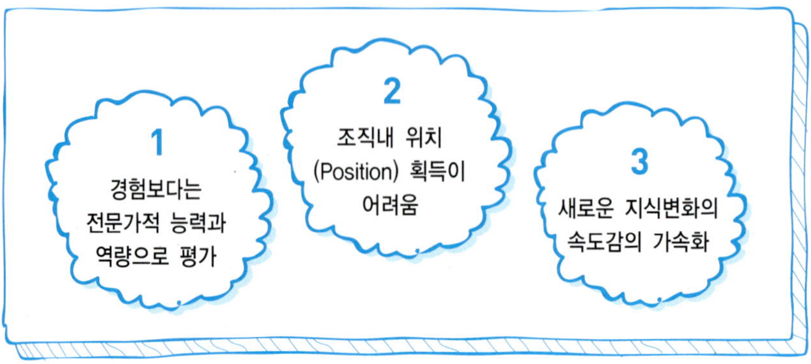

경쟁력을 지속시키는 지적 호기심을 가져라.

한 분야에서 10년 이상 또는 20년이 넘는 시간 동안 그 일을 했다면 적어도 그 해당 분야의 최고 전문가라고 할 수 있다. 그러나 대부분 일에 대한 경험이 쌓이고 익숙해지면은 새로운 시도나 아이디어에 대해서 거부감을 표시하는 경향을 갖는다.

"이미 다 해봤어", "몰라서 하는 소리야", "이렇게 해야지"라는 말로 자신의 지식범주의 틀 안에서만 사고하고 행동하려고 한다. 대부분 지금껏 항상 그렇게 해왔어라는 태도로 일하는 것이 가장 큰 문제이다. 리더로서 지속적으로 성장하려면 그 분야에서는 나만큼 아는 사람이 없다라는 자만에서 벗어나서 끊임없이 세상의 변화와 새로움에 대해 지적 호기심을 가져야 한다. 자신이 아는 지식과 경험이 최고인 양하며 안주하며 머물지 말고 지속적으로 세상의 변화를 살피고 새로운 지식을 습득하려 해야 한다.

또한 깊이 들여다보면 누구나 젊었을 때의 숨겨진 감성과 호기심을 가지고 있다. 교육 현장에서도 나타나지만 젊은 시절에 덮어 두었던 인문학적인 주제나 상대성 이론 등에 유독 재미있어 하는 리더도 있고, 예술적인 감성으로 지적 호기심을 나타내는 리더들도 흔히 볼 수 있다. 그래서 지금 일을 그만두면 이전 하고 싶었던 분야를 다시금 찾아 가겠다고 한다.

그러나 우선 그런 관심사보다는 현재 자신의 경쟁력을 높이기 위해서 지속적으로 학습하여 자기분야에서 최고가 되기 위해서 노력해야 한다. 특히 내가 보다 잘 할 수 있는 분야를 찾아서 남과 다른 차별적 경쟁력을 확보해야 한다. "이 나이에 그런 것을 어떻게 하지?", "이미 공부하기에는 머리가 굳어서"라고 하는 리더는 스스로의 한계를 규정하는 실수를 범하곤 한다. 미국 타임지(The Times)는 "사람의 지적 지식능력은 45세를 지나서 60세 이상까지도 발전한다"라는 연구 결과를 실은 바 있다. 미국 UCLA 버클리 의대 신경과학자연구팀이 40년간 장기임상실험을 실시한 결과 사람의 뇌기능이 60세 이후에도 계속적으로 발전한다는 사실을 입증하였다.

잘 알려진 조선시대 실학자이자 철학자였던 정약용은 60세 이후에 가장 많은 책을 썼다. 중국의 위대한 시인이자 철학자인 도연명은 42세에 관직을 접고 낙향하여 그 시대의 대학원과정에 입학했다. 미 해군 최초 여성 제독이사 최초의 김파일리를 개발한 프로그래밍 언어 설계자 그레이스 머레이 호퍼(Grace Murray Hopper)는 40대가 되어서야 프로그래밍을 배우기 시작했다고 한다.

이 것들뿐인가?

유명한 첼리스트 파블로 카잘스(Pablo Casals)는 90세 이후에도 하루 6시간씩 연습하였고 그 이유에 대해 묻자 "지금도 연습하면 할수록 실력이 늘어난다"라고 말한 것은 유명한 일화이다. 물론 개인차가 있겠지만 리더로서 전문성을 발휘했던 분야에 대해서 지속적으로 학습을 게을리하는 것은 단순히 안정지향으로만 가려는 것이 아닌지를 스스로에게 물어보아야 한다. 다시 한번 강조하지만 리더로서 조직에서 경쟁력을 지속하기 위해서는 지적 호기심과 열정을 다시 한 번 이끌어 내는 노력을 해 보는 것이 필요하다.

돌아보기를 통해서 도전자세와 감사하는 마음을 가져야 한다.

리더로서 자기역할에 충실하면서 조직의 가치창출에 기여하고 후배나 멤버들이 믿고 따를 수 있는 모범적인 롤 모델(Role model)이 되어야 한다. 이런 특성을 가진 리더들의 특징은 경험이나 나이로 자신의 권위를 세우지 않고 조직에 필요한 사람이 되어야 한다는 생각에 초점을 둔다. 조직에 어떻게 기여하고 동료나 후배멤버들에게 어떻게 모범을 보일까를 먼저 생각한다는 것이다.

교육현장에서 정년이 한참 지난 한 리더의 인상적인 발언을 소개한다. 정년 이후에도 재계약을 통해 지속적으로 자신의 현장경험과 노하우를 매뉴얼화 하여 새로운 운영시스템을 만들고 후배들에게 도움을 주려고 노력하는 것들이 아직도 현장에 있는 지금의 자신을 만들었다고 하였다.

조직에서 나이 들었다고 인정받고 대우를 받으려고 하거나 귀찮고 힘든 일을 떠넘기기 시작하면은 주변과의 관계가 불편해지게 된다. 이제는 나이로 권위를 세우기보다는 새로운 도전을 해야 한다. 언제나 기대 이상의 역할 변화를 시도하는 적극적인 모습만이 주변사람에게 깊은 인상과 신뢰를 준다. 멤버들에게 훌륭한 본보기가 되기 위해선 자기 자신과 일을 되돌아보고 도전하면서 감사하는 마음을 가질 필요가 있다. 혹 조직 내에서 승진하지 못하거나 많은 연봉을 받지 못한 것에 아쉬움이나 스트레스를 갖지 말아야 한다. 오히려 자신에게 맞지 않는 옷을 입고 스트레스를 받는 것보다는 잘 할 수 있고 좋아하는 일을 오래 하면서 능력을 발휘할 수 있음에 감사할 필요가 있다. 쉽지 않지만 주변 사람들과 주어진 환경에 감사하는 마음으로 항상 먼저 행동하고 배려하는 마음을 가져야 한다.

예를 들어 자신보다 비록 나이 어린 상사라도 그를 도와 팀의 성과에 일조하는 즐거움과 멤버나 후배들을 배려하고 포용하는 마음을 가져야 한다.

자신과 비교하여 질시하거나 타인의 잘못으로 돌리려는 부정적 심리는 불안감을 회피하는 임시방편일 뿐이다. 이런 점에서 감사하는 마음과 돌아보는 여유를 갖는 자세는 자존감을 높여주고 일 속에서 성취감과 행복감을 맛볼 수 있게 한다.

리더의 일하는 방법에서도 언급한 내용이나 어떤 일이든 실행 후에는 결과와 과정을 점검하고 개선하고 변화하려는 자세를 가져야 한다. 이런 돌아보기를 통해서 일의 성과뿐만이 아니라 그 과정을 통하여 인간적인 성장까지로 연결되어 자기 자신의 강점은 물론이고 한계나 약점까지도 알게 되게 된다. 그뿐만이 아니라 자신이 지니지 못한 주변사람의 강점을 알고 인정하게 됨으로써 자신의 강점을 최대한 활용하는 데에도 도움이 된다.

인간적인 성숙함이란 자신이 다른 사람에게 필요한 존재라는 것을 인식했을 때 나타난다. 미성숙한 경우에는 관심이 자신에게만 국한되고, 결국 성장이 아닌 정체나 침체에 빠지게 된다.

이렇듯 변화하는 세상 속에서는 새로움을 온전히 받아들이고 기존의 틀을 깨는 생각과 행동을 해야만이 어디에서든 오래 동안 현역으로 머물고 오랫동안 일할 수 있을 것이다.

▣ 참조

자기다움 – 셀프 트레이닝(Self Training) 기법

- Step 6-1: 자기 평가(Assessment)해 보기
  >>> P. 273

2 시대는 감성적인 리더십을 요구한다.

영원히 감성적인 여성스러움이 세상을 이끌어 올린다.

"영원히 여성적인 것이 우리를 이끌어 올린다" 이 구절은 독일의 문호 요한 볼프강 폰 괴테(Johann Wolfgang von Goethe)가 쓴 파우스트의 마지막 구절이다.

다소 거창한 말로 시작했지만 미래학자들은 현재를 3F(Feeling, Fiction, Female)의 키워드로 표현한다. 그 중 여성(Female)의 의미는 이전과 다르게 사회전반에 활발하게 참여하는 여성적인 의미에서 그 역할의 중요함을 나타내고 있다. 비즈니스에서도 환경변화와 구성원의 가치관 변화에서 나타나는 주요 이슈인 조직 내의 소통을 해결하기 위해 여성적인 공감능력과 상대방에 대한 감성적 접근을 필요로 하고 있다.

이제까지 조직의 운영이나 일하는 방식은 "남성의, 남성을 위한, 남성에 의한" 비즈니스의 기존 사고방식이었다. 위만 보고 가는 문화나 상명하복의 남성적 군대식 조직 운영방식이 아니라 주변과 멤버를 보살피는 여성적 부드러움이 필요하다. 결국 여성적인 것을 필요로 함은 상대적으로 오직 조직의 효율과 성장만을 우선하고 있는 비즈니스 구조의 모순을 역설적으로 표현한 것이다. 앞으론 이런 접근방식을 고집하면 변화하는 시대흐름을 잘못 읽는 대가를 치를 수 있다. 반드시 남성 위주의 조직구조나 시스템에 대한 비판적 성찰이 분명히 필요하다.

이제 비즈니스에도 여성적인 마인드가 주도적 역할을 하며 이끌어가는 변화의 시작점이 되어야 한다. 여성적 감각과 감성이 조직의 운영에서 그 섬

세함이 빛을 발할 수 있는 시대라는 의미이다.

미래학자자들이 지적하듯이 미래는 수동적으로 예측하는 것이 아니라 능동적으로 새로움을 창조하는 것이어야 한다. 그렇게 하려면 그 무엇보다 사람의 마음을 움직일 수 있는 공감적 감성능력부터 갖추어야 한다. 그래서 여성적 가치에 바탕을 둔 여성지향적 기술(Feminine-tech)와 가족지향적인 기술(Family-tech)의 시대를 준비해야 한다. 문제를 해결하고 기능을 제공하는 남성형의 비즈니스 모델이 아니라 자유로운 아이디어나 발상을 펼칠 수 있도록 상호 교감하는 감성적인 비즈니스 모델만이 살아남을 수 있다. 결국 새로운 시대를 이끌어 갈 여성적 가치의 리더십을 재인식해야 한다.

이제 시대는 리더에게 전문지식을 바탕으로 감성을 디자인하여 경영하는 칭의직 사고와 지식을 요구하고 있고 무엇보다도 중요힌 긴 포용성을 비탕으로 하는 사람에 대한 공감능력과 감성적 자질이다. 다만 세상은 여성적인 섬세한 배려나 공감능력을 필요로 하지만 그 속에는 상대를 이끄는 강한 카리스마(Charisma)가 있어야 한다. 오래 전 세계적인 문호 괴테조차도 우리에게 일갈하지 않았던가? "영원히 여성적인 것이 우리를 이끌어 올린다"고 하였다.

결국 리더십의 요체는 공감능력 속에서 사람의 마음을 얻는 것이어야 한다. 애써 설명하거나 강요하고 권유하지 않아도 마음에서 우러나오는 믿음을 갖게 되고 나아가 자발적으로 동참하여 행동하게 하는 것이다.

「리더십(Leadership)」의 본질을 이해하자.

리더십의 요체는 사람의 마음을 얻는 것이다. 그렇다면 비즈니스 리더에게 리더십이란 어떤 것인가?

리더십을 발휘하기 위해 무엇이 필요한가?

사실 리더십의 이론은 세상에 넘쳐난다. 대개 리더십에 대한 의미는 시대에 따라서 요구되는 요건에 따라서 다양한 형태로 그 의미가 바뀌기도 한다. 다만 변치 않는 본질이라면 헌신, 솔선수범, 명확한 원칙 등으로 설명된다. 리더십은 리더의 영향력이 발휘되어 상대방에게 보여지는 행동모습이며 일반적으로 리더십을 통솔력이나 지도력이라 불리고 있다. 사실 그 본질은 사람이 사람에게 미치는 영향력으로 대인 영향력이라고 한다. 원래 리더십은 지위나 권한과는 무관하다고 볼 수 있다.

흔히 드는 예로 어린 시절의 동네 친구들과 놀이하는 모습 속에 볼 수 있다. 친구들과 놀고 있을 때, 그 안의 누군가가 "이번에는 이렇게 하자"라든가 "오늘은 저쪽으로 가서 놀자"라고 말하며 영향력 있는 한 친구가 방향을 제시하면 모두가 그쪽으로 따라서 움직이게 된다. 바로 이 무리를 움직이게 하고, 가장 큰 힘을 발휘했던 친구가 이들의 리더이며 바로 그가 다른 친구들에게 미치는 힘인 영향력의 발휘 정도를 리더십이라고 설명할 수 있다.

때로는 멤버가 리더에게 이와 같은 영향력을 발휘할 때도 있다. 프로세계에서도 감독보다 코치나 유력한 선수가 영향력이 강한 경우도 있는 것과 마찬가지이다. 하지만 비즈니스 리더는 조직에서 리더십을 발휘하여 조직을 이끌고 성과를 높이고, 주변 사람과의 적극적인 관계를 맺기를 기대하고 있다. 그런 의미에서 비즈니스 리더십은 집단에 속한 구성원인 멤버를 하나의 방향으로 움직이고자 영향을 미치는 행위이다. 추가로 그 의미를 풀어보면 팔로우십(Followership: 멤버의 힘)을 이끌어 내는 능력이며 여기에는 반드시 상호간의 신뢰가 기반이 된다. 사실 사람이라면 누구나 일정 부분 리더십 능력을 가지고 있고 발휘하려는 행동도 한다. 그러나 리더십을 발휘하고 조직을 이끌어가고, 멤버들과 신뢰관계를 형성하기 위해서는 일반적으로 4가지 기본적인 능력이 필요하다. 이것을 「비즈니스 리더십 코어(Business Leadership Core)」라고 한다. 리더십 코어는 비즈니스 리더십 구조의 핵심이 되는 4가지 요소이다. 즉 기본적인 비즈니스능력(Capability), 애정(Affection), 윤리관(Ethics), 일관성(Consistency)이다. 그렇다면 비즈니스 리더십에 대해서 핵심요소를 구체적으로 생각해 보자.

비즈니스 리더십 코어(Leadership core)의 힘을 길러라.

기업의 환경이나 업무의 범위에 따라 리더의 역할이나 업무 내용의 차이에 따라서 요구되는 능력은 다르다. 무엇보다도 가장 먼저 「기본적인 능력(Basic Capability)」인 문제 해결 능력, 커뮤니케이션 능력, 절충 협상능력 등 비즈니스 활동에 바탕이 되는 것이 요구된다. 최근에는 시대의 변화에 따라 보다 세분화된 능력으로써 듣는 능력, 말하는 능력, 통찰력 등이 더욱 강조되고 있다.

다음은 「애정(Affection)」으로 멤버를 이해하고 배려하고 걱정하는 마음가짐과 그 자세이다. 교육에서 나온 실 사례를 소개하면 한 리더가 과거 대리시절의 모친이 평소의 지병 때문에 위독하다고 해서 리더에게 보고하고 곧바로 조퇴하고 곧바로 병원으로 갔었다. 그리고 3시간 후가 지난 뒤에 자신의 상사가 병원으로 찾아 왔다고 한다. 그 당시 그는 갓 결혼도 했고 여러 집안사정으로 금전적 형편이 넉넉지 않아서, 입원문제나 병원비로 고민하고 있었다. 그런 자신의 형편을 잘 안 상사가 선뜻 내민 상당한 돈으로 수술비와 병원비를 해결할 수 있게 되었다고 한다. 바로 이런 것이 리더로서 멤버에 대한 상황을 이해하고 아끼고 걱정하여 도우려는 진정한 마음이 아닐까 한다. 리더로서 가져야 할 애정은 이런 멤버나 주변 사람들에 대한 배려심 있는 행동을 의미한다.

그리고 「윤리관(Ethics)」은 최근 사회 문제화 되고 있는 기업 범죄, 또는 윤리적 문제로 기업 이미지를 현저히 저하시키는 경우가 많아지고 있다. 최근 기업이 눈앞의 이익 때문에 사회에 해악을 끼치는 사례를 너무나 많이 보고 있다. 특히 리더의 위치는 멤버들보다 강한 사회적 도덕적 윤리관이 필요하고 사회적 관계나 그 영향에 대해서 윤리적 도덕적인 가치관을 가져야 한다.

마지막으로 「일관성(Consistency)」은 기본능력, 애정, 윤리관이 어떤 상황에서도 일관되게 행동하는 것을 말한다. 리더가 구성원들에게 보이는 일관성은 신뢰감으로 연결된다. 리더가 약속을 지키고 행동으로 실천하는 모습을 보여주면 구성원들은 리더가 책임을 지는 사람이라는 것을 알고 믿고 따르게 될 것이다. 그러나 현실적으로 이런 모습을 보이는 리더가 많지는 않은 것 같다.

미국 한 리서치(Research)기관의 조사에 따르면 직장인을 대상으로 한 설문조사 결과에서 "자신의 리더가 말과 행동에 일관성이 있느냐?"라는 질문에 11%만이 "매우 그렇다"라고 대답한 것으로 나타났다.

일관성이 없는 리더들이 보여주는 가장 큰 특징은 바로 말과 행동이 다르다는 점이다.

예를 들어 자신이 책임질 것처럼 하면서 멤버에게 일을 시켰다가 결과가 안 좋을 경우에는 책임을 회피한다. 또 정직한 사람이 인정받을 수 있다고, 부하들에게 강조하면서 자신은 수시로 거짓말을 하고 약속을 안 지키는 리더들이 이에 해당된다. 리더가 스스로 자신이 말한 것을 행동으로 지키기 위해 노력하고 이를 멤버들과 공유하면 그 결과 신뢰가 높아져 믿고 따를 수 있는 영향력을 발휘하는 지름길이다. 리더십의 본질이 어떤 것이든 배우고 학습하여 행동하려는 적극적인 자세가 무엇보다도 중요하다.

리더십 코어의 4가지 요소

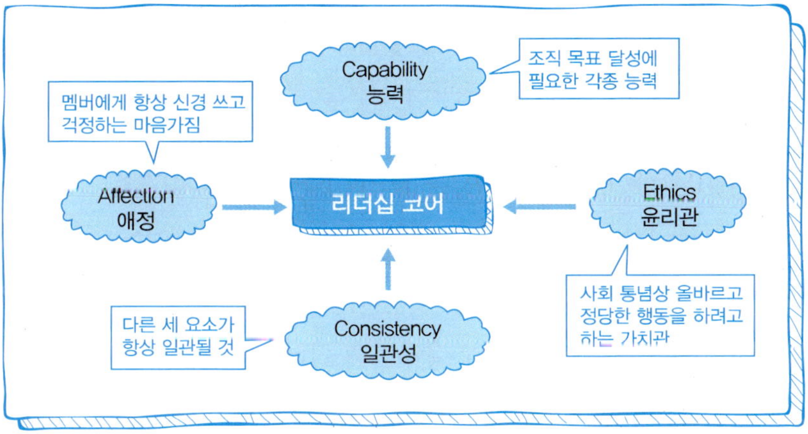

리더는 탁월한 업무능력을 갖추어야 한다.

리더에게 필요한 것은 무엇보다도 일과 관련된 탁월한 업무능력을 갖추어야 한다. 리더에게 있어 실력은 마치 프로 세계에서 흥행의 보증수표와 같아서 뛰어난 능력으로 인정받는 리더들은 멤버들에게 성공에 대한 긍정적 기대감을 심어주게 되어 멤버들이 역시 믿고 따르는 경향을 보인다. 그 반면 기본역량이 부족하여 성과를 보이지 못하는 리더는 설사 인간적 성품이 좋다라고 하더라도 멤버들에게 신뢰를 받기가 어렵다.

업무지식이 부족하면 일의 큰 방향과 구체적인 전략과 실행방법을 제대로 잡지 못하게 되어 멤버에게 "일단 해봐"라는 식으로 소모적으로 일을 시킬 가능성이 크다. 이런 경우가 반복될 경우 멤버들은 우선 일의 대한 부담이 커지고 이후 성과도 좋지 않게 된다. 결국 잘 알지 못하면서 과거의 경험만으로 밀어붙이기 방식은 멤버들이 받아드리기가 어렵게 된다.

이런 리더들은 최신 지식을 갖추고 인터넷 등을 통해 시장변화의 트랜드를 읽는 멤버들에게 무능력한 리더라는 인상을 심어주게 된다. 특히 최근 지식의 변화가 빠르게 변해가고 있고 리더가 해야 할 범위가 넓어지는 만큼 꾸준히 학습함으로써 갖춰야 할 전문성을 강화하기 위한 노력을 끊임없이 해야 한다.

예를 들어, 영업부서의 리더가 판매해 본 적이 없는 상품에 대해 멤버에게 "판매해 실적을 내라!"라고 한다면 그 지시엔 설득력이 없다. 멤버들은 항상 리더를 쳐다보고 있고 리더의 말과 행동이 일치하지 않는 부분에 대해서는 따르지 않는 것은 당연하다.

그렇다고 지금과 같이 일이 세분화 되고 전문화 된 비즈니스 환경에서 리더가 모든 걸 알거나 경험 해 본다는 것 역시 무리 일지 모른다. 다만 리더 자신이 경험해 보지 못한 부분에 대해서 멤버에게 성과를 기대하지 말길 바란다는 의미이다. 자신이 경험해 보지 않고 잘 알지 못한 영역으로 멤버를 보낼 때에는 그만한 준비와 실패를 감싸줄 용기가 필요하다.

만일 리더가 그 일에 경험이 없다면 먼저 자신이 솔선수범해서 시작 해 보거나 성과를 내기 위해서 멤버에게 아낌없는 지원을 해야만 한다. 그래야 멤버가 그 일에 성과를 내고 정통해 지는 것이다.

회의나 보고가 있을 때도 사전에 내용을 미리 파악하고 고민함으로써 멤버들에게 논리적이고 예리한 아이디어나 부가적 지식을 제공해야 한다. 적절한 시기에 명확한 의사결정으로 리더로서의 전문성을 발휘해야 한다. 물론 지식의 양이 방대해져 리더가 그 모든 것을 알아야 하는 것은 아니고, 사실 다 알 수도 없다. 다만 멤버들에게 끊임없이 학습하려는 자세를 통해 전문성을 강화하는 자세를 보여야 한다는 것이다. 여기에 리더로서 갖추어야 할 기본적인 업무 능력을 비즈니스 MBA과정에서 습득하는 내용을 5가지 분류한다.

비지니스 리더에게 필요한 5가지 기본역량

1	사고, 분석하는 능력
2	과제해결 능력
3	업무수행 능력
4	관계형성 및 팀 협업 능력
5	커뮤니케이션 능력

리더는 마지막에 먹는다.

경영이론가인 사이먼 시넥(Simon Sinek)의 책에서 본 한 구절이다. 그 내용은 탁월한 성과를 내는 미국 해병대의 비결이 무엇인가? 라는 주제였다. 미국 해병대의 장군에게. "어떻게 해병대가 탁월한 성과를 올리고 있는가?"에 대한 비결을 물어보았더니, 대답은 뜻밖이었다고 한다. "장교들이 마지막에 먹기 때문입니다."라는 것이다.

미 해병대에서는 일반사병이 먼저 식사를 하고 최고 선임장교는 가장 나중에 먹는다고 한다. 누가 시켜서 그렇게 하는 게 아니라, 해병대에서는 "리더라면 부하들을 책임을 져야 한다"라고 배우기 때문에 장교는 부하들보다 나중에 먹는다. 한 마디로 리더는 마지막에 먹는다는 원칙이 미국 해병대가 높은 성과를 내는 진짜 비결이다. 이 원칙에서 보면 리더라면 부하의 생활과 그들의 삶을 돌봐야 한다라는 의미이다. 자신보다는 부하의 삶과 복지가 먼저라는 책임감을 가져야 한다고 한다. 이런 리더 밑에서 부하들은 안전감을 느끼고 조직 내부에서 부당하게 자신의 삶이 손상되고 손해를 입을까를 걱정할 필요가 없어지게 된다. 서로 동료들을 믿고 리더에게 진정으로 따르고 협력하게 되는 것이다. 그렇기 때문에 리더가 지시하는 임무를 위해 멤버들은 더욱 더 노력하게 된 결과로 미국 해병대의 조직은 더욱 더 강해진다.

결국 리더가 멤버들을 진심으로 걱정하며 개인의 욕심을 버려야 한다는 사실을 이해한 사람이야 말로 진정한 리더라는 의미이다. "부모의 마음으로 자식을 돌보고 책임을 진다"라는 마음가짐이 조직에서는 리더는 멤버들의 삶을 책임져야 한다는 것이다. 그러면 멤버들도 진심으로 리더와 조직을 위해 헌신할 것이다. 이것이야말로 진짜 강한 조직을 만드는 비결이고 리더의 리더십 발휘의 기본적인 마음가짐이다.

▣ 참조

자기다움 – 셀프 트레이닝(Self Training) 기법

- Step 6-2: 작지만 중요한 일을 일상에서 찾고 실천하기
  >>> P. 276

3 자신이 할 수 없는 일을 멤버에게 시키지 마라.

마이너스 감정을 줄이는 것이 리더의 기본자세이다.

목표를 달성해야 하는 책임을 갖는 리더는 힘들고 외롭다. 그 달성이 멤버를 통해서 이루어 내야 하기에 멤버와의 관계에서 어떤 형태로든 스트레스가 쌓일 수 밖에 없다. 그래서 리더는 혼자서 성과를 내는 담당자(Player) 시절과는 다른 복잡한 심리상태가 되어 때로는 분노, 기쁨이 혼동되어 밖으로 감정이 노출될 수 밖에 없다. 그러나 리더는 그런 감정을 가능한 밖으로 나타내는 걸 자제해야 한다. 그런 감정에 휩싸인 것을 본 멤버는 동요하거나 흔들려서 결국에는 팀 분위기에 마이너스영향을 미치게 된다. 물론 큰 성과나 문제에 대해선 어느 정도 표현하는 것은 어쩔 수 없으나 특히 부정적인 상황에서는 감정을 억제할 필요가 있다. 그렇다고 무작정 억제해야 한다는 것은 아니나. 인간은 감정의 동물이고 감정이 쌓이면 스트레스로 옮겨가게 되어서 건강을 해치는 우울증, 조울증 등의 정신적 질환으로 발전하기 때문이다. 그렇다면 어떻게 하는 것이 좋을까?

그 대답은 어렵지만 부정적이거나 마이너스 감정에는 가능하면 흥분하지 않도록 하는 것이다.

이런 마이너스 감정의 발생 원인은 무엇 때문에 발생하는 걸까? 그 발생 원인의 대부분은 리더의 과도한 욕심 때문이다.

"왜 같은 입사동기인데, 저 친구만 승진하는 거야"

"이렇게 고객과 상담해도 되는 거야" 등과 같이 지나치게 주변과 비교하려는 마음이다.

"아! 실패했다. 창피하고 부끄럽다" 바로 이런 감정을 잘 살펴보면 욕심에서 생겨난 기대치에서 비롯된 감정이다. 기대에 대한 과욕이 없다면, 감정은 그렇게까지 반응하지 않게 된다.
지금 있는 그대로의 자신, 현재의 상황을 인정하고 여유롭게 받아드린다면 그런 마이너스의 감정은 점차 감소하게 될 것이다. 그것이 자신을 냉정히 바라보고 길고도 넓게 보는 진정한 여유이다. 그러기 위해서는 현재의 자신의 모습을 정확히 이해하고 냉철하게 받아드리는 것이 리더십을 기르는 리더의 가장 기본적인 자세이다.

올바른 지도는 피드백원칙에서 시작된다.

흔히 하는 말로 "안에서 하지 못하는 일은 바깥에서도 마찬가지다"라는 것이다. 리더십이론 중에도 "직장에서의 행동모습은 외부에서의 행동모습과 크게 다르지 않다"라는 의미와 일맥상통하다. 일반적으로 사람이 사고하고 행동하는 모습은 그 장소가 어디든지 비슷할 수 밖에 없다. 리더가 멤버에게 "고객미팅시 제안서를 기일 내에 제출해 줘!", "야근했더라도 가능하면 출근시간은 지켜야 돼!"
이런 지적이나 피드백은 직장 내에서 흔히 볼 수 있는 것들이다. 그러나 리더가 아무리 주의를 주고 재촉해도, 항상 늦는 멤버는 어떤 일에서도 늦게 하는 습관이나 그 나름의 버릇을 가지고 있다. 팀 내의 업무는 물론이고, 관련부서와의 일 처리 납기준수나 관계형성에서도 비슷하다. 더구나 고객에 대한 대응업무 처리에도 비슷한 행동을 보인다.
멤버들은 자신이 할 수 있는 정해진 능력의 그릇을 가진 건 분명히 아니다. 그 조직에 입사했다면, 그만한 힘을 발휘할 수 있는 가능성은 충분히 가지고 있으나 그 가능성을 어떻게 발휘하는가는 멤버의 잠재능력이나 행동여하 등에 따라 다르다. 다만 멤버의 가능성을 믿고 행동에서 나타나는 잘못된 방식이나 나쁜 습관에 대해선 올바른 지도가 필요하다.

리더는 멤버들이 그런 습관을 스스로 자각하게 하고 수정해 가려는 행동을 지원할 필요가 있다. 그래서 멤버의 실수나 오류에 대해서는 정확한 피드백하는 것과 배려나 기회를 준다는 것과는 다르다는 것을 혼동해서는 안된다. 멤버의 인간적인 성장을 위해서도 가능한 사실에 근거한 행동내용에 대해서 그 이유와 결과에 대해서 지적하고 가르쳐야 한다. 그것이 즉시적 피드백(Timely Feed-back)이 필요한 이유이다.

리더가 멤버의 행동에 대해 지적해야 할 때에는 3가지 피드백원칙이 있다.

첫 번째는 그 행동에 대한 즉시적인 피드백이 필요하다. 「지금 이 순간의 원칙(Here & Now)」이다.

두 번째는 지금 한 행동만을 지적하여 피드백하는 것이다. 바로 「그 행동만을 대상으로 하는 원칙(This Action)」이다. 과거의 행동까지 끄집어 내서 항상 그렇게 하는 것인 양 몰아가면 안 된다. 사람은 과거의 행동을 잘 기억하지 못하거나, 그 당시의 상황에 대한 자기방어적 변명거리를 갖고 있다. 그래서 과거 행동에 대한 피드백은 효과도 줄어들게 되고 리더에 대한 좋지 않은 감정을 갖게 될 건 뻔하다.

세 번째는 스스로 깨닫게 해야 한다. 바로 「스스로 답하게 하는 질문의 원칙(Self Question & Answer)」이다. 그 상황에서의 행동에 대한 자기 평가와 상대방에게 미치는 영향을 스스로 생각할 수 있도록 해야 한다.

피드백의 3원칙

1	지금 이 순간의 원칙(Here & Now)
2	그 행동만을 대상으로 하는 원칙(This Action)
3	스스로 답하게 하는 질문의 원칙(Self Question & Answer)

실패했다면 무엇을 배울 것인가를 생각하라.

성과를 내기 위한 도전에는 반드시 실패가 따르게 된다. "실패를 해 보지 않은 사람은 아마 도전해 보지 않은 인생을 산 사람이다"라는 말도 있다. 그래서 리더로서 많은 실패를 경험 해 보는 건 당연하다.

그러나 같은 실패라도 그 의미에는 두 가지 형태가 있다. 그 하나는 실패로부터 그 이유는 배우지만, 학습하지 않는 것이다. 단지 실패를 넘어서기 위해 절치부심하여 그 속에서 희로애락을 경험만을 하는 경우이다. 대부분은 결과만을 중시해서 과정에서 발생한 문제나 오류를 바로 잡으려고 하지 않기 때문에 유사한 실패를 반복하게 된다. 이런 형태가 진정한 의미의 실패이다.

다른 형태는 실패를 했을 때 실패의 원인과 과정을 돌아보면서 실패에서 학습하는 것이다. 결과에 이르는 과정에서 무엇이 실패의 원인이 되었는지를 살펴보고 과제를 설정하고 수정하여 변화하고 바꾸려고 하는 실패를 돌아보는 것이다. 이것은 진정한 의미에서는 실패가 아닌 성공에 이르게 하는 통과과정이다. 리더라면 실패에서 무엇을 학습했는가에 따라서 실패는 성공으로 가는 진정한 경험과 자산이 된다.

일하는 과정에서 누구나 그렇듯 리더는 물론 멤버도 실수를 하게 된다. 특히 신입사원이나 처음 해보는 업무에 대해서는 경험 있는 멤버라도 그 실패 확률이나 빈도가 높아진다.

그럴 경우에 멤버에 대해서 "똑 같은 실수를 반복하나?" "몇 번이고 같은 얘기를 해도 못 알아듣나?"라고 격한 감정을 갖게 되는 것은 리더라면 누구나 경험 한 일이다. 그러나 그런 감정을 그대로 멤버에게 표현하는 것은 쉽고도 간단한 일이다. 그러나 이런 질타는 단순히 실수나 실패를 지적하는 것밖에 안 되며 사실 상 멤버에게는 아무런 도움도 안 된다. 그렇지 않고 리더라면 멤버에게 무엇을 배울 것인지를 이해시키고 과정을 같이 돌아보는 여유를 가져야 한다.

왜 "신이 동일한 형태의 과제로 반복적으로 시험하고 있는가?"라고 스스로 의문을 가질 수도 있을 것이다. 그 이유는 우리가 바꿔야 하는 행동을 바꾸지 않고 회피하기에 신은 동일한 과제로 시련을 준다고 보는 것이 옳을 것이다.

그렇다면, 입장을 바꾸어서 생각하면, 멤버는 같은 실수나 실패를 왜 할까? 그 원인은 누구에게 있는 걸까?

바로 리더에게 그 원인이 있다. 만일 그렇게 생각하시 않는다면 비로 그 멤버가 아닌 또 다른 멤버들이 같은 일로 실수하여 리더를 괴롭히게 될 것이다. 사실 자세히 들여다보면 실패하거나 실수한 그 멤버가 해답의 힌트를 갖고 있다. 비즈니스에서 작은 일이라면 모르나 큰 프로젝트에서 문제가 생긴다면 리더는 곤란한 상황에 빠지게 된다. 그러나 돌이켜 보면 그 어떤 일도 그 당시를 지나면 넘지 못하는 시련은 그리 많지 않다 걸 기억해야 한다.

다만 리더의 그릇 크기에 걸 맞는 시련이 찾아온다는 사실을 잊지 말길 바란다. 나무가 크면 그 줄기나 가지도 많기에 결국 크고 곤란한 시련이 온다면 리더로서 그만큼 커졌고 성장했다는 증거이다. 그래서 큰 곤란한 일 뒤에는 그 만큼의 성장과 만족도 함께 오게 된다.
만일 큰 곤란과 장애가 왔다면, 아! 이 만큼 내가 성장했고, 또 성장할 수 있는 기회라고 생각하고 도전하는 자세가 필요하다. 지금보다 더 큰 일을 맡을 기회도 많아진다고 생각하는 편이 옳을 것이다.

실패에서 배우는 2가지 형태

1	실패에서 그 이유는 배우지만, 학습하지 않는 것
2	실패의 원인과 과정을 돌아보면서 실패에서 학습하는 것

조직의 성장은 리더의 그릇과 비례한다.

리더의 모습이나 이미지는 그 사람의 사고방식이 행동으로 투영되어 나타나 표현되는 것이다. 바로 리더가 살아가는 삶의 모습이자 그 사람의 라이프 스타일이다. 일반적으로 가정에서의 행동 모습이 직장에서와 거의 같다고 한다. 대부분은 아니지만 가정에서 가족에게 할 수 없는 일은 직장에서도 할 수 없다. 멤버에게 하는 행동은 가족에게도 그렇게 행동한다고 보는 것이 옳다. 물론 특별한 경우를 제외하고 말이다.
사람은 "아는 만큼 보이고, 아는 만큼 행동한다"라는 어귀가 있다. 리더도 마찬가지다. 먼저 자신의 몸과 마음을 갈고 닦고 지속적인 자기학습이 필요하다. 그래야 다른 사람을 이끌고 다스릴 수 있게 된다. 자신의 사고능력과 힘의 그릇을 크게 키우지 않는다면, 어디에서든 그 그릇만큼의 역량을 발휘할 수 밖에 없다. 물론 전문직으로 혼자서 일하는 경우에는 예외이나 조직이나 팀을 운영하는 데에는 반드시 필요한 것이 리더십의 능력이고 그릇의 크기이다.

그래서 조직의 크기는 리더의 크기와 비례한다고 한다. 조직이 성장하기 위해서는 리더가 성장해야 하고, 성장은 전문 지식이나 기술(Skill)만이 아닌 인간적인 크기의 성장까지를 의미한다. 인간적인 성장으로서 자신의 그릇을 크게 하는 가장 좋은 방법은 자신의 인성을 넓히는 것이다. 이것은 대단한 행동이 아니라 주변에 작은 선행을 지속적으로 실천하여 행하여 얻어지게 된다.

예를 들어 상대에 대한 인사나 감사의 표시도 포함되고, 때때로 주변을 돌아보고 곤란한 사람들을 도와주는 행동이다. 너무 평범한 것들이지만 노인을 공경하고 자리를 양보한다든가, 상대에게 감사하는 마음을 갖는 행동을 실천하는 것이다. 리더로서 조직의 성장을 원하고 더 큰 위치로 올라가길 원한다면 먼저 자신의 그릇 크기를 키우지 않으면 안 된다.

▣ 참조

자기다움 – 셀프 트레이닝(Self Training) 기법

- Step 6-3: 실패에서 배우는 자기 학습

>>> P. 278

4 비즈니스 지식전문가를 지향해야 한다.

자기 분야에서 최고의 전문가(Professionals)가 되어야 한다.

말보다 강한 힘은 지식이다. 그것은 바로 자기분야에서 인정받는 프로다움에서 볼 수 있는 힘의 발현이다. 진정한 프로로서의 지식을 가진 사람이 주변에 있다는 것만으로도 추종자가 모여들게 된다. 많은 사람들이 진정한 프로가 되길 원하고 노력하고 있지만 그리 쉬운 것은 아니다.

진정한 프로가 되는 것은 무엇이고, 어떤 것인가?

사실 어떤 모습이고 어떤 것들을 갖추어야 되는가를 아는 사람들도 드물다. 또한 그 기준이나 방법에 대해서 구체적으로 이야기하는 사람들도 드물다. 성공한 리더로서 프로가 되기 위해서 가장 먼저 해야 될 일은 무엇일까? 이 질문의 대답 역시 결코 쉽지 않다.

글로벌 기업의 리더이자 컨설턴트가 한 인상적 정의가 있어서 소개한다. 물론 이런 정의가 정답은 아닐지라도 명쾌하게 정리가 되어 있어서 소개하며 프로의 3가지 요건이라고 불러본다.

먼저 자기분야에서 「전문가로서의 엣지(Edge)」를 가져야 한다.

직장에서는 물론이고, 관련분야의 누구에게나 인정받는 전문성이 뒷받침되어야 한다. 다른 사람들이 쉽게 획득하기 힘든 차별적 높은 지식과 흉내내기 어려운 경험과 전문 능력을 갖추어야 한다. 중요한 건 전문성에는 반드시 그 분야에서의 수요와 상품적 가치, 주변에서 인정받을 수 있는 실적이 있어야 한다. 즉 관련분야의 분명한 수요가 존재하는 비즈니스적인 전문성이어야 한다는 의미이다.

두 번째는 「주변과 자신과의 약속(Commitment)보다 높은 성과달성을 완수」하려고 해야 한다. 고객이나 조직이 기대하고 자신이 약속한 것보다 항상 높은 성과를 내려는 자세와 행동의식을 가져야 한다. 현재성과에 만족하지 않고 한층 더 높은 목표를 세워 달성하려는 열정을 가지고 항상 자기 능력을 지속적으로 향상시키려는 학습하는 자세를 의미한다.

세 번째는 「높은 직업적 윤리(Compliance)의식」을 가져야 한다. 일에 직업적 긍지와 자부심을 갖고서 성과에 대한 질적 향상을 도모해야 한다. 또한 주변과의 관계성을 넓히고 사회적 커뮤니티를 가지면서 높은 도덕성과 책임의식을 가져야 한다.

이런 3가지 프로의 요건이 모든 조건을 만족할 수는 없겠지만 일정부분은 공감할 수 있을 것이다.

프로의 3가지 조건

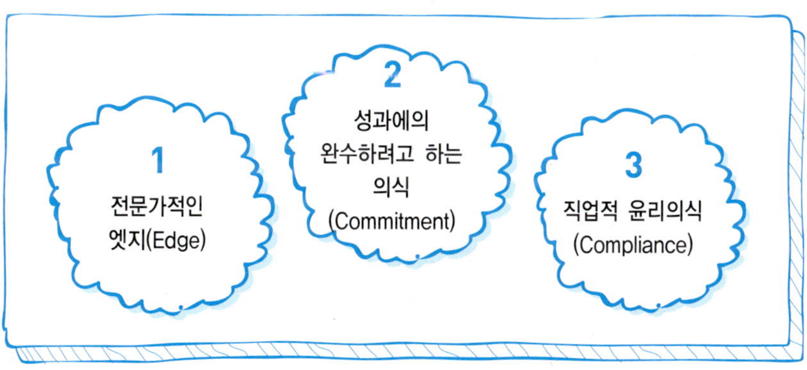

창조적 실행력으로 지식전문가가 되어야 한다.

미래에 가장 힘 있는 사람은 지식을 다른 사람에게 전달할 수 있는 지식 전문가이다. 끊임없는 학습을 통한 자기 분야에서 폭 넓은 지식을 가진 전문가이면서 상대방에게 전달할 수 있어야 한다. 이미 시대적 흐름은 평생 직장은 사라지고 평생 전문가로서의 직업(Career)만이 존재할 것임을 모두가 알고 있다. 그러나 알고 있다고 하더라도 그 대비가 쉽지 않고 바쁜 시간 속에서 투자한다는 것도 무리인 경우가 많다.

그럼 어떻게 지식 전문가가 될 수 있는가?

그 답은 의외로 간단 할 수도 있다. 일단 이제까지 자신의 일을 통해 얻은 경험과 노하우를 지식창조의 발상개념에서 정리하는 방법을 알 수 있다. 경영학자인 노나카 이쿠지로(Nonaka Ikugiro) 교수는 비즈니스 현장시스템을 암묵지와 형식지의 순환적 상호작용으로 설명하고 지식창조라는 이론을 개념화하였다. 암묵지는 표현하기 힘든 주관적이고 직관적 지식을 뜻하며, 형식지는 표현 할 수 있는 체계적 논리적 지식을 말한다. 지식창조 이론은 일을 통해서 얻은 체험적 경험과 감각적 지식에서 얻은 암묵지를 대화를 통하거나 매뉴얼 형태로 형식지로 전환하고 체계화함으로써 혁신과 새로운 지식창조가 이루어진다고 한다. 이런 형태들이 반복되어 새로운 지식이 쌓여가게 된다는 것이다.

비즈니스 리더라면 누구나 자기분야에서 일정수준 이상의 지식과 현장경험의 노하우를 가지고 있고 그런 경험과 노하우의 암묵지 형태를 정형화가 가능한 형식지로 끄집어내면 된다. 지식을 형식지화하기 위해서는 일상적인 일을 통해서 보이지 않는 경험이나 지적 자산을 비즈니스화하거나 지식을 가치있는 형태로 만드는 실행력이 우선되어야 한다. 보다 가치있는 지식을 지속적으로 만드는 것이 창조적 실행력(Creative routine)이다. 즉 판에

박힌 일상적인 일을 반복하지만 그 속에서 조금씩 창조적인 형태로 바꾸어서 그 분야에서 최고가 되는 전문가가 되는 상태이다. 이런 행동은 부단한 자기 혁신에 이르게 하고 새로운 지식을 창조하는 하나의 방법이 될 것이다.

지식창조 소용돌이 모델(SECI 모델)

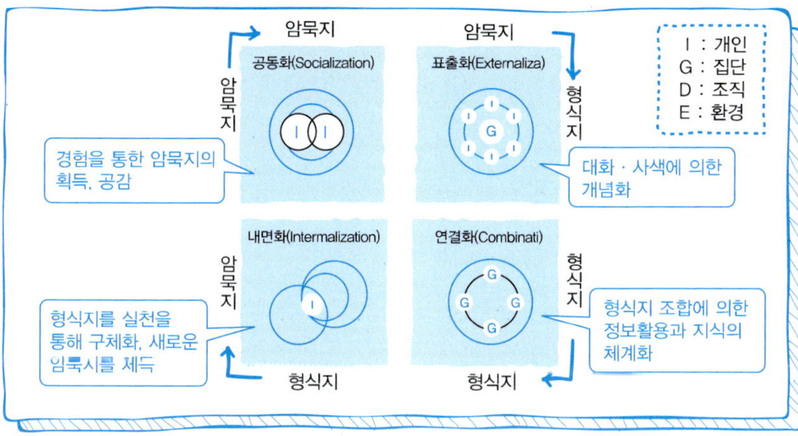

지식 창조의 창조적 실행 방법

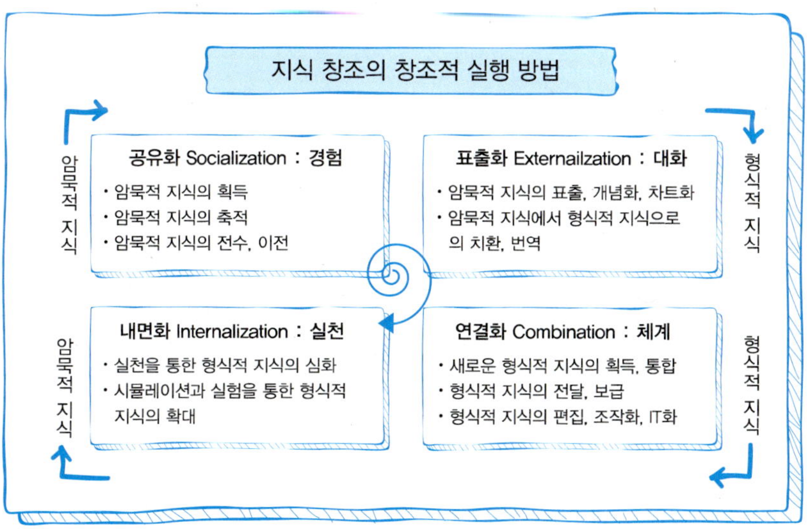

비즈니스나 지식에도 창의적 모방의 단계가 필요하다

세상 어디에도 전혀 다른 새로운 것은 없다고 해도 과언은 아닐 것이다. 설사 존재한다고 해도 새로움은 기존에서 더하거나 빼는 노력과 힘에서 나온다. 그러나 많은 사람들은 새로움이 주는 두려움 때문에 변화와 혁신이라는 단어에 다가가기 어려워하고 넘기 어려운 걸로 생각한다.

과연 세상에 진정한 새로움이란 존재하는 걸까?

워낙 차별화된 새로움과 창의가 세간의 관심사다 보니 혁신은 용감한 개척자로 인식되고 기존의 것을 모방하면 부도덕한 아류처럼 생각한다. 최근 비즈니스에서는 모방에 대한 부정적인 이미지가 더하여 모방은 드러내서는 안 되는 전략으로 인식되고 있다. 그러나 반드시 새롭고 창의적인 것들만 최고가 되는 건 분명 아니다. 새로움은 누가 먼저 만들었느냐가 아니라 누가 먼저 비즈니스적으로 성공을 거두느냐로 판가름 난다.

"우리는 위대한 아이디어를 훔치는 것을 부끄러워한 적이 없다."는 말은 세계 최고의 혁신 기업가로 꼽히는 전 애플 최고경영자(CEO) 스티브 잡스(Steve, Jobs)가 생전에 한 말이다. 아이디어를 훔쳤다는 말은 결국 기존 아이디어를 모방했다는 것이며 스스로 새로운 혁신을 위해 모방을 적극적으로 활용했다는 것이다.

글로벌 자동차 기업 도요타의 혁신적 시스템인 JIT(Just In Time) 시스템도 알고 보면 미국의 슈퍼마켓의 프로세스에서 모방했다. 영국의 라이언에어(Lion Airline)는 유럽을 대표하는 저가항공사다. 이 역시도 미국의 저가항공사인 사우스 웨스트항공(South Western Airline)의 비즈니스 모델을 모방해 큰 성공을 거두었다. 모방을 부끄러워하고 무조건 새로운 아이디어나 발상의 새로움만을 찾으려는 경향은 재고돼야 한다. 다만 껍질만 흉내

내는 게 아니라 창의적 지적 아이디어를 첨가하여 개선된 모방을 해야 한다. 결국모방이 쌓이면 변화가 되고 지속되면 혁신으로 연결된다. 그러나 비즈니스에 있어서도 개인에게도 모방을 통해 성공하기란 생각만큼 쉽지 않다. 모방이 실제로 현실에 적용하기란 생각보다 어려운 것도 사실이다. 그래서 성공적인 모방을 위해서는 전략이 반드시 필요하고 창조적 모방을 위한 전략적 접근 방법을 생각해 보자.

새로운 지식의 창조방법은 「수・파・리 모델링(Modeling)」을 그 해답으로 제시한다. 일본의 전통산업에는 공통적으로 계승되어 내려오는 「수(守)・파(破)・리(離)」 단계가 있다. 다만 여기에서는 창(創)의 단계를 첨가하여 4개의 지식 창조단계로 정리하여 본다. 먼저 남에게 배우거나 모방할 요소를 가져와 철저히 따르는 「수」를 실천한다. 그 다음에는 모방하여 배운 것을 파괴하거나, 모방한 요소를 넘어서는 「파」의 단계를 거친다. 그리고 모방하는 단계를 벗어나 새로운 것을 만들어 내는 「리」의 과정을 거치는 것이다. 마지막으로 지속 발전시키면 누구도 흉내 낼 수 없는 독창적인 형태로 발전하는 「창」의 단계로 이르게 된다.

비즈니스의 승부는 기존에 어떠한 새로운 용도를 첨가하고 이를 통해 어떻게 새롭게 지식을 만들어 가는가에 달려 있다. 그러기 위해서는 비즈니스 환경변화나 시장동향을 감지하고 신속히 반응하는 능력을 높이는 것이 중요하다. 개인의 지식을 향상시키는 방법도 마찬가지여서 일의 질적 완성도를 높이고 쌓인 지식과 경험을 새롭게 정의하여 창의적으로 개선된 모방으로 만들어 내는 노력이 필요하다.

모방에서 창의적 혁신으로 변화과정의 예

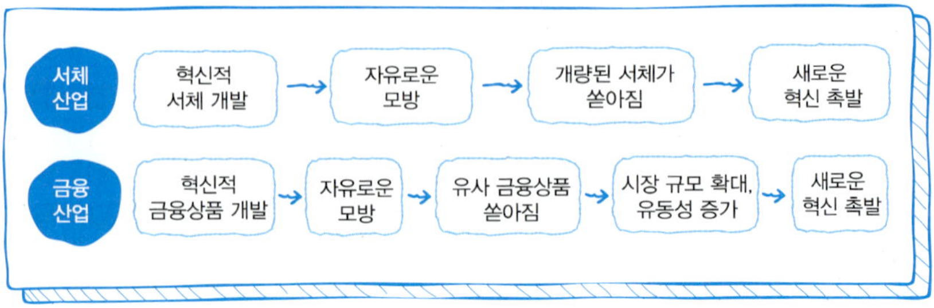

인생을 통과하는 자신만의 콘텐츠(Contents)를 만들어라.

리더로서 지식창조가 실행력으로 표현되어 나타나는 것이 바로 자신만의 책이자, 콘텐츠이다. 책이라고 하면 먼저 "내 능력에 가당한 일인가?", "내가 어떻게 남들처럼 잘 쓰지?" 이렇게들 생각하고 뒤로 미룬다. 여기서 책은 하나의 상징적인 표현이니 너무 부담을 갖거나 반드시 책이라는 형식일 필요는 없다. 다만 책을 쓰기 위해서 자신의 일과 취미, 그리고 자기 삶을 냉철하게 바라보자는 것이다. 그러면 반드시 어떤 형태로든 그 결과물이 나타나게 된다. 하나의 결과에 대한 과정이 정리되고 학습하는 중에 비로서 결과물로 그 모습이 보이게 될 것이다.

대부분의 학문이 그러하듯이 앞선 선배의 지식을 모방하고 자신만의 생각과 지식을 더하고 정리하여 발전해 왔고 이제까지 그렇게 승계되어 왔다. 물론 쉽지 않은 일은 틀림없으나 시간을 들이면 그 실체가 하나씩 보이게 될 것이다.

비즈니스 리더라면 어디에 가서든 자신의 분야에서 한 두 개 정도의 논리를 펼칠 지식은 갖고 있고 다만 정제되지 않거나 정리되지 않았을 뿐이다. 그렇다면 무엇을 쓰고 어떻게 정리해야 할까?

첫 번째는 일을 통해서 쌓아온 자신만의 전문지식이다. 누구나 전공분야가 있고 수년간 혹은 수십 년간 맡아서 한 경험이 축적된 자신의 일이거나 직장에서 남과 다른 뛰어난 업적을 남긴 일이라도 좋다. 그 동안의 지식과 경험을 정리 요약한 내용이 콘텐트이자 책이라 형태로 되면 좋은 게 아닌가!

경험이 축적된 시간만큼 자신이 잘 할 수 있는 것이 무엇이며 자신이 남과 다른 장점과 특성이 있는지에 대하여 정확하게 느낄 수 있었을 것이다. 일을 통해 나타난 성과는 자신의 특성을 나타내는 잘 할 수 있는 분야이며,

두 번째는 자신의 즐기는 취미영역이나 남과 다르게 잘 할 수 있는 특별한 능력을 가진 것들이다. 직장이나 일을 떠나 자신이 흥미를 느꼈거나 이전에 관심을 보였던 것이라면 어떤 것도 좋다.

예를 들어 자신만의 요리비법, 여행이나 캠핑에의 노하우(Know how)등 누구나 자신만이 갖고 있는 여가생활을 즐기는 비법은 있게 마련이다. 때로는 이런 자신만의 취미가 제2, 3의 또 다른 새로운 직업이자 커리어로 연결되기도 한다.

세 번째는 자신의 삶을 돌아보는 자서전을 정리하고 써 보는 것이다. 흔히들 자서전이라고 하면 유명인이나 정치인을 떠올리며 내용 자체에 의도적이고 부정적인 이미지가 드는 것도 사실이다.

그것보다는 정제된 일상의 하루 하루를 적어가는 일기형태가 기본적인 형식이 아닐까 한다. 이제까지 사는 동안 이룩한 성과나 주변사람들이 인정할 수 있는 업적 속에서 느꼈던 가치나 사상이라면 무엇이든 좋다. 나만이 간직하고 인정할 수 있는 성과라도 좋다. 사람은 그 사람만의 가치관이 있기에 자신만의 세계가 그려져 있어도 무리가 없을 것이다.

예를 들어 사회 봉사활동의 감사장이나 표창도 있을 것이며 좀 더 넓혀보

면 자기분야의 새로운 지평선을 연 일이라면 더욱 좋을 것이다. 자신만의 삶에 대한 가치관이나 주변에 거울이 될 수 있는 내용이라면 그것만으로도 충분하다. 미리 인생을 살아본 선배로서 후배들이나 주변과 가족에게 줄 수 있는 내용이라도 좋을 것이다. 이런 것들이 자신이 살아 온 일과 일상의 궤적을 돌아볼 수 있는 계기가 될 것이다.

그래서 어떤 것을 실현하고 달성하게 하는 가장 중요한 열쇠는 자신만의 목표를 만드는 것이다. 일반적으로 어떤 일의 싱공여부의 75%는 목표를 만드는 것에서 비롯된다고 한다. 자신만의 지식을 만들어 가는 방법도 이와 동일하다. 책을 쓴다는 목표를 명확하게 설정하면 스스로 신비한 힘을 발휘한다. 또한 달성시한을 미리 정해놓고 매진하는 사람에게는 오히려 목표달성이 훨씬 더 빠르게 다가온다고 한다. 그래서 성공하는 사람들의 특징은 자기가 원하는 목표가 분명하게 있다는 점이다.

목표는 불타는 욕구와 강렬한 행동에서 자신감을 불러일으키고 확실한 결정을 내리도록 돕게 된다. 우리의 뇌는 생각하는 대로 긍정적 에너지를 만들어 낸다. 결국 마음이 있는 곳에 힘과 열정이 가게 되고 확고한 목표 의식에서 끈기와 적극적인 행동이 나오게 된다. 지식을 만들어가는 방법도 책이라는 목표를 부여함으로써 완성될 것이다.

인생을 통과하는 3개의 콘텐츠(Contents)

1	일을 통한 쌓아온 자신만의 전문지식
2	자신의 취미나 남보다 잘 할 수 있는 것
3	자신의 삶에서의 가치영역이나 자서전 형태

콘텐츠(Contents)만들거나 글을 잘 쓰는 비결을 이해하자.

"어떻게 글을 잘 쓰지? 좋은 콘텐트를 만드는 비결은 어떤 것인가?" 아직 작가라고 말 할 수도 없고 논리적으로 명료한 글을 쓰지 못해서 여전히 논지가 흔들리지만 이 책을 낼 수 있도록 도움이 된 글 쓰는 비결을 소개한다. 물론 이 비결 역시 많은 작가의 글 쓰는 비결을 정리하여 나름대로 내용을 정리한 것이다. 기본적으로 "이 세상에 새로운 것은 없다"라는 마음가짐과 도전적인 자세가 필요하다.

가장 먼저 쓰고자 하는 내용의 주제와 부제들을 정하는 것에서 시작한다. 주제나 부제를 정할 때에는 하나만이 아닌 두 개나 세 개정도로 정하고 관련 정보를 수집한다.

두 번째는 관련서적을 찾고 인터넷 등에서 주제를 검색하면서 관련 지식정보를 모은다. 이것들을 분류하고 정리하여 주제와 연관하여 일차적으로 목차와 소 목차들을 정리하여 배열하는 것이다.

세 번째는 글쓰기의 최상은 독창적 내용이 아니라 어떻게 기존내용을 잘 정리하여 배치할 수 있는가에 달려 있다. 사실 기존 내용을 잘 정리하는 방식으로 좋은 방법을 제대로 보여준 작가는 우리에게 너무도 잘 알려진 영국의 셰익스피어이다. 그의 대표작품인 「로미오와 줄리엣」은 7세기경 페르시아의 민담인 「레일라와 메즈눈」의 내용을 통째로 가져다가 시대적 배경과 이름만 유럽화하여 쓴 것이다. 차용하여 베끼는 행위가 걸작이 되고 모조품이 되는 기준은 쓰는 사람의 능력과 어떠한 노력을 쏟았는가에 따라서 달라 질 수 있다는 것이다. 베끼고 차용하는 행위가 문제가 있는 것이 아니라 그대로 복사하여 사용한다는 의미와는 분명히 다름을 이해해야 한다.

그리고 네 번째는 차용하여 모은 내용을 어떻게 잘 엮어서 구성하고 정리할 것인가 가장 중요하다. 주제에 사건들에 따라서 내용을 배열하고 재설계하는 작업을 해야 한다. 사실 여기부터가 어려운 작업이다.

다섯 번째로 재배치한 내용을 자신의 언어나 자신만의 생각을 가미한 문장으로 바꾸는 것이다. 자신만의 언어로 글을 잘 쓰는 방법에 대한 힌트는 조선시대의 유명한 실학 사상가인 다산 정약용에게서도 배울 수 있다. 놀라운 일이지만 다산은 유배생활 18년 동안 책을 500여권을 썼는데 일 년에 28권 꼴이니 일기도 아니고 대단한 일임은 분명하다.

그렇다면 어떻게 이런 일이 가능할까?

다산은 새로운 내용을 연구하거나 다루기보다는 기존의 책이나 정보에서 필요한 부분만을 뽑아서 재 배치하고 정리한 것이 대부분이다. 예를 들어 책을 읽다가 중요한 내용을 적고 메모하는 작업과 함께 관련 있는 것들을 모아서 제 배치한 다음에 정리하여 자신만의 멋진 제목을 붙였다.

이런 작업이 모여 하나의 책이나 주제가 갖추어진 콘텐트를 완성했다. 그러나 이런 방법을 안다고 해도 내용이나 주제가 쉽게 정리되지 않으니 절대로 쉽게 보아서는 안 된다. 반드시 자신만의 콘텐트를 만들기 위해서는 상당시간의 학습하는 노력을 통해서 자신의 것을 만드는 힘을 길러야 하는 건 기본이다.

그리고 마지막으로 자신이 전달하고자 하는 메시지를 넣는 것이다. 내용주제나 소 주제의 처음부분이나 마지막에 자신만의 논지나 메시지가 들어가면 비로서 자기 것이 된다. 다산 정약용은 베끼고 재 배치하여 정리한 것을 이해하고 자신의 것으로 만드는 과정에 열 배의 시간을 들어 읽고서 정리하였다고 한다.

그래서인지 애초에 베낀 것이 자신의 것인지 베낀 것인지가 구분이 가지 않았다고 회고하였다.

다산의 이런 글쓰기나 콘텐트를 만드는 방법은 그의 아들에게 보내는 편지에서 "왜? 남의 저서에서 요점을 뽑아내서 책을 만드는 방법을 의심하느냐!"라고 질책하는 대목에도 그의 생각이 잘 나타나고 있다. 그러나 어느 시대이건 콘텐트를 만들고 좋은 글쓰기는 생각만큼 쉽지 않다. 다만 기본적으로 공통적인 선배들의 조언들을 정리해 보면 반드시 5가지가 필요하다고 한다. 즉 다독(多讀), 다상(多想), 다록(多錄), 다행(多行), 다작(多作)이라고 한다. 무엇보다도 이런 조언 역시도 자기학습에서 비롯된다는 것을 잊지 말길 바란다.

콘텐츠(Contents)를 만들거나 글을 잘 쓰는 6가지 단계

1	내용의 주제와 부제를 정하는 것에서 시작한다.
2	내용 목차와 소 목차들을 정리하여 배열하고 구성한다.
3	차용한 내용을 목차에 넣어서 잘 배열한다.
4	차용하고 모은 내용을 잘 엮고 구체화하여 정리한다.
5	재배치한 내용을 자신만의 언어로 바꾼다.
6	정리한 내용에 자신의 논지나 메시지를 넣는다.

5 앙코르 라이프 커리어(Encore life career)를 설계해야 한다.

길어진 인생만큼 자신만의 변형 자산이 있어야 한다.

과거에 당연했던 것들은 이제 곧 상상 속에서나 혹은 시난 역사 속의 일들이 될 것이다. 앞으로 비즈니스 세계에서 진정한 은퇴나 정년이라는 개념이 사라질 것이다. 이미 현실로 닥쳐왔고 누구나 더 오래 일해야만 하는 시대이다. 대학졸업 후 20~30년간 열심히 일하고 은퇴 후에는 연금으로 소소하게 나머지 인생을 즐기는 모습도 사라질 것이다.

다가올 100세 시대의 기업들은 60세 정년의 틀에 맞춰서 구성원을 내보낼 수도 없을 것이다. 이들을 실직으로 내몰면 그만큼 사회전반에 미치는 사회적 경제적인 파장이 크기 때문이다.

그렇다고 정년 이후 모든 구성원들이 새로운 직장과 일을 가질 수 있다는 것은 분명히 아니다. 다만 급변하는 비즈니스 시장에서 적정한 생산성과 성과를 유지하려면 새로운 지식과 기술에 적극적인 투자를 해야 한다는 의미이다. 만약 은퇴를 걱정하거나 앞두었다면 야근이나 주말근무로 회사 일에 온 힘을 쏟는 대신에 여가시간에 자신의 능력을 재창조하는 시간을 가져야 한다. 그런 시간을 통해서만이 자기만의 무형 자산을 키울 수 있기 때문이다. 무형자산은 학습을 통해서 얻어지는 풍부한 삶을 살기 위한 필수 요소이자 생산적 자산이자 유형 자산인, 돈으로 경제적 풍요를 가져다 줄 기반이 되기 때문이다. 이런 기반인 새로운 지식과 기술은 향후 금전적 수입 잠재력을 높이게 된다.

과거에는 대학을 졸업하는 것으로 학습이 끝나는 경우가 일반적이었지만 미래에 닥칠 100세 시대에서는 그만큼의 지속적인 학습과 노력이 필요하다는 의미이기도 하다. 결국 새로운 지식과 기술을 습득하는 것이 자기 전문성을 높여 평생의 작업으로 연결 될 것이 분명하다. 그래서 길어진 시간만큼 자기 인생의 의미와 커리어를 재 정리해 볼 필요가 있다.

런던 비즈니스 스쿨의 린다 그래튼(Lynda Gratton) 교수는 100세 인생(The 100-Year Life)의 저서를 통해서 연장된 수명만큼 인생의 즐거움을 누리기 위한 방법을 소개했다. 길어진 인생을 행복하게 살기 위해서는 유형자산과 무형 자산의 2가지 자산이 필요하다고 한다.

유형자산인 금전적 여유가 반드시 필요하지만, 반드시 이것만이 중요한 것은 아니라 긴 인생 여정을 행복하게 살기 위해서는 가족, 친구, 연인, 건강, 재미 등 다양한 무형자산도 보유해야 한다고 하였다. 특히 이런 자산을 넘나드는 유연한 사고와 긍정적 마인드가 보다 중요함을 강조하였다. 길어진 인생을 실게 되면 지금과 다른 여러 직업을 경험하게 될 것이고, 다양하고 새로운 경험들을 통하여 삶을 유연하게 받아들일 수 있는 지석 호기심으로 계속 학습하려는 성향만이 향후 인생을 건강하게 살아가는 큰 자산이 될 것이다.

새로운 인생설계 프레임을 가져야 한다.

만약 "당신이 100년을 산다고 가정할 때, 현재소득의 약 10%를 저금하고, 최종 연봉의 50%를 가지고 은퇴할 수 있는 시점은 언제인가?"라는 한 외국글로벌 금융회사의 조사에서 일반적인 계산을 해 본 대답은 80대가 되는 시점이라고 한다.

길어진 인생을 축복으로 누리기 위해서는 누구나 80대까지는 지금과 같은 일하는 강도로 지속해야 한다는 의미이다. 평균적으로 일하는 기간이 30년에서 50년으로 늘어나는 셈이다. 바로 오래 살게 되는 축복이 어느 새 재앙이 되어버린 것이다. 그렇다면 무엇을 어떻게 해야 할까를 생각해 보자.

이제까지 「학교, 직장, 은퇴」 3기 인생으로 나뉜 고정된 프레임부터 바뀌야만 한다. 3기 인생으로 나눠서 생각해 온 구성방식을 4기 인생으로 확장하여 재설계 할 필요가 있다. 먼저 태어나서 공부하여 취업할 때까지의 1기 인생이다. 취업해서 직장에서 퇴직할 때까지가 제2기 인생이며, 직장에서 퇴직해서 새로운 인생 커리어를 갖는 3기 인생이다. 마지막을 정리하는 진정한 은퇴(Retire)를 4기 인생으로 나눌 필요가 있다.

그러나 가장 중요한 것은 제3기 인생이야 말로 개인 차이는 있을 수 있으나 인생에서 개인적인 성취를 이룰 수 있는 보람된 시기라고 할 수 있다. 다만 인생을 행복하게 누리기 위해서는 늘어나는 시간만큼을 어떤 방식으로 어떻게 일을 활용하는지가 중요한 관건이 될 것이다.

이제 40세이든 60세이든 비즈니스에 몸담고 있는 누구나 지난 세대와는 다른 방식으로 미래를 헤쳐 나가야만 한다는 사실은 분명하다. 학교를 졸업하고 취업하여 직업을 갖고, 일을 한 후에 나이 들면 은퇴하는 고정된 틀은 이제 더 이상 의미가 없게 된다. 그래서 자신의 삶을 변화시킬 수 있는 학습능력인 변형 자산이 필요하다. 무엇보다도 삶에 대해서 유연하게 대비하는 마음가짐과 자세가 그 무엇보다 중요해 질 것이다.

또한 앞으로 100세를 사는 동안 누구나 최소 3개 이상의 직업을 경험하게 될 것은 분명해 보인다. 누구나 이제까지 살아온 환경이나 경험에 따라서 남과 다른 자신만의 훨씬 더 다양한 성향을 갖고 있을 것이다. 어떤 이들은 창의적 아이디어를 내는 데 강점이 있을 수 있고, 어떤 이는 회계 업무를 잘 볼 수도 있거나, 남과 다른 친화력으로 영업적 능력이 뛰어나다거나, 또 어떤 이는 글을 잘 쓸 수 있을 것이다.

이제까지 경험으로 누적된 자기다움의 능력과 특성을 다시 한번 돌아보고 강화시켜야 한다. 이것이 아직은 오지는 않았지만 곧 닥칠 미래를 대비하는 가장 좋은 방법이다.

인생의 프레임의 단계 변화

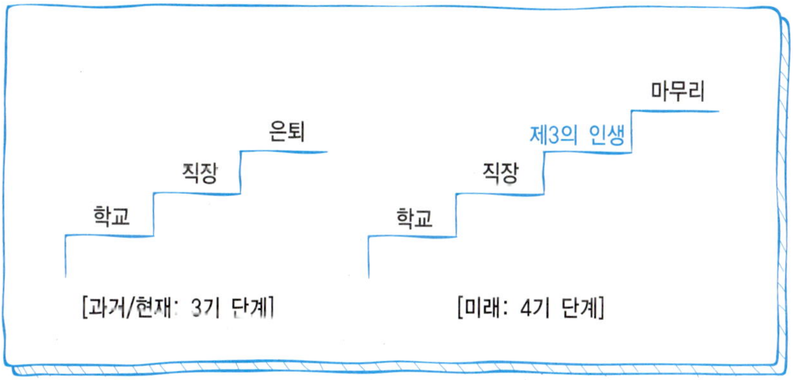

커리어 향상에는 파괴적 혁신이 필요하다.

이제 비즈니스 세계만이 아니라 인생에서도 정년과 은퇴라는 개념이 사라진다면 어떻게 해야 할까?

개인이 쌓아온 커리어 형태와 살아가는 방식에 따라 다르긴 하지만, 한 분야에서의 전문지식과 기술을 가지고 여러 직장을 옮기는 전통적 의미의 커리어만이 아니라 새로운 형태의 커리어관리가 표준이 되는 시기가 올 것이다. 즉 평생 하나의 직업만 갖고서 조직에 충성한다는 것 역시도 과거의 이야기가 될 것이다.

물론 우리의 현실과는 다르긴 하지만 선진 미국 직장인의 경우, 최근 조사에 의하면 입사해서 50세까지 평균 11개의 직업을 갖고 여러 직장을 거친다고 한다. 물론 글로벌 비즈니스화의 영향으로 최근 여러 직장을 옮기며 커리어를 쌓는 일도 우리에게도 이제는 흔해졌지만 직장을 잘 옮기는 사람은 계획 없이 되는 대로 이직하는 방식은 아닐 것이다.

그렇다면 어떤 방식이 커리어 관리를 성공적으로 할 수 있을까?

비즈니스에서 위기가 닥치면 기업은 파괴적 혁신(Disruptive innovation)을 해야 하듯이 개인도 커리어의 파괴적 혁신이 필요해 진다. 물론 현재 몸담고 있는 직장에서 한 부문을 책임지거나 업계에서 최고가 되겠다는 등의 야심차고 달성 가능한 목표를 향해 질주하는 중이라면 파괴적 혁신은 불필요할 지 모른다. 하지만 직장 내에서 정체에 빠졌거나 높은 위치에 도달하더였라도 더 이상 행복하지 않을 것 같다면 스스로의 커리어를 바꾸거나 파괴해야 한다.

파괴적 혁신이란 새로운 시장과 가치 네트워크를 창출해서 기존의 것들을 완전히 바꾸는 것이다. 비즈니스에서의 파괴적 혁신은 기존시장이 아닌 새로운 시장에서 성장을 추구할 때에 성장 가능성은 기존시장에 비해서 6배가 높고 잠재 수익은 20배 크다고 한다.

개인의 경우는 커리어의 파괴 효과를 이와 같은 방법으로 측정할 수는 없지만 비슷한 결과를 얻을 수 있을 것이라는 예측은 가능하다. 이는 금전적이나 사회적으로 제2, 3의 커리어로서 성공을 거둘 가능성이 크게 커진다는 것은 물론이고 심리적으로도 긍정적 마인드가 형성될 것이다.

다만 이런 커리어의 파괴적 혁신은 자신과 주변에 미치는 부정적 영향은 물론 위험요소까지도 포함하고 있다. 사람은 누구나 현재의 상태에서 벗어나는 새로운 변화에 대해서 강한 저항감을 가진다. 또한 주변사람들은 위험하니 좀 더 지켜보자고 말할 것이다. 그런 이유 때문인지 대부분 자신의 인생과 커리어에 대해서 위험한(Risky) 일이고 파괴를 피하라고 위로하며 포기해 버린다. 하지만 그런 상황을 유지하는 것은 사실상 정체되거나 이미 퇴보하는 것이나 다름없다는 걸 기억해야 한다.

파괴적 혁신의 5가지 방법을 익혀야 한다.

그럼 커리어 개발을 하기 위해서 무엇을 해야 하나요?
이제까지 교육 자리에서 자주 듣는 질문이다. 아마도 자신의 커리어 업(Career-up)이나 능력향상을 위해서 고민하고 있는 증거들이다. 자신의 능력을 보다 향상시켜 나가기 위해서 가장 중요한 것은 역시 성과를 내기 위해 의식적으로 능력개발의 마스터 플랜(Master plan)과 로드 맵(Road map)이 필요하며 인생을 연결하는 앙코르 커리어(Encore life career)를 디자인해야 한다. 이는 개인적으로 삶에 어떤 의미를 줄 수 있고 세상에 어떤 영향을 미칠 수 있는 일을 뜻한다.
그렇다면 커리어(Career)라는 단어의 의미를 생각해 보자. 커리어는 일반적으로 경력이나 직업이라는 의미로 사용하고 있다. 직업 상의 경력, 이력, 생애 등의 직업이라는 다양한 정의가 있지만, 하고 있는 일의 직업으로 정의하고 있다. 보다 넓은 의미로 일만 아니라 학습, 자유 시간, 가족이나 사회와의 관계 등을 포함하여 일하는 방법을 포함한다. 결국 과거부터 현재까지의 지금까지 자신이 종사해 온 일련의 일(Job)을 말한다.
그리고 커리어를 디자인하기 위해서 이제까지의 삶의 방법을 스스로 돌아보고 정리해야 한다. 당연한 듯 보이지만 실제로는 일과 삶이 연속되고 밀

착되어 살아가는 많은 이들은 지금까지는 조직이 일정기간 동안에 자리와 삶의 가치를 보증해 주었다. 그러나 앞으로는 그런 상황과 다를 수 밖에 없기에 일 속에서 삶의 방법은 스스로 정해야만 한다.

이제 경험을 바탕으로 조직에서는 일정 이상의 능력이면 통하던 아름다웠던 시대는 지나갔다. 조직에서 살아남기 위해서는 지식전문가로서의 탁월한 능력을 가지고 성과를 낼 수 있는가를 주변과 비교하는 상대적인 평가가 아니라 자신만의 절대평가의 기준을 스스로 가질 필요가 있다. 즉 타인과의 비교가 아니라 진정한 자기다움을 최대한 살리는 능력인가를 보는 냉철한 시각을 가져야 한다. 그렇다면 앙코르 커리어 개발을 위해서 필요한 것은 무엇일까?

무엇보다도 한발 앞서 미래를 통찰하고 예측하면서 자신을 성장시키고 혁신해야 한다. 자신이 담당하는 일이나 조직의 5년, 10년 후를 생각해 보아야 한다. 자신의 장래상을 생각하기 위해서는 자신이 속한 조직과 비즈니스를 둘러싼 사회적 환경이 어떻게 변화되어 갈지를 생각하는 것이 필요하다. 눈앞의 일만 쫓는 일상에서 벗어나 시선을 미래로 향해 보는 것이 중요하다.

그렇다면 앞으로 미래는 어떻게 변화될 것이며 회사나 지금 내가 하고 있는 일은 어떻게 변화되어 있을까?

먼저 길지 않은 시간 내에 지식산업사회가 본격화 될 것이고 인공지능(AI)로 인해 세상은 지금과는 확연히 달라 질 것은 분명하다. 이미 환경변화의 스피드가 가속화되고 있다는 점을 생각하면 장래는 지금 예상하는 것 이상으로 변화했을 것이다. 변화는 기존의 것을 부정하는 것이 아니라 있을 수 있는, 있었으면 좋을 것들과 지금 내가 물론 자신이 해 보고 싶은 것들을 긍정적인 방향으로 생각을 해야 한다. 결국 객관적으로 생각해서 타당한가

실현 가능성이 높은가 보다는 자신의 마음이나 의지, 꿈 등을 중시하여 적어보는 것이 바람직하다.

그리고 두 번째는 자신이 무엇을 잘하는지를 생각하지 말고 다른 이들은 못하는 데 자신만이 잘하는 게 무엇인지를 찾아야 한다. 바로 그것이 바로 파괴적 강점이다.

예를 들어 디자인 설계라면 최고의 디자이너는 아니지만 다른 디자이너들보다 고객의 욕구에 관심이 많다면 이런 특징을 키우기 위해서 넓게 관련 분야를 학습할 필요가 있다. 그래서 인문학, 문화이론, 미술사 등을 학습하는 과정을 통해서 디자인이 고객의 통찰과 제품 가치를 전략으로 융합시키는 방향이 자신의 파괴적 강점을 키우는 것이다.

세 번째는 이미 치열한 경쟁시장은 피해야 한다. 지금까지 직장에서 잘 해왔던 일로 새로운 경쟁시장에 나선다면 넘쳐나는 초과 수요라는 위험에 직면한다. 뛰어나게 잘하는 것은 아니지만 믿고 맡길 수 있을 정도로는 이미 많은 이들도 동일한 수준으로 잘해낼 수 있는 일이다. 젊고 유망한 이들이 아마 당신보다 더 많은 형태의 경쟁력을 갖고 있다.

네 번째는 금전적 보상시스템을 생각해야 한다. 현재 받고 있는 보수보다 적은 금액으로 자신의 커리어를 전환을 하고 싶지는 않을 것이다. 하지만 원래 받던 보상만을 생각한다면 커리어 전환이 쉽지 않게 된다. 이럴 경우에는 새로운 보상을 창출하는 새로운 시스템을 만들어야 한다. 당장은 소득이 감소하는 것으로 보일 수도 있지만 궁극적으로는 기존에 받던 소득보다 더 높은 수준의 보상을 받을 수 있도록 미래를 설계하고 계획해야 한다. 다만 금전적 보상뿐만 아니라 심리적 요소도 고려할 필요가 있다.

다섯째는 자신을 파괴한다고 반드시 조직을 떠나야 하는 것은 아니다. 조직 내에서 파괴적 혁신을 할 수 있는 방법을 찾는 것도 좋다. 더 젊고 스마

트한 후배들과의 경쟁 위협을 무시하게 되면 조직 내에서 밀려나는 수 밖에 없게 된다. 보다 큰 만족과 보상을 받을 수 있는 새로운 기회를 놓치면 미래의 개인적인 성장은 희생이 된다. 그래서 파괴적 혁신에서 간과해서는 안 되는 원동력의 근원은 바로 자신이다. 만약 진심으로 변화하고 싶다면 당신 안에서부터 먼저 혁신해야 하고 스스로를 파괴하는 수 밖에는 답은 없다.

미래를 보면서 자신의 일에서 무엇으로 승부할지를 스스로 정하는 것이 앙코르 커리어 디자인이다. 이제까지는 시대의 상황이나 주변환경에 의해서 떠밀려 왔다고 하더라도 미래의 커리어를 선택하는 것도 미래를 향해 가는 것도 결국 자신의 몫일 수 밖에 없다.

커리어를 파괴적 혁신하는 5가지 방법

1	한발 앞서 미래를 통찰하고 예측하여 자신을 스스로 혁신해야 한다.
2	다른 사람들보다 자신이 잘하는 것이 무엇인지를 찾아라.
3	이미 치열한 경쟁시장(Red ocean)은 피해야 한다.
4	다른 형태의 금전적 보상 시스템을 생각해야 한다.
5	조직 내에서 파괴적 혁신을 할 수 있는 방법을 찾아라.

6 자신만의 속도로 세상을 유영해야 한다.

인생은 속도(Speed)가 아니라 방향(Direction)이다.

임마누엘 페스트라이쉬(Emanuel Pastreich)의 책에서 나오는 문구가 인생은 속도가 아니라 방향이다. 많은 이들이 인문학이나 성공학에서 자주 인용하는 구절이기도 하다.

사실 비즈니스의 현실과는 모순되는 말일 수 있다. 현대 사회는 흔히 시간과의 전쟁이라고 표현하기에 속도가 곧 살아가는 중요한 기준이 된다. 결국 누가 먼저 빨리 선점하는가는 현실적인 성공을 가늠하는 잣대이기 때문이다. 최근 이 빠른 변화를 다시 한번 되돌아보며 깊이 반성하려는 시도들이 보이고 있다. 그만큼 속도가 삶을 아름답고 행복하게 만들지 못한다는 증거이다. 이런 쉼 없는 속도전으로 인해서 오히려 삶의 만족감이 줄어드는 역설적인 상황이기도 하다.

그럼 그 이유가 무엇일까?

그건 속도나 그 크기 때문이 아니라 바로 방향에 문제가 있기 때문이다. 좌표를 그려서 어느 속도로 어느 지점까지 나아가는 것이 인생이 아니라 방향을 정해놓고 그 길로 가는 것이 중요하다라는 의미이다. 방향을 먼저 제대로 정해놓은 사람은 중간에 장애물이 있어도 피해 가거나 넘어가거나 땅을 파서 뚫고 가거나 어떻게 해서든 갈 것이다. 그런 길을 가려는 노력과 과정이 보다 가치 있는 삶을 만드는 건 아닐까 한다. 물론 세상은 누구에게나 똑 같은 바른 정답은 없다. 다만 정답이 있다면, 그건 분명히 올바른 답은 아닐 것이다. 세상에는 정답이 없는 게 정답이다.

사람들은 흔히 남과 다르면 불안해 한다. 모두들 한곳에 달려가는데 혼자만이 다른 길로 들어선 게 아닌가 하고 말이다. 그 길이 설사 맞는 길일 때 조차도 불안감을 느낀다. 사실 남과 다르거나 다른 길을 간다는 건 외롭고 힘든 일이다. 다르게 행동하고 존재하기 위해서는 무언가 견디어 낼만한 힘이 있어야 한다는 걸 알기까지 많은 시간이 걸린다.

주변에서는 입만 열면 남과 다름이나 차별화를 외치고 남과 다름을 과시하기 위해 학벌과 재력으로 나타내곤 하지만 그러나 돌아보면 정작 사는 모습은 누구나 대체로 비슷하다.

그래서 자신의 생각과 가치에서 벗어나는 선택을 하게 되는 데에는 용기가 필요하다. 그 선택이 금전적 풍요로움이나 더 나은 위치로 나아가는 것이 아니라면, 또 자신이 포함된 집단에서 떨어져 새로운 길로 들어서게 되는 걸 두려워하게 된다. 주변이 자신의 가치를 인정하지 않고 사회가 가하는 압력이 높기 때문인지는 생각해 봐야 한다. 자신만의 가치로서 진정한 비즈니스 프로가 된다는 것은 남들과 다른 열정과 두둑한 배짱이 있어야 제대로 성취할 수 있다.

누구나 알고 있는 소설 해리포터 시리즈를 쓴 조안 로링(Joan K. Rowling)이 첫 원고를 마감한 나이는 30세였다. 레오나르도 다빈치가 모나리자를 그린 건 51세였다. 주변에 할아버지 상으로 너무나 알려진 페스트 푸드인 KFC를 창업한 커널 샌더스(Colonel Sanders)는 1009번의 거절 끝에 비로서 창업에 이른 나이는 61세이었다. 괴테는 82세에 불후의 명작인 파우스트의 마지막 문장을 썼다. 이제 당신이 몇 살이든 인생의 새로운 꿈에 도전하기에는 너무 어리거나, 너무 늙지도 않았다. 다만 미래와 자신의 뜻과 비전을 포기하지 않고 지속하는 생존방법을 배워야 하는 사람일 뿐이다.

자신만의 속도로 세상을 유영해야 한다.

시간의 빠름에 대해서 대처하는 자세를 생각해 본다. 시간의 흐름을 어떤 철학자는 이렇게 표현한다. 즉 "시간이란 움직이지 않는 영원성의 움직이는 이미지"라고 하였다. 변화하는 세상에 대한 시간 속에서의 헛된 모습과 진실된 모습이 숨겨져 있다는 의미이다.

그런데 우리는 세월 속에서 시간과 나이를 왜 다르게 느끼는 것일까?

네덜란드의 심리학자인 다우베 드라이스마(Douwe Draaisma)의 저서인 나이가 들수록 왜 시간은 빨리 흐르는가?에서 인생을 강물과의 달리기 시합에 비유했다. 젊은 시절에는 강물보다 더 빠르게 달릴 수 있다고 믿기에 강물이 더디게 흐른다고 느끼게 된다고 한다. 시간이 흘러 중년 이후의 시기에는 시간은 강물과 비슷한 속도를 띠게 된다고 한다. 노년의 시기에는 숨이 차고 노쇠한 몸이 강물이 너무 빨라서 따라잡을 수 없다고 느끼게 되어 시간이 빠르다고 생각하게 된다고 한다.

중요하건 강물의 빠르기가 아니라 자신의 빠르기에 대한 마음자세이다. 나이와 상관없이 누구나 빠르게 뛸 마음과 자세를 가지고 있다. 갖는 시간과 속도는 모두에게 동일할 수는 없지만 대부분은 주변사람과 비교하며 조바심에 옆 사람과 자신을 비교하고 거기에 맞추어 자신의 시간과 속도를 높이려 한다. 아마 대부분의 사람은 타인과 비교를 통해서 자신의 삶을 저울질하게 된다. 그래서 행복은 항상 저 먼 곳에 있기 때문에 행복과는 더 멀어져 있었는지도 모른다.

시간은 누구에게나 동일하지 않지만 중요한 건 그 시간을 어떤 속도감으로 즐기며 보낼 것인가를 생각해야 한다. 비록 이룩한 것도 없다고 해도 세상의 급류 속에서 자신만의 가치와 속도감으로 살아가는 것이 진정한 삶의 즐거운 가치일 것이다.

결국 삶이란 자신만의 속도로 세상 속에서 유영하여야 한다. 결국 삶이란 속도가 아니라 자신이 꿈꾸고 지향하는 방향이다. 그 어떤 금전적 축적이나 사회적으로 어떤 지위를 가졌느냐가 아니라, 결국 자신이 세상에 무엇을 남기고 어떤 도움을 주었는지가 사실 더 중요할 것이다.

끝이 좋으면 다 좋다.

셰익스피어 희곡인 한여름 밤의 꿈 에 이런 대사가 나온다. “끝이 좋으면 다 좋다”라는 이 말은 일이나 인생에도 적용할 수 있을 것이다. 젊은 시절 가난과 좌절을 겪더라도 인생의 말년에 성공한 삶이었다면 그 사람은 훌륭한 인생을 보낸 것이다라는 의미이다. 물론 사람마다 성공과 훌륭한 삶에 대한 서로 다른 기준과 가치를 갖고 있고 지향하는 바도 다르다. 다만 인생에 있어서 전반부인 젊은 시절보다는 그 후반부가 중요하다는 역설적 표현이다.

인생의 전반부는 태어날 때 주어진 조건에 의해 좌우되는 경우가 많다. 그래서 흙 수저와 금 수저에 대한 차별적 시각이 존재하는 것도 사실이다. 다만 젊은 시절 가난과 고난을 겪는 것은 태어나고 자란 가정환경과 교육의 기회가 크게 작용하기 때문이다. 그러나 인생의 중반과 후반은 일정부분 이상은 자기의 책임이고, 특히 후반부의 성과야말로 자신의 노력으로 만들어지기 때문이다.

오늘 하루가 얼마나 좋았는지를 알기 위해서는 저녁을 지나 밤이 올 때까지 기다리지 않으면 안 된다. 이 의미 역시 인생의 중, 후반부가 바로 최종으로 인생을 평가한다는 것이다.

그렇다면, 리더로서 인생의 중반 이후를 잘 보내기 위해서 우리는 무엇을 해야 할까?
레오나르도 다빈치는 “잘 보낸 하루가 행복한 잠을 가져오듯이 잘 쓰인 인생은 행복한 죽음을 가져온다고 했다.” 다만 세상에 죽음만큼 확실한 건 없다. 그런데 사람들은 당장의 하루살이를 준비하면서 다가올 죽음은 준비하지는 않는다. 그래서 지금부터가 바로 또 다른 시작이어야 한다.

카톨릭 성직자의 묘비에는 라틴어로 이런 단어가 새겨져 있다.
「Hodie Mihi, Cras Tibi(호디에 미히, 크라스 티비)」이다. 그 의미는 오늘은 내가, 내일은 당신이다. 사실 이 말은 세상을 먼저 살았던 선배가 살아 있는 후배들에게 던지는 단어이다. 즉 내일은 당신 차례라는 것이다.

▣ 참조

자기다움 – 셀프 트레이닝(Solf Training) 기법

- Step 6-4: 자신의 앙코르 커리어 비전(Vision)만들어 보기 >>> P. 279

자기다움 - 셀프 코칭 트레이닝 기법

자기다움 셀프 코칭 트레이닝 코칭 단계

Step 6-1	자기 평가(Assessment)해 보기
Step 6-2	작지만 중요한 일을 일상에서 찾고 실천하기
Step 6-3	실패에서 배우는 자기 학습
Step 6-4	자신의 앙코르 커리어 비전(Vision)만들어 보기

Step 6-1 자기 평가(Assessment)해 보기

리더는 지시하고 명령하는 게 아니라 멤버에게 모범을 보여야 한다. 이것이 멤버의 부하력(Fellowships)을 이끌어내는 리더십의 바른 모습이다. 자신이 모범을 보임으로 멤버와의 신뢰관계는 물론 대인 관계에 영향력으로 리더십을 발휘할 수 있게 된다.

평소 리더로서 본인의 역량과 어떻게 행동하고 있는가를 스스로 진단(Check)해 보기 바란다.

1. 시간 및 방법

- 년 2회 정도로 정기적 혹 부정기적으로 실시한다.
- 소요시간은 20~30분 정도 실시한다.

2. 진행방법

① 다음 항목(15개)의 내용을 5점 척도에 스스로 평가하여 점수를 표시한다.

② 15개의 평가 항목을 체크하고 총계로 합산한다.

③ 리더 자신의 현재 상황을 돌아보고 강점과 개선점을 발견하여 수정 보완하는 재료로 삼는다.

3. 유의사항

- 가능한 스스로 냉철하게 판단하고 평가하고 체크한다.
- 리더십 현재 상태와 자신의 역량의 크기를 생각하는 시간을 갖는 것 그 자체만으로도 의미가 있다.
- 가능하면 기간을 정해, 몇 번 정도 반복적으로 시행하는 것이 바람직하다.

리더로서 자기 평가(Assessment) 내용 항목

아래의 15개 내용항목에 대하여 스스로 체크하고 평가해 본다.

평가방법	점수	5: 잘 하고 있다. / 4: 하고 있다. / 3: 중간 정도이다. 2: 잘 되고 있지 않다. / 1: 전혀 안 되고 있다.
평가내용		1. 평소 고객에 대해서 감사하는 마음을 갖고 있고, 일을 할 때 항상 진심으로 말과 행동으로 표현하고 전달하려고 하고 있다.
		2. 직장에서 상사나 동료, 멤버들에 대해서 감사하는 마음을 가지고 진심으로 말과 행동으로 표현하고 전달하려고 하고 있다.
		3. 가족이나 주변 친구들에게 대해서 감사하는 마음을 가지고 진심으로 말과 행동으로 표현하고 전달하려고 하고 있다.
		4. 상사나 동료, 멤버들이 자신과 다른 사고나 가치관과 일에 대한 다른 방법을 가지고 있더라도 그것을 거부하기 보다는 가능하면 수용하려고 하고 있다.
		5. 상사나 동료, 멤버들이 자신에게 무례한 행동을 보이더라도 화내거나 질책하지 않고 먼저 그 상황을 살펴보고 이해하려고 하고 있다.
		6. 해야 할 일을 하지 않는 동료나 멤버들에 대해서 질책하지 않고 그 이유를 묻고서 지원하거나 도와주려고 하고 있다.
		7. 자신의 의견을 피력하기 전에 먼저 상사나 동료, 멤버들이 그 사안에 대해서 어떻게 생각하고 있는지를 먼저 듣는 것을 우선하려고 하고 있다.
		8. 상사나 동료, 멤버들에게 자신의 자랑이나 어려움을 과장해서 어필(Appeal)하지 않는다.

평가 내용	9. 상사나 동료, 멤버들에 관한 험담이나 비평하지 않는다. 10. 어렵고 곤란한 일이 생겨도 자신의 팀의 목표를 달성하기 위해서 전향적인 자세를 가지고 노력하고 있다. 11. 자신이 가지고 있는 기호나 취향을 다른 사람에게 적극적으로 나타내 보이지 않고, 일이나 관계에서 공정하고 공평한 자세를 가지려고 하고 있다. 12. 직장에서 곤란한 일에 처한 사람들에게 솔선하여 도와주고 적극적으로 지원하려고 하고 있다. 13. 주변사람들의 성공이나 목표달성에 대해서 질시하거나 시기하지 않고 솔직하게 기뻐하는 마음을 전하고 있다. 14. 어떤 일에서도 거짓을 말하지 않고, 그 일에 대해서 자신의 부정적인 시각이나 알고 있는 내용의 사실에 기반하여 전달하고 있다. 15. 상대방을 변화시키려고 하기보다는 먼저 자신이 행동하여 모범을 보이려고 노력하고 있다.
평가 점수	당신의 평균 점수는 _______ • 4.5~5.0: 상당히 큰 인간적인 깊이의 그릇을 가지고 있다. • 4.0~4.5: 비교적 큰 인간적인 깊이의 그릇을 가지고 있다. • 3.0~4.0: 보통의 인간적인 깊이의 그릇을 가지고 있다. • 2.0~3.0: 적은 인간적인 깊이의 그릇을 가지고 있다. • 2.0 이하: 상당히 작은 인간적인 깊이의 그릇을 가지고 있다.

Step 6-2 작지만 중요한 일을 일상에서 찾고 실천하기

성공에는 노력 이외에는 왕도가 없다. 성공을 위해서는 일상에서 작지만 중요한 일들을 스스로 쌓아가는 노력이 필요하다. 지속적으로 성장하고 자기다움을 실현하고 일상에서 작지만 중요한 일을 발견하고 찾아본다.

1. 목적

성공을 실현하기 위해서 작지만 중요한 것들을 일상에서 발견해 본다.

2. 시간 및 방법

- 년 2회 정도로 정기적 혹 부정기적으로 실시한다.
- 소요시간은 20~30분 정도 실시한다.

2. 진행방법

① 별도의 예시 시트(참고)에 항목별로 작성해 본다.

예) 조직에서의 모습/ 가족의 일원으로의 모습/ 취미나 특기를 살리는 모습/ 기타 등

② 각 항목을 실현하기 위해서 먼저 「필요한 것」을 5개 정도씩 적는다.

③ 필요한 것들 중 「즉시 행동이 가능한 것」을 1~2개를 선정한다.

④ 선정한 내용을 보다 행동하기 쉽게 간단하게 자기 말로 언어화하여 정리한다.

⑤ 행동을 습관화하기 위하여 1주일의 행동계획표를 만든다.

⑥ 가능한 일들을 즉시 실행에 옮긴다.

3. 유의사항

① 추상적인 내용보다는 구체적이고 쉽게 행동할 수 있는 것을 선정한다.

② 단발성이 아닌 일상에서 지속적인 습관이 가능하도록 노력한다.

③ 지속적으로 행동하여 습관화가 가능해야 한다.

작지만 중요한 일을 찾고 실천하기

	바람직한 모습	필요한 작은 것들	중점 우선 순위
조직에서의 모습	관련 업계에서 영입 제안이 오는 전문성과 지명도가 있는 컨설팅 전문가	1. 전문 분야의 서적 읽기(주 11권) 2. 1년 후 관련 전문 서적 출간 3. 년 내에 진급 4. 신규 거래처 5곳 개척	1. 전문 분야의 서적 읽기(주 11권) 3. 년 내에 진급
가족으로서의 모습	• 부인에게 사랑받는 남편되기 • 자식들에게 멋진 스타일의 아빠되기	1. 주 1회 가족과 외출이나 외식하기 2. 6개월에 한 번 외국 여행 가기 3. 매력적인 스타일로 변신하기 4. 다이어트(diet)로 5kg 체중 감량	1. 주 1회 가족과 외출이나 외식하기 4. 다이어트(diet)로 5kg 체중 감량
취미나 특기 살리는 모습	• 드럼 연주자가 되어 연주회를 열기	1. 매주 30분 이상 드럼 연주를 연습하기 2. 연주화를 개최하기 위해서 동료 물색하기 3. 유명 드럼가 연주회에 가기	1. 매주 30분 이상 드럼 연주를 연습하기 3. 유명 드럼가 연주회에 가기
기타	• 봉사 활동하기	1. 집이나 회사 주위에 어려운 분들이 있는지 관심을 갖고 살펴보기	1. 늘 낮은 자세로 주변을 살피는 생활습관을 생활화 한다.

Step 6-3 실패에서 배우는 자기 학습

모든 일에 다 성공할 수는 없고 누구나 실패가 있을 수 밖에 없다. 다만 실패가 실패로만 끝나면 안 된다. 중요한 것은 실패에서 무엇을 배울 것인가를 생각해야만 한다. 그래야만 실패가 아닌 경험이란 지식으로 발전하게 된다. 실패를 통한 자기학습으로 보다 높은 자기성장으로 연결할 수 있는 계기를 만들어 본다.

1. 시간 및 방법

- 일에서의 실패나 반성할 내용에 대해서 바로 분석을 한다.
- 소요시간은 20~30분 정도

2. 진행방법

① 비즈니스에서의 실패한 장면을 머리 속으로 떠올린다. 그리고 기억나는 특정한 일을 중심으로 분석과 메모를 한다.

② 외부환경을 있는 그대로 받아들이면서 자신의 발언과 행동 중 어느 부분을 바꾸었으면 좋을까를 생각해 본다. 그리고 무엇을 변화시키면 더 좋을까를 생각해 본다.

③ 이때 바람직한 상태를 생각했을 때, 실제의 자신의 언동과 바꾸어야 할 언동의 차이(Gap)를 명확히 밝혀낸다.

④ 향후 동일한 상황에서 실패하지 않을 방법과 방안을 기록하여 정리한다.

⑤ 기록한 내용을 별도의 파일에 정리하고 보관한다.

3. 유의사항

- 스스로 돌아보고 생각하여 정리하는 것만이 아니라 무엇을 바꿀 것인가를 정리하여 행동으로 옮기는 자세가 중요하다.

Step 6-4 자신의 앙코르 커리어 비전(Vision)만들어 보기

조직이나 팀은 미래의 방향을 나타내는 비전이 존재한다. 이 같은 비전은 팀만이 아니라 개인에게도 중요하다. 인생에서 혹은 직장에서 성취하고픈 자신의 뜻이 있기 때문이다. 여기에서는 리더 개인의 비전을 만드는 기법을 생각해 보자. 그래서 자기 비전을 통해 삶에 활기와 미래를 향한 동기부여의 장으로 연결한다.

1. 시간 및 방법

- 리더 혼자서 한다.
- 시간은 30분~1시간 정도 실시한다.

2. 진행 순서

① 〈참조〉 내용을 통해서 스스로 점검해 본다.

② 준비된 비전내용을 시트에 기입한다.

③ 기 작성된 개인의 역사를 참조하여 개인의 커리어 비전을 명확히 확인한다.

④ 다음 3가지 항목을 중심으로 생각해 본다.

A) "일을 통해서 자신의 삶에서 어떤 것을 하고 싶다"라고 생각해왔는가?

B) 지금까지 어떤 능력, 특성, 강점을 지니고 있었는가?

C) 일과 인생에서 무엇을 가장 중요하다라고 생각하고 있었는가?

⑤ 3가지 항목을 중심으로 자신의 커리어를 정리 해 본다.

3. 유의사항

- 가능하면은 현재의 일을 발전시켜 나갈 방향으로 향후 앙코르 커리어를 재 설계해 본다.
- 일에서의 지식과 스킬(Skill)만이 아니라 일반화된 지식에서 관계성이나 커뮤니케이션 스킬 등과 같은 기본적인 능력 등과 추가적으로 갖추어야 할 것 등을 고려해 본다.

〈참조〉 예) 커리어 비전 점검해 보기

리더로서 현재의 자신의 「커리어 상황」에 관해 맞는 것에 ○표를 해주십시오.

1	지금까지 일이 너무 바빠서 자신의 장래 커리어에 관해서는 거의 생각했던 적이 없었다.
2	커리어 비전을 그려야 한다고 생각은 하지만, 생각할 시간을 딱히 내지는 않았다.
3	"3~5년 후엔 이랬으면 한다"라는 수준의 막연한 이미지는 그리고 있다.
4	3~5년 후의 커리어 비전(목표)은 설정했지만, 실현을 위한 구체적인 계획까지는 작성하지 않고 있다.
5	5~10년 정도 후의 구체적인 커리어 비전(목표)을 설정하고, 실현을 위한 계획에 적극 임하고 있다.

리더는 오케스트라 리허설(Rehearsal)의 마에스트로(Maestro)이다.

일찍이 피터 드러커(Peter F, Drucker)는 "리더는 오케스트라의 지휘자이자 작곡가가 돼야 한다"고 주장했다. 이는 현실에서는 거의 불가능 일이고, 판타지영화나 소설에서나 가능하지 않을까 한다. 다만 리더는 오케스트라 악단의 지휘자로서 마에스트로를 지향하는 것이 맞는 표현일 것이다.
리더는 오케스트라의 연주가 청중에게 감동을 주기 위해 연습을 반복하는 시행착오 속에서 지속적으로 발전하는 오케스트라 리허설 속의 지휘자와 같다.
서로 각기 다른 다양한 악기를 다루는 개성 강한 연주자들을 이끌어 최고의 음악을 만들어 청중에게 감동을 주어야 하기 때문이다. 그 가운데 지휘자가 추구하는 자기 나름의 음악세계를 표현한다. 각기 다른 연주자 뒤에는 항상 긍정적인 시각으로 가능성을 더 크게 지원해주고 도와주는 코치로서 지휘자가 되는 것이다. 코치는 부족한 것이나 과제만을 보지 않고 더 큰 잠재력을 발휘할 수 있노독 도와주고 지지하면서 공감해주는 것이다.

단 한 곡만 연주하는 오케스트라가 없는 것처럼 기업 역시 한 가지 상황만이 아닌 끈임 없는 새로운 환경변화에 맞닥뜨리는 것과 같이 리더도 이런 변화 속에서도 팀을 유연하게 이끌어가야 한다. 또한 각기 다른 능력과 개성을 가진 멤버들을 이끄는 오케스트라의 지휘자와 마찬가지로 결국 성과를 내는 것이다. 청중이 원하는 음악을 만들기 위해서 오케스트라의 지휘자도 먼저 다양한 지식을 습득하고 자신의 개성을 각기 다른 악기를 연주하는 개인의 멤버의 특성에 융합 시키지 않으면 안 된다. 올바른 리더로서 성장한다는 것은 오케스트라의 지휘자와 같이 결코 완전한 경지에 도달할 수 있는 것은 분명히 아닐 수 있다. 진정한 리더로서의 가치는 결코 행동하는 것만으로 측정할 수 있는 것이 아니라 오히려 그 행동의 결과로 측정할 수 있는 성질의 것이다. 이는 오케스트라 지휘자의 평판은 청중들이 감명받은 정도의 차이에 의해서 정해지는 것과 마찬가지이다.

설사 리더로서 필요한 여러 지식과 방법이나 기술을 가졌다 하여도 진정으로 훌륭한 리더인지 아닌지의 판단은 그것을 어떻게 실행했고 어떤 성과를 거뒀는가에 달려 있기 때문이다.

리더에게도 새로운 역할에 맞는 일하는 방식을 학습해야 한다.

훌륭한 연주자가 반드시 훌륭한 지휘자가 되는 건 아니다. 지휘자에겐 연주자와 다른 지식과 능력이 요구되기 때문이다. 마찬가지로 반드시 최고의 성과를 내야 하는 프로 스포츠의 세계 역시도 마찬가지로 회자되는 어귀가 있다.

“명선수가 반드시 명감독이 되는 것은 아니다”라고 한다. 현역 선수시절에는 플레이어(Player)로서 뛰어난 능력을 발휘했지만, 조직을 운영하여 성과를 내는 리더로서 명감독이 되는 것은 반드시 아니라는 의미이다.

특히 현역선수로서 은퇴 직후, 감독이 된 경우에는 더욱 그렇다. 아직까지 어느 정도 자신의 플레이가 가능하기 때문이기도 하지만……

“프로선수들이 그 정도밖에 하지 못해”라는 전제가 해결되지 않은 상태에서 지도하고 작전을 수립하는 과오를 범하게 되는 경우가 많기 때문이다.

결과적으로 선수와의 오해가 쌓이면서 거리가 멀어지는 결과가 바로 성과로 나타나게 되기 때문이다.

유럽 프로축구의 명 감독이 뮤리뉴(Mourinho)는 화려한 플레이어로서의 경력은 없으나, 감독으로서의 화려한 성과를 내는 경우를 우리는 알고 있다. 이처럼 개인으로서 성과를 내는 것과 조직이나 팀 전체 성과를 내는 것이 확실히 별개의 능력임에는 틀림없다. 이런 사실이 스포츠 세계에만 한정된 것이 아니라, 비즈니스 세계에서도 당연한 것이라고 보면 맞을 것이다.

결국 매니지먼트의 지향점은 행복(Happiness)이다.

리더의 매니지먼트, 일하는 방식이나 리더십 행동은 표면적인 기술이나 테크닉(Technique)만이 아닌 리더가 살아가고 행동하는 삶의 모습 그 자체이다. 누구나 그렇듯 리더 역시 사람이고, 그 삶의 지향점은 결국 행복(Happiness)을 추구하는 자세이다.

이 책을 통해서 리더들에게 전하고 싶은 메시지는 3가지이다.

첫 번째는 리더의 일하는 방식의 지향점은 결국 고객의 가치를 실현하여 고객을 행복하게 하는 것이다.

두 번째는 일하는 방식을 구현하는 리더로서 팀 발전이 멤버 개 개인 모두에게 행복하게 하는 것이다. 그 과정에서 가슴 설레는 비전을 만들 수 있어야 한다. 결국 리더가 추구하는 혁신의 궁극적 지향점은 멤버들의 행복이다.

마지막으로 기업의 존재 이유이기도 하지만 궁극적으로 조직의 지속적인 발전과 성장이 있어야만 한다. 조직이 건강해 지고 사회공헌의 공감대를 형성하여 세상을 이롭게 하는 모습이야 말로 진정한 행복이 아닌가 한다.

Reference

참고 서적

- John Whitmore, Coaching for Performance, Nicholas Brealey Publishing, 2002
- Simon Smith, Inner Leadership, Nicholas Brealey Publishing, 2000
- Stephen E, Koln, 6 Habitof Highly Effective Bosses, career Press, 2006
- Recruit Management Solution, Management Handbook, 2000
- Nonaka lkujiro, The Art of Innovation, Nikkei Publishing Inc, 2007
- Hiroshi oqura, The 7 steps for Successful Leader, Japan management center, 2011
- 짐 윌리스, 박세혁 옮김, 가치란 무엇인가, IVP, 2011
- 이나모리 가즈오(Kazuo Inamori), 일은 왜 하는가, 서돌, 2011
- 피터 드러커(Peter F. Drucker), 이재규 옮김, 경영의 실제, 한국경제 신문사, 2006
- 다니엘 핑크(Daniel Pink), 김명철 옮김, 새로운 미래가 온다, 한국경제신문사, 2012
- 워렌 베니스, 김원석 옮김, 리더와 리더십, 황금 부엉이, 2006
- 피터 드러커(Peter F. Drucker), 이재규 옮김, 프로페셔날의 조건, 청림출판, 2009
- 켄 브렌차드/ 마이클 오코나, 백동하 옮김, 잠자는 회사의 가치를 깨워러, 이콘, 2005
- 잭 월치(John Frances Welch Jr), 이동현 옮김, 끝없는 도전과 용기, 청림출판, 2001
- 존 코터(John Kotter), 한정곤 옮김, 기업이 원하는 변화의 리더, 김영사, 2007
- 피터 드러커(Peter F. Drucker), 이재규 옮김, 이노베이터의 조건, 청림출판, 2010
- 다니엘 핑크(Daniel Pink), 김주환 옮김, 드라이브, 청림출판, 2011
- 정민, 다산선생 지식경영법, 김영사, 2007
- 전성철 외, 가치관 경영, 쌤엔파커스, 2011

- IGM세계경영연구원, 세상모든 CEO가 묻고 싶은 질문들, 위즈덤하우스, 2012
- 라인하르트 슈프랭어(Reinhard K. Sprenger), 나성현 옮김, 생각의 나무, 2001
- 데일 카네기(Dale Carnegie), 인간관계론, 이재준 옮김, 리더북스, 2015
- 린다 그래튼(Lynda Gratton), 100세 인생(The 100-Year Life), 클, 2017
- 존 고든(John Godden), 최정임 옮김, 에너지 버스, 쌤엔파커스, 2008
- 다우어 드라이스마(Dauwe Draisma), 김승욱 옮김, 나이가 들수록 시간은 빨리 흐르는가, 에코리브르, 2005
- 로보트 커프란(Robert Kaplan), 이은경 옮김, 나와 마주서는 용기, 비즈니스북스, 2015

자료

- LG경영연구원, 비즈니스 & 테크놀로지 자료
- 조선 비즈, 위클리 비즈, Trend & Issue/ Analysis/ Biz strategy 등
- 매일 경제신문, 김인수기자의 사람이니까 경영이다
- 중앙 시사매거진, 경영부문 등
- 이코노미 조선, 네이버 포스트 등

일하는 방식을 새롭게 디자인 하라

발 행 일 2017년 10월 30일

지 은 이 이홍림 · 전태유
펴 낸 이 최 봉 조
펴 낸 곳 진샘미디어
일러스트 이 지 영

출판등록 제311-2005-000025호
주 소 서울시 은평구 연서로 5길 28 부호아파트 102동 상가5호
전 화 02-353-4421
팩 스 02-353-4431
ISBN 979-11-85504-93-3 93320

정가 16,000원